A. DUSART
Inspecteur de
l'Éducation Nationale
Économie et Gestion

M.L. BLATEYRON
Inspecteur de
l'Éducation Nationale
S.B.S.S.A.

N. BUJOC
Professeur
de Lycée
Professionnel
Biotechnologies Santé
Environnement

vie sociale et professionnelle

Économie Familiale et Sociale

CAP - BEP

FOUCHER

Couverture : © Lily Franey/Rapho

ISBN : 2-218-001924-0

SOMMAIRE

SANTÉ

ENVIRONNEMENT

CONSOMMATION

VIE PROFESSIONNELLE

* Programme Économie familiale et sociale

VIE SOCIALE ET PROFESSIONNELLE

(Arrêté du 10.07.92 - B.O. n° 31 du 30.07.92)

I. OBJECTIFS

L'enseignement "vie sociale et professionnelle" comporte un aspect nouveau lié à la vie de l'entreprise pour tenir compte notamment de l'introduction de la période de formation en entreprise dans la préparation aux B.E.P. et du caractère professionnel du diplôme.

Cet enseignement prend en compte la diversité des acquis scolaires et l'expérience des candidats aux BEP.

Il a pour objectifs de :

1) Permettre une approche systèmique des situations rencontrées dans la vie quotidienne, notamment dans l'entreprise.

2) Favoriser l'insertion sociale et professionnelle.

3) Amener à mieux gérer sa santé, son environnement, sa consommation, pour améliorer la qualité de vie.

II. COMPÉTENCES

1 – EFFECTUER DES DÉMARCHES

- s'adresser à un organisme public, une association,...
- solliciter et recueillir des informations,
- traiter des informations,
- présenter une requête, rédiger une réclamation,
- remplir un formulaire,
- mobiliser des connaissance. en vue de comprendre la démarche à effectuer,
- constituer un dossier,
- savoir se présenter.

2 – EFFECTUER DES CHOIX RAISONNÉS

- déterminer les critères de choix,
- comparer des éléments de choix,
- mettre en relation contraintes et solutions,
- argumenter et justifier un choix.

3 – APPRÉHENDER UNE SITUATION DANS SA GLOBALITÉ

- définir une problématlque,
- rassembler et exploiter une documentatlon,
- inventorier toutes les composantes,
- hiérarchiser les problèmes,
- mobiliser les connaissances utiles,
- trouver des solutions.

4 - S'IMPLIQUER DANS UNE DÉMARCHE DE PRÉVENTION

- recenser les facteurs de risques,
- analyser une situation,
- inventorier les mesures collectives,
- inventorier les rnesures individuelles,
- se situer dans le projet d'action,
- conduire une action,
- déterminer les crilères d'efficacité,
- évaluer les résultats.

III. CONTENUS

Les contenus visent à faire acquérir aux élèves les compétences et les connaissances qu'ils mettront en œuvre dans leur vie sociale et professionnelle.

Ils doivent porter sur chacun des quatre domaines suivants : consommation, entreprise, santé, environnement.

L'importance de chaque domaine doit être adaptée au secteur professionnel en prenant en compte les contenus des autres disciplines générales et des disciplines technologiques et professionnelles.

Elle est également fonction de la demande du plublic concerné (formation initiale, formation continue), de l'organisation de la période de formation en entreprise, du contexte local, des problèmes d'actualité.

I – SANTE

– Concept de santé

– Organisation du corps humain :
différentes fonctions et leurs interrelations

– Hygiène de vie :
• besoins nutritionnels et rations alimentaires en fonction de l'activité
• biorythmes - sommeil - stress
• toxicité des substances inhalées ou ingérées (poussières, gaz, tabac, médicaments, alcool...)
• maladies infectieuses : tétanos, maladies sexuellement transmissibles.

– Immunité non spécifique, immunité spécifique prophylaxie antimicrobienne : chimiothérapie, vaccination sérothérapie
• hygiène du milieu environnant et hygiène corporelle.

– Systèmes de santé et de protection sociale :
• système de santé : structures de prévention et de soins :
• protection sociale :
– conditions d'accès
– risques sociaux
– organismes : Sécurité Sociale, mutuelles, CAF
– prestations et aides

II – ENVIRONNEMENT

– Environnement social :
• infrastructure familiale
• infrastructure sociale , économique et associative de la cité

– Gestion des ressources et qualité de vie :
• nuisances et pollutions :
– origine, nature, conséquences sur la santé des individus et sur l'environnement
– prévention à l'échelon collectif et individuel
– organes compétents en matière d'environnement
• qualité et gestion de l'eau :
– alimentation en eau potable,
– importance et gestion de l'eau dans les activités de la vie quotidienne,
– devenir des eaux usées
• maîtrise de l'énergie :
– sources d'énergie domestique : origine, ressources en énergie
– gestion de l'énergie dans les activités de la vie quotidienne
• gestion et valorisation des déchets domestiques
• collecte et traitement des déchets

III – CONSOMMATION

– Circuits commerciaux (du producteur au consommateur)

– Protection et sécurité des consommateurs
• droits et obligations du consommateur
• qualité des produits et des services : étiquetage, certification, études comparatives...

– Structures d'information et protection du consommateur :
• services consommateurs des entreprises
• associations de consommateurs
• organismes publics

– Consommation des ménages :
• structure de la consommation des ménages
• budget :
– revenus : salaires, prestations sociales...
– dépenses obligatoires (impôts...), dépenses courantes, dépenses d'équipement et de renouvellement
• gestion du budget, épargne
• crédit : endettement
• assurances : rôle et typologie
• modes de paiement.

IV – ENTREPRISE ET VIE PROFESSIONNELLE

– Statut de l'élève en entreprise (convention de formatlon)

– Statut de l'apprentl (contrat d'apprentlssage)

– Marché du travail et recherche d'emploi :
Structures d'informatlon et d'aide à la recherche d'un emploi

– Evolutlon de la vie professlonnelle :
• formatlon continue
• évolution, changement d'emploi
• perte d'emploi : aides et mesures d'insertion

– Droits et obligations de l'employeur et du salarié dans l'entreprise :
Rôles :
• code du travail
• contrats de travail
• conventions collectives
• représentation des salariés dans l'entreprise

– Prévention des accidents du travail :
• rlsques liés à l'activité professionnelle
• mesures préventives
• déclaration d'accident

AVANT-PROPOS

Les nouveaux programmes d'enseignement applicables à partir de la rentrée 1993 dans les classes préparatoires aux différents brevets d'études professionnelles sont définis par un arrêté du 10 juillet 1992 (B.O. n° 31 du 30 juillet 1992).

Conformément à la rénovation des diplômes mise en place depuis 1987, tous les C.A.P. se trouvent intégrés à un B.E.P., au fur et à mesure de leur rénovation. C'est ainsi que les programmes de VIE SOCIALE ET PROFESSIONNELLE des B.E.P. couvrent ceux d'ÉCONOMIE FAMILIALE ET SOCIALE des C.A.P.

La VIE SOCIALE ET PROFESSIONNELLE se décompose en quatre grandes parties : la santé, l'environnement, la consommation, la vie professionnelle. L'ÉCONOMIE FAMILIALE ET SOCIALE reprend la plupart de ces thèmes, eux-mêmes répartis en trois grandes parties : éducation sanitaire, éducation du consommateur, vie familiale et sociale.

Cette discipline fait l'objet d'une épreuve écrite obligatoire dans tous les C.A.P. rénovés, le plus souvent jumelée à la législation du travail. C'est dire son importance pour l'obtention du diplôme.

Son contenu fait l'objet d'une étude portant sur 32 thèmes, de 4 ou 6 pages chacun. Chaque thème reprend les exigences du référentiel, à savoir : la définition des compétences, la découverte des contenus à partir de documents, le contrôle des connaissances sous forme d'activités d'apprentissage et une synthèse de l'essentiel. Lorsque le sujet abordé l'exige, il est prévu une étude complémentaire sur certains points précis.

Il est fait constamment appel aux connaissances acquises à l'occasion des périodes de formation en entreprise et à l'expérience personnelle des élèves.

L'ouvrage constitue ainsi, non seulement un instrument de vulgarisation pour traiter les problèmes de la vie quotidienne, mais également un excellent outil pour la préparation de l'épreuve d'examen.

Santé

1 UN CONCEPT DE SANTÉ

A la fin du 18e siècle, en France, comme dans la plupart des pays européens, la durée de vie moyenne était d'environ 25 ans. Elle atteignait 35 ans en 1830, 45 ans au début du 20e siècle ; elle est de 76 ans aujourd'hui. Cet accroissement est dû en grande partie à une meilleure alimentation et à l'élévation du niveau de vie. Qu'est-ce qui explique cette extraordinaire prolongation de la durée de la vie ? Au 19e siècle, les progrès ont été essentiellement obtenus par une action collective. L'adduction d'eau potable, le tout à l'égoût, la surveillance de l'état sanitaire de l'alimentation, les vaccinations ont fait chuter la fréquence et la gravité des maladies infectieuses. Il n'est donc pas surprenant que les maladies qui subsistent à la fin du 20e soient celles où le rôle des comportements individuels est prédominant, qu'il s'agisse de cancer, de maladies cardio-vasculaires ou du sida.

VIVRE MIEUX

BILAN DE SANTÉ

La santé est un bien précieux dont nous devons prendre conscience afin de nous efforcer de la conserver.
La prévention passe par l'hygiène de vie et la protection de l'environnement, qui peuvent supprimer les causes de maladies et les risques de leur développement.
La santé est l'affaire de tous ; il faut en prendre soin.

COMPÉTENCES

1 - Effectuer des choix raisonnés
- Dresser un bilan des causes des maladies infectieuses.

2 - S'impliquer dans une démarche de prévention
- Rechercher les causes de l'évolution des dépenses de santé.
- Énumérer les établissements de soins de votre ville.

1 LA SANTÉ

L'Organisation Mondiale de la Santé (O.M.S.) définit ainsi la santé : " C'est l'état de complet bien-être physique, mental et social qui ne consiste pas seulement en une absence de maladie ou d'infirmité."

Le droit à la santé

Garantir à l'homme le droit à la santé, c'est en fait organiser sa protection contre l'accident et la maladie ainsi que son environnement et son mode de vie, sources possibles de névroses ; c'est aussi le soigner lorsque la protection n'a pas été efficace, le réadapter, le rééduquer et le reclasser s'il a subi un handicap ; c'est également lui permettre de subsister – et, s'il en a une, de faire subsister sa famille – pendant la durée des soins, de la rééducation, de la réadaptation ou du reclassement ou bien même, sa vie durant, lorsque le handicap subi, physique ou mental, ne lui permet pas – ou lui permet incomplètement – d'assurer cette subsistance.

Il s'agit ainsi d'une prise en charge quasi totale de l'homme par la société en un temps où l'homme est plus que jamais soucieux de se sentir, de se croire et de s'affirmer "libre". On se trouve là en face d'une difficulté fondamentale qui rend plus malaisée la résolution des problèmes techniques ou médicaux, de ceux qui sont posés par les structures d'accueil et de soins, des problèmes financiers enfin.

(Encyclopédie Larousse)

Le coût de la santé

En 1990, les dépenses de santé (+ 8,2 %) et de matériel électronique (+ 13 %) des Français ont enregistré des rythmes de progression bien supérieurs à celui de la consommation qui s'est inscrite en hausse de 2,9 %, selon des chiffres de l'INSEE publiés aujourd'hui.

Tandis que la consommation était tirée par une hausse du pouvoir d'achat des ménages de 3,3 %, cette même année, les ménages ont poursuivi la reconstitution de leur épargne qui représente maintenant 12 % de leurs revenus, contre 10,8 % trois ans plus tôt.

Pour se soigner, les Français ont dépensé, en 1990, 368 milliards de francs, soit une hausse en volume de 8,2 % par rapport à l'année précédente (+ 7,8 % en 1989 et + 6,8 % en 1988).

"En 1990 comme sur la décennie, explique l'INSEE, les dépenses de santé progressent quatre fois plus vite que l'alimentation."

(La Montagne 13/5/91)

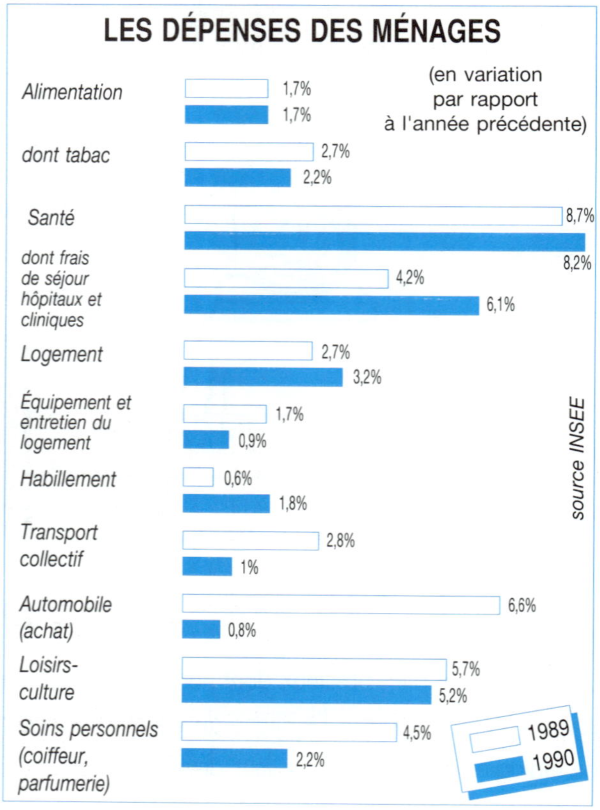

ACTIVITÉS D'APPRENTISSAGE

1 • Si la santé est un droit, la maladie est-elle une injustice ? Comment est assuré et protégé le droit à la santé ?

2 • Les dépenses de santé progressent quatre fois plus vite que les dépenses d'alimentation. Quels sont les responsables de cette progression rapide ?

2 LE SYSTÈME DE SANTÉ

Face aux nouveaux défis que représentent aujourd'hui les maladies dites de civilisation (maladies cardio-vasculaires, cancer, sida) l'État et les collectivités locales tentent d'intensifier la prévention et les soins.

La prévention

On entend par prévention l'ensemble des moyens mis en œuvre pour éviter qu'une maladie ne se déclare ou ne s'aggrave.

– L'information

• Le Comité Français d'Education pour la Santé (C.F.E.S.) a pour but d'assurer l'information et l'éducation du grand public en matière d'éducation sanitaire.

– Les établissements de prévention

• Centres de Protection Maternelle et Infantile (P.M.I.). Ils permettent de surveiller les grossesses, de préparer l'accouchement dans les meilleures conditions, puis de contrôler régulièrement le développement physique et mental de l'enfant jusqu'à six ans.

• Dispensaires d'hygiène sociale : leur création est obligatoire afin d'assurer la lutte contre les maladies sociales telles que M.S.T., affections pulmonaires...

Les soins

Ils sont pratiqués dans des établissements du secteur public ou du secteur privé.

• Les plus importants sont les **Centres hospitaliers régionaux** (C.H.R.) qui sont en mesure de traiter la plupart des maladies et accidents. On y trouve des services de médecine générale, cardiologie, chirurgie spécialisée, gynécologie, ophtalmologie, dermatologie, pédiatrie.

• En dehors des capitales régionales, toute grande ville propose un hôpital permettant de traiter les maladies et accidents les plus fréquents et d'assurer la rééducation.

• Tout hôpital assure des **consultations externes** permettant au malade d'être soigné par une équipe médicale sans pour autant être hospitalisé.

• Des **établissements spécialisés** sont prévus pour soigner certaines maladies qui posent des problèmes très particuliers : hôpitaux psychatriques, centres anti-cancéreux, centres anti-poisons.

• Des **services d'urgence** — Service d'Aide Médicale Urgente (SAMU), Service Mobile d'Urgence et de Réanimation (SMUR) — existent obligatoirement dans chaque département : en cas d'accident ou d'urgence médicale ils permettent d'intervenir efficacement pendant le transport du malade, donc avant même l'hospitalisation.

Des formules très souples d'hospitalisation se développent :

— Les centres d'hospitalisation à domicile.

Dans certaines villes, ils prolongent le traitement mis au point au centre hospitalier pour des personnes qui souhaitent rentrer chez elles et dont l'état de santé justifie à la fois cette rentrée et la continuation des soins donnés par un personnel médical et para-médical.

— Les hôpitaux de jour.

Ils reçoivent dans la journée seulement des malades pour lesquels une hospitalisation continue n'est plus nécessaire, mais qui doivent encore recevoir des traitements.

— Les hôpitaux de nuit.

Ils accueillent des personnes qui peuvent vaquer à leurs occupations dans la journée et reçoivent des traitements le soir ou la nuit. Ces trois catégories d'établissements sont souvent adjoints à des centres hospitaliers.

• ***Les Centres de santé*** créés soit par des communes, soit par des groupements mutualistes ou des associations (ex. la Croix Rouge) assurent des consultations externes avec une gamme plus ou moins étendue de spécialités.

• ***Les cabinets de groupe*** sont constitués par des médecins particuliers — généralistes et spécialistes — qui réunissent des capitaux pour utiliser en commun du personnel et des locaux.

ACTIVITÉS D'APPRENTISSAGE

1 • Existe-t-il dans votre ville un service spécialisé d'éducation pour la santé ? Citez quelques-unes de ses activités.

2 • Dressez la liste des établissements de soins du secteur public et du secteur privé dans votre ville. Recherchez les différents services qui les composent.

3 ENVIRONNEMENT ET SANTÉ

L'homme a des besoins vitaux tels que respirer, boire, manger, dormir, être protégé du froid, des intempéries. Les éléments qui peuvent y répondre : air, lumière, nourriture... doivent être suffisants en quantité et aussi en qualité.
De l'environnement dépend aussi la satisfaction de besoins affectifs, culturels, sociaux qui sont aussi fondamentaux pour permettre l'équilibre mental et affectif qui fait partie de la santé.

INCIDENCES CARDIO-VASCULAIRES DU BRUIT

Le bruit vient, encore une fois, d'être mis en accusation. Lors des Journées nationales de médecine et environnement, le professeur A. Vacheron, cardiologue à l'hôpital Necker, a fait état d'études réalisées chez des ouvriers travaillant dans l'aéronavale et dans des brasseries. Elles montrent que le séjour prolongé dans une ambiance au niveau sonore élevé favorise l'augmentation de la pression artérielle et le développement des maladies coronariennes. Il a d'ailleurs été constaté une consommation plus élevée de médicaments visant à lutter contre les affections cardiaques et l'hypertension artérielle à proximité des aéroports. Autant de raisons pour lutter contre ce véritable fléau que constitue le bruit.

(Marie-France, Sept. 92)

L'effet de serre et le réchauffement qu'il entraîne, ainsi que les précipitations acides, la réduction de la couche d'ozone et les émissions toxiques ou cancérigènes sont des phénomènes extrêmement inquiétants pour l'environnement et bien entendu la santé.

Les éléments qui conduisent aux pluies acides sont probablement en partie responsables de troubles respiratoires et d'autres pathologies chez l'homme. Le gaz carbonique est tenu responsable d'empoisonnement et d'asphyxie. Le dioxyde d'azote irrite les poumons et peut être à l'origine de bronchites et de pneumonies. L'acidification nuit à la santé lorsque l'on utilise des eaux acides non traitées. Le problème de l'eau propre à la consommation est d'autant plus important que l'évolution démographique nous pousse à la considérer comme une ressource condamnée à devenir de plus en plus rare et convoitée. Les pesticides et les divers déchets industriels déversés anarchiquement sur l'ensemble de la planète contaminent les nappes phréatiques et aussi les eaux côtières. De nombreux composés chimiques sont cancérogènes, comme par exemple le trichoréthylène et le benzène. Les conséquences d'une eau souillée sont multiples sur l'état de santé de la population concernée : leucémie, dracunculose (infection de l'organisme par le ver de Guinée, se manifestant par la formation d'abcès dont on extrait les parasites), onchocercose (autre infection due à des parasites), et bien d'autres.

(Fondamental, Juillet 92)

ph. © Christian Cuny/Rapho

Les pesticides contaminent les nappes phréatiques. Ils provoquent des allergies chez les agriculteurs qui doivent se protéger par des combinaisons étanches.

A Hebburn, en Angleterre, quand le nuage de fumée est trop épais, les enfants doivent s'enfermer dans l'école. Nombreux sont asthmatiques et souffrent de bronchites chroniques. Dans chaque maison, une bouteille d'oxygène fait partie intégrante du mobilier.
Le taux de mortalité est supérieur de 33 % à la moyen-ne nationale. Coupables : les substances rejetées dans l'atmosphère par une usine qui traite le charbon et produit du fuel... sans odeur ! La poussière d'anthracite aurait même engendré, chez des adultes, des cancers de l'estomac et du pancréas.

ACTIVITÉS D'APPRENTISSAGE

1 • Sous forme de tableau, inventoriez les différentes nuisances émanant de notre environnement ; précisez leurs conséquences et les moyens de s'en prémunir.

2 • Dans votre région, quelle est la pollution la plus importante ? Sa cause ? Y-a-t-il possibilité d'y remédier et comment ?

L'essentiel

1 CONCEPT DE SANTÉ

Santé
=
bien être

physique — mental — social

Droit à la santé

Protection contre
- la maladie
- l'accident
- l'environnement
- le mode de vie

- Diagnostic
- Soins
- Rééducation
- Réadaptation

2 PRÉVENTION

Information

– **But** { informer / sensibiliser / inciter } → le public

– **Comment ?**
- spots à la télévision,
- spots au cinéma,
- brochures, tracts.

– **Par qui ?**
Organismes tels que :
- comité d'éducation pour la santé,
- comité national de lutte contre le tabagisme.

Établissements de prévention

PMI

Dispensaire d'hygiène publique

Hopital
- Service du planning familial
- Service d'hygiène alimentaire

3 SOINS

Des établissements chargés du traitement des malades peuvent appartenir au secteur

public	**privé**
Ils sont gérés par	
• la région • le département • la ou plusieurs communes	• une mutuelle • caisse de S.S. • groupe de médecins

Exemples

CHR	**Clinique**
Hôpital	**Maisons de convalescents**
Centre de santé	**Cabinets de groupe**

4 ENVIRONNEMENT ET SANTÉ

– L'homme a des besoins vitaux : respirer, boire, manger, qu'il couvre grâce aux éléments de notre environnement : air, lumière, nourriture.

– Mais en essayant d'améliorer ses conditions de vie, il a créé des problèmes d'environnement :
- pollution de l'eau
- pollution de l'air
- l'effet de serre
- réduction de la couche d'ozone
- le bruit
- transport et stockage des déchets.

Et l'homme souffre de ces nuisances.

Le bilan de santé

Tous les cinq ans, vous avez droit à un examen de santé gratuit. Son but : dépister, au plus tôt, une éventuelle maladie, et évaluer vos risques et vos points faibles.

Si vous n'êtes pas dans votre assiette depuis quelque temps et que vous voulez savoir ce qui ne va pas, ou si vous êtes tout simplement soucieux de rester en bonne santé, demandez à passer un examen de santé auprès de votre Caisse primaire d'assurance maladie.

Tous les cinq ans, tous les assurés et les membres de leur famille (conjoint, enfants) ont droit entre 16 et 60 ans, à un examen gratuit.

Ce que vous pouvez en attendre

Cet examen a pour but d'évaluer votre état de santé et de vous donner les conseils qui vous permettront d'améliorer celui-ci. Il s'agit d'un examen médical systématique de prévention (comme les examens prénuptiaux par exemple). Tous les assurés subissent le même.

UN EXAMEN COMPLET

L'examen de santé du régime général de la Sécurité sociale comporte le parcours suivant :

- Questionnaire administratif et médical.
- Examen clinique (entretien au minimum).
- Examen dentaire par un odontologiste.
- Biométrie : poids, taille.
- Examens fonctionnels : respiratoire (spirométrie), auditif (audiométrie), cardio-vasculaire (tension artérielle et électrocardiogramme).
- Radiophotographie.
- Cytologie cervico-vaginale (frottis).
- Recherche de sang dans les selles au-delà de 45 ans.

Examens biologiques : urines (protéines, glucose, sang) ; sang (aspect du sérum, vitesse de sédimentation, glucose, acide urique, créatinine, cholestérol, tryglycérides, GGT, TGO ; sérodiagnostic de la syphilis avec contrôle ; hémogramme).

(Dossier Familial n° 175)

SURTOUT POUR LES BIEN-PORTANTS

Mieux vaux prévenir que guérir, dit le vieil adage. Dans le domaine médical, cette vérité prend encore davantage d'intérêt quand on sait qu'un grand nombre de maladies graves ont une issue favorable lorsqu'elles sont dépistées à temps.

La médecine scolaire et la médecine du travail jouent en ce domaine un rôle important. L'examen pratiqué par les Caisses primaires d'assurance maladie est très complet, du moins pour ce qui est du dépistage systématique des maladies graves.

Depuis 1982, on pratique un examen cytologique cervico-vaginal afin de rechercher les lésions précancéreuses du col de l'utérus et, depuis 1983, une recherche systématique de sang dans les selles est effectuée chez les sujets de plus de 45 ans afin de dépister les lésions précancéreuses ou cancéreuses de la partie basse du tube digestif. Tout le monde s'accorde à reconnaître l'utilité de ces bilans de santé qui, par définition, s'adressent prioritairement aux sujets bien-portants, puisque les autres sont normalement suivis régulièrement par une structure médicale.

Les quelques reproches que l'on a pu leur adresser, il y a quelques années, d'être superficiels et trop rapides (en général 2 à 3 heures), ne sont pas fondés. Car le but de ces bilans est d'assurer un dépistage pour une population qui ne souffre à priori d'aucun trouble particulier.

Ainsi, a-t-on pu constater que sur les 600 000 Français qui effectuent, chaque année, un bilan de santé, un nombre non négligeable de maladies à évolution silencieuse (hypertension, diabète...) a pu être dépisté.

Santé

2 LES DIFFÉRENTES FONCTIONS DU CORPS HUMAIN

Le corps humain est constitué de 75 à 100 millions de cellules. La cellule est l'unité vitale.
Si chacune de ces unités fonctionnelles produit, stocke, utilise de l'énergie, elles ont toutes en commun une organisation générale, une spécialisation. Il en existe 200 types différents.
Les cellules ne fonctionnent pas isolément, mais en groupes qui forment des tissus.
La hiérarchie de structure du corps humain ne s'arrête pas là ; les tissus apparentés se réunissent en organes qui ont des tâches spécifiques.
Les groupes d'organes constituent les appareils qui sont responsables d'une série de fonctions intimement liées.

De quoi l'organisme est-il fait ?

En un sens, le corps semble presque banal. La vingtaine d'éléments ordinaires qui le composent sont tous présents dans la poussière terrestre, mais ils sont combinés de façon si variée dans l'organisme que ce dernier est fait de milliers et de milliers de composés chimiques complexes. La substance principale, qui compte pour 70 à 85 % du corps, n'est rien de plus exceptionnel que l'eau. Cela dit, bon nombre des autres composés n'existent pas dans le monde inerte.
Après l'eau, les substances les plus abondantes sont les protéines pour 10 à 20 %. Viennent ensuite les sels minéraux, les lipides (graisses), les glucides (hydrates de carbone, ou sucres) et les acides nucléiques. Ces derniers sont de deux sortes : l'ADN, qui contient les plans directeurs de construction du corps, et l'ARN, qui permet à celui-ci de suivre ces plans. Le corps, cependant, n'est pas un simple amalgame statique de substances chimiques, mais un organisme vivant et dynamique, hautement organisé et merveilleusement dessiné. Il se construit tout seul. Il grandit, agit et réagit, règle ses propres activités et maintient ses différentes parties en bon état. De plus, il peut se reproduire et assurer ainsi la continuité de la vie humaine.

(Sélection du Reader's Digest)

COMPÉTENCES

1 - Effectuer des démarches

- Distinguer les cellules constitutives des principaux tissus.

2 - Effectuer des choix raisonnés

- Situer sur un schéma les différents éléments constitutifs de la cellule.

3 - Appréhender une situation dans sa globalité

- Retrouver les différents organes participant aux principales fonctions de l'homme.

1 LA CELLULE

1. Organisation générale

Dans chaque cellule des structures spécialisées : les orgamistes poursuivent leurs activités chimiques et physiques.

❶ - Protège la cellule, agit comme un filtre.

❷ Gel aqueux, contenant des structures en suspension.

❸ Centre dirigeantde la cellule.

• NUCLÉOLES : nombreux dans les cellules transportant des protéines.

❹ Porteurs des données héréditaires de la cellule.

• APPAREIL DE GOLGI, où les protéines sont empaquetées pour le transport.

• RIBOSOMES, où sont assemblées les protéines utilisées par la cellule.

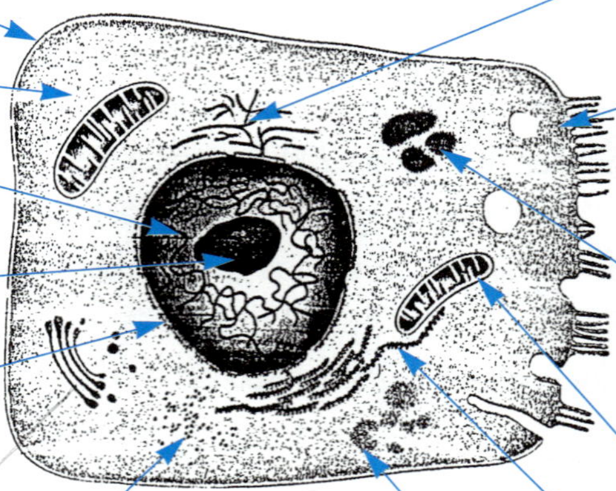

• RETICULUM ENDOPLASMIQUE (RE) fin réseau de canaux véhiculant les substances dans la cellule.

• MICRO-VILLOSITÉS, protubérances digitées de la surface cellulaire qui en accroissent l'étendue, et donc la capacité d'absorption.

• LYSOSQMES, sacs de sucs digestifs détruisant aliments et particules indésirables dans la cellule.

• MITOCHONDRIES, génératrices puissantes, produisant l'énergie nécessaire à la cellule.

• RETICULUM ENDOPLASMIQUE GROSSIER, lieu d'assemblage des protéines à "exporter".

• GOUTTELETTES DE LIPIDES (graisses) dans la cellule.

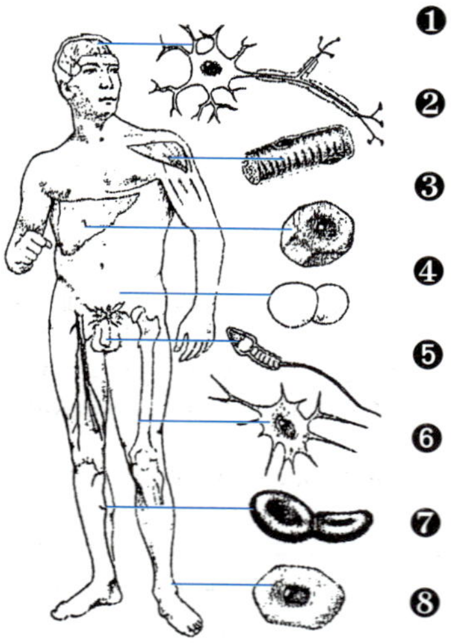

2. Les différents types de cellules

A l'intérieur de notre corps, les cellules se réunissent en différents types. Le dessin ci-contre montre où se trouvent les types de cellules plus importantes.

Source : Mémo Larousse

ACTIVITÉS D'APPRENTISSAGE

1 • A partir du schéma et des informations fournies, retrouvez et restituez les principaux éléments de la cellule que vous connaissez, sur le premier schéma : ❶ ❷ ❸ ❹.

2 • Découvrez les autres organites et leurs fonctions.

3 • Retrouvez les différentes cellules et les organes auxquels elles appartiennent, sur le deuxième schéma.

2 LES TISSUS

La microscopie a permis de préciser la nature cellulaire des tissus. Le tissu est constitué par un ensemble de cellules qui remplissent en commun un certain nombre de fonctions déterminées dans l'organisme.

Les tissus sont classés en trois grandes variétés.

1. Les tissus épithéliaux (épithéliums de revêtement, épithéliums glandulaires).

2. Les tissus à substance conjonctive (tissus conjonctifs, tissus squelettiques, sang.

3. Le tissu nerveux.

(L'Homme - Les soins infirmiers. Ed. Foucher)

ACTIVITÉS D'APPRENTISSAGE

1 • Donnez des exemples de tissus épithéliaux.

2 • Quelles sont les fonctions d'un tissu épithélial de revêtement.

3 • Retrouvez les deux types de glandes.

4 • Quel est le rôle du tissu conjonctif.

3 LES ORGANES

Les organes sont constitués de plusieurs tissus. Ils sont caractérisés par leur forme et leur position dans l'organisme.

Le mot "organe" évoque des structures comme le cœur, le foie ou l'estomac. Mais un œil, un bras ou une jambe, tout comme, selon certains, le moindre des os, sont aussi des organes. Un organe peut être défini comme un ensemble cohérent de tissus qui accomplissent une fonction bien précise.
Si les poumons sont conçus pour extraire l'oxygène de l'air, ils ne fonctionnent qu'en liaison avec le nez, le pharynx, le larynx, la trachée et les bronches. L'ensemble constitue l'appareil respiratoire.
De même, chacun des neuf autres appareils du corps se compose de plusieurs organes dont chacun accomplit une partie des tâches spécifiques indispensables au bon fonctionnement de l'ensemble. Les organes d'un appareil travaillent comme une équipe.

ACTIVITÉS D'APPRENTISSAGE

1 • Donnez la définition d'un organe.

2 • Retrouvez les principaux organes participant à la digestion.

4 LES SYSTÈMES OU APPAREILS

Le corps humain comprend plusieurs niveaux d'organisation structurale. Au-delà des niveaux chimique, cellulaire et tissulaire, qui en sont les éléments de base, cellules et tissus s'associent en de nombreux territoires de l'organisme pour former des niveaux d'organisation plus complexes qui assurent des fonctions spécifiques.

Merveilles et secrets du corps (Reader's Digest)

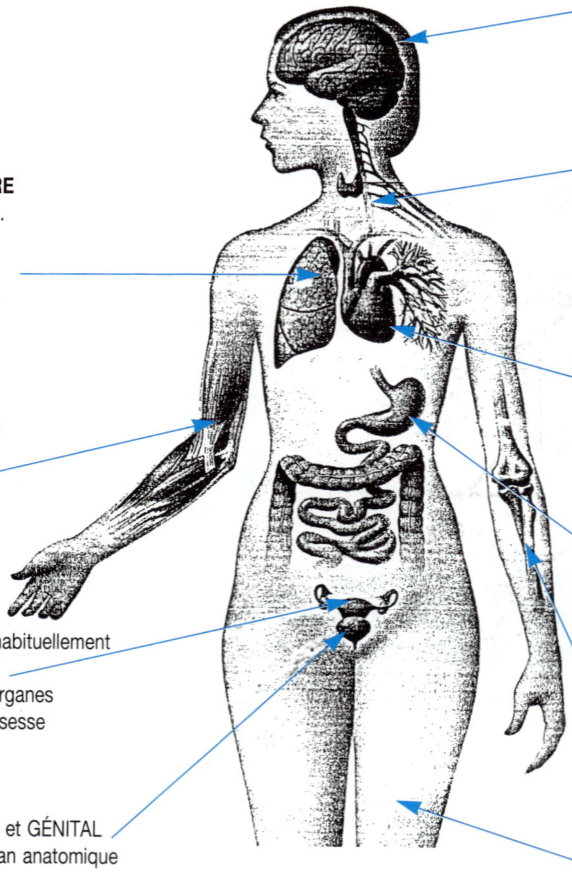

ACTIVITÉS D'APPRENTISSAGE

1 • A partir de l'observation du schéma et des connaissances personnelles, retrouvez les principales fonctions de l'organisme.

2 • Définissez sommairement ces fonctions.

L'essentiel

1 LE CORPS HUMAIN

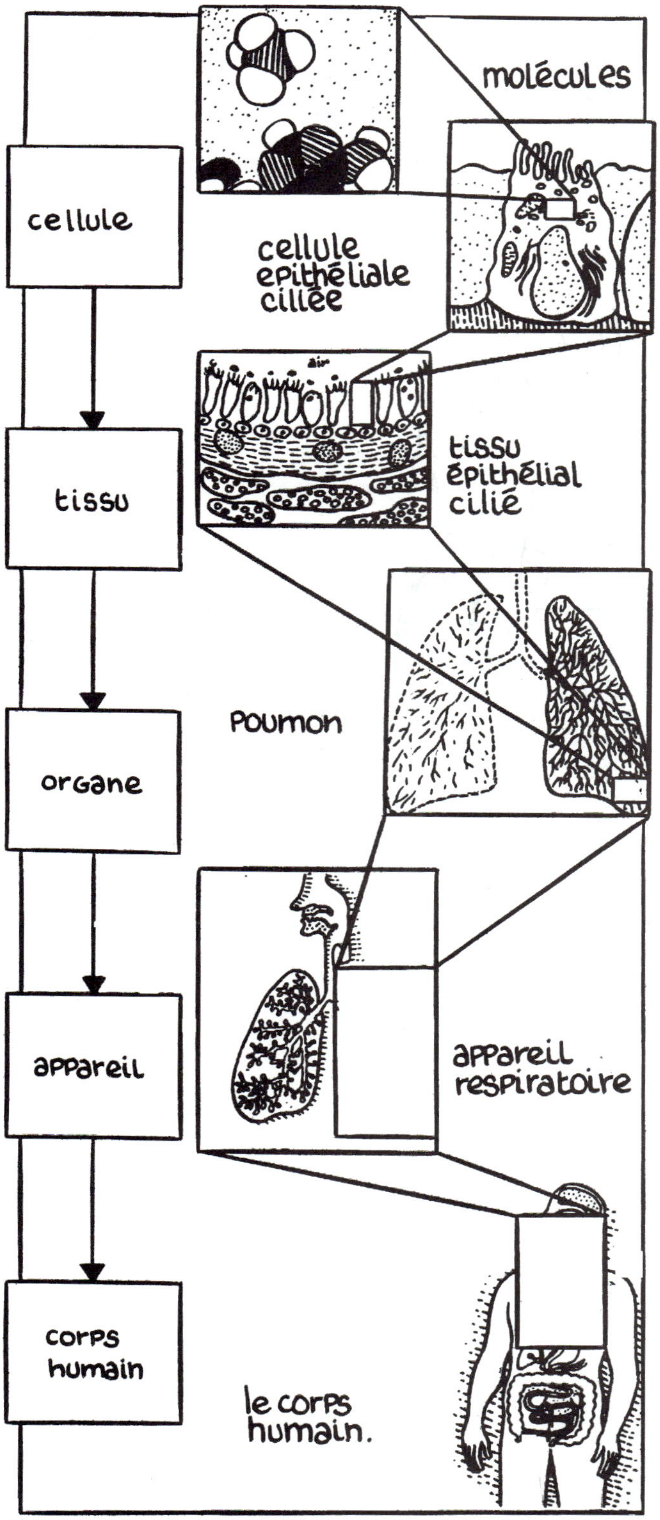

Les niveaux d'organisation du corps.
De la molécule aux appareils, le corps humain est constitué d'ensemble imbriqués les uns dans les autres.

Le corps humain comprend 62 % d'eau, les biomolécules essentielles qui se combinent pour être présentes sous forme de milliers de composés chimiques complexes.

– L'information génétique est constitutée par des nucléotides qui sont assemblés sous forme ADN (Acide désoxyribonucléique).

– La cellule est l'unité de base structurale et fonctionnelle du corps humain. L'activité cellulaire est le résultat d'une division du travail entre les divers éléments.

– Deux cents types cellulaires différents constituent l'être humain. Ces cellules sont assemblées en 4 types de tissus fondamentaux, épithéliaux, conjonctifs, musculaires et nerveux.

– Les organes constitués de plusieurs tissus, réalisent une fonction définie. Ils sont caractérisés par leur forme et leur emplacement dans le corps.

L'organisme rassemble appareils et systèmes qui sont des groupements d'organes réalisant la même fonction.
La coordination des différents systèmes aboutit à un ensemble fonctionnel cohérent.

L'imagerie médicale

La connaissance du corps humain fut longtemps morphologique.

L'anatomie est approchée vers 1530 avec la dissection de cadavres.

La physiologie apparaît vers 1600 au moment où HARVEY (médecin anglais) découvre la circulation sanguine.

Actuellement, l'utilisation de l'électronique associée à l'informatique révolutionne l'investigation médicale. Les nouvelles techniques d'imagerie biomédicale permettent de voir les organes en direct sur l'écran et d'apprécier l'anatomie, mais aussi l'aspect fonctionnel de l'organisme.

1. L'exploration anatomique :

renseigne sur l'organisation interne du corps.

– *La radiographie :*

les rayons X (rayons de très courte longueur d'onde) traversent le corps humain. A leur sortie les rayons X sont projetés sur un film photographique et donnent une image des contours des organes "durs", c'est-à-dire le squelette.

– *L'endoscopie :*

des fibres optiques introduites par les orifices naturels ou par une une boutonnière cutanée permettent d'examiner l'intérieur des cavités naturelles, ou d'observer l'embryon à travers la membrane amniotique. Le rayon lumineux est réfléchi sur l'œil de l'observateur.

– *Le scanner :*

la tomodensité ou scanner (de l'anglais to scan : balayer) permet d'examiner le corps par minces couches successives et d'en révéler les détails. Plusieurs centaines de données analysées par ordinateur sont restituées sur écran. Les tissus "durs" apparaissent très clairs, les tissus "mous" sont discernables par contraste.

2. L'exploration fonctionnelle :

de nouvelles méthodes associées aux précédentes permettent d'apprécier le fonctionnement des organes.

– *La thermographie :*

le corps humain dégage de la chaleur et émet un rayonnement infra-rouge qui, filmé par une caméra spéciale restitué en couleurs sur écran, permet d'apprécier les parties sous-cutanées, l'activité métabolique. Les zones froides, moins vascularisées, sont inactives (couleur bleue).

– *La scintigraphie :*

radiographie de l'intérieur. Des isotopes faiblement radioactifs et inoffensifs sont injectés dans le corps. Ils se fixent électivement sur les organes et émettent des rayons gamma captés par une caméra spécifique. Analysées par un ordinateur, les informations apparaissent sur l'écran sous forme de scintillations lumineuses dont la couleur traduit l'intensité.

– *L'Imagerie par Résonance Magnétique (IRM) :*

placés dans un champ magnétique intense, certains atomes du corps s'orientent et, sous l'influence d'une onde électromagnétique, émettent des signaux caractéristiques enregistrés sur ordinateur qui reconstruit une image fidèle de l'organe ou de la zone étudiée.

Santé

3 LA DIGESTION

Pour vivre, le corps a besoin de matériaux et d'énergie. L'absorption d'aliments permet de satisfaire à cette demande, fournissant sels minéraux, sodium, potassium, iode, fer, brome, cuivre, fluor, cobalt, ainsi que des protéines, des lipides et des vitamines. Ces substances sont extraites des aliments ingérés par l'appareil digestif. Avant d'être absorbés par le sang, les aliments doivent être transformés pour être utilisables par les cellules. C'est dire l'importance de la digestion pour la survie de notre corps. Il faut donc favoriser cette fonction en respectant au mieux certaines règles d'hygiène.

L'appareil digestif apparaît comme une usine bâtie sur plusieurs étages. A chaque étage, les aliments subissent un traitement particulier : mécanique ou biochimique. Le premier correspond au découpage et au broyage des aliments puis à leur malaxage et à leur transit dans le tube digestif. Le traitement biochimique, lui, est dû à l'intervention d'enzymes spécialisées dans le découpage des molécules.

COMPÉTENCES

1 - Effectuer des choix raisonnés
- A partir de documents écrits, trouver la correspondance entre texte et schémas.

2 - Appréhender une situation dans sa globalité
- A partir d'un texte, retrouver les transformations des lipides et des protéines du steak.

1 LES ÉTAPES DE LA DIGESTION

Voici les métamorphoses successives d'une bouchée de viande issue d'un steak haché composé de 70 % d'eau, 15 % de protides et 15 % de lipides.

❶ C'est le tango des canines, la valse des quenottes, le tcha tcha tcha des mandibules. En deux temps, trois mouvements, le morceau de viande arraché à la fourchette est lacéré en fines lamelles par les incisives. Pas le temps de dire ouf ! Les molaires passent à l'attaque. Au rythme des mâchoires, une pression de 100 kg par cm^2 écrase la bouchée qui éclate sous le choc. Et un, et deux, et trois... Dans la caverne de chair, la salive afflue en masse. Les glandes sécrétrices nichées dans les profondeurs du palais se sont mises en action. Reliées à la cavité buccale par de fins canaux elles alimentent la bouche en bouillon blanc écume. Ce jus visqueux facilite le broyage des morceaux de viande et leur transport vers le pharynx. Il les farte en quelque sorte !

a)

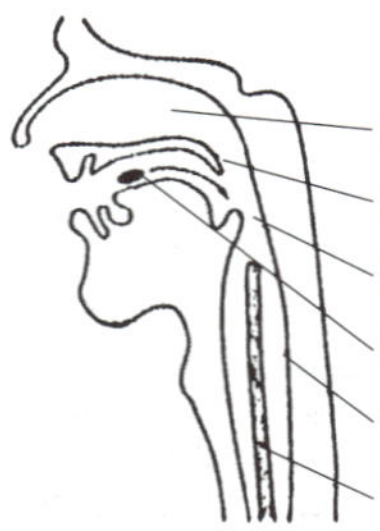

b)

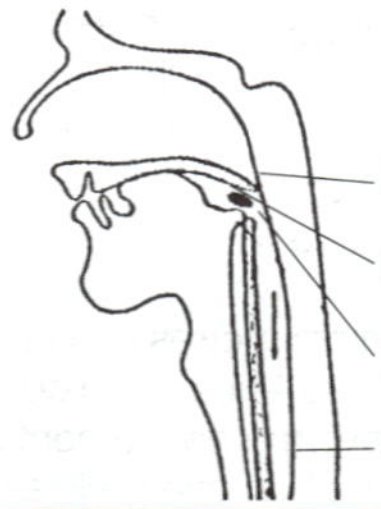

❷ *Faire passer la pilule*

En frottant sur le pharynx et le palais, les morceaux de viande excitent des fibres nerveuses qui envoient une volée d'influx électriques en direction du cerveau, dans la région du bulbe contrôlant la déglutition. La réponse est immédiate : excitées, les cellules cérébrales renvoient des influx électriques tous azimuts. La glotte surmontant la trachée en reçoit une volée et se ferme aussitôt (pas question que la pâtée passe par les poumons). Puis c'est au tour des muscles du pharynx qui, une fois sous tension, se contractent en propulsant les boulettes mâchouillées vers l'œsophage. Enfin, stimulé, l'anneau musculaire contrôlant les entrées dans l'œsophage, s'ouvre en un rien de temps. Une seconde plus tard, la déglutition est terminée. La viande est dans le boyau visqueux.

❸ Lorsque le premier morceau de viande pénètre dans l'œsophage, il lui faut montrer patte blanche : un anneau de muscles contractés joue les cerbères à l'entrée. C'est le cerveau qui va lui donner l'ordre de laisser entrer la viande dans l'œsophage. Dans sa boîte crânienne, l'éminence grise est avertie de l'arrivée de la boulette par les cellules tactiles du pharynx. Excitées par le doux frottement de la viande mâchouillée, celles-ci lui envoient une volée d'influx électriques. En réponse, le cerveau expédie une décharge en deux temps trois mouvements au muscle gardien qui se décontracte et ouvre ses portes.

L'endroit où pénètre la nourriture n'a pourtant rien d'un palace. C'est un boyau humide de 30 centimètres de long sur 3 centimètres de diamètre. Mais il est équipé d'une gaine musculaire qui fait merveille.

Hypersensible, cette dernière réagit à la présence de la moindre petite boulette dans le conduit de l'œsophage : elle se contracte alors dans le haut du conduit, puis de proche en proche, envoie la viande imbibée de salive vers l'estomac, à une vitesse de 3 centimètres par seconde. La pression des contractions est telle que si le propriétaire des lieux avait la curieuse idée de manger la tête en bas, la boulette poursuivrait son chemin sans sourciller. Preuve que c'est la poussée musculaire – et non la pesanteur – qui fait avancer le bifteck.

Quinze secondes d'un voyage qui sera sans retour. A la frontière : entre l'estomac et l'œsophage, un rétrécissement musculaire empêche les morceaux de viande qui en auraient la velléité, de rebrousser chemin après avoir compris ce qui les attendait.

Quand un fragment de viande mastiquée s'engage dans cette chatière, les jeux sont faits. L'estomac est sur le pied de guerre. Broyage mécanique et attaque chimique, tel est son rôle.

(Science et Vie Junior n° 7)

La poussée musculaire fait avancer la bouchée de viande

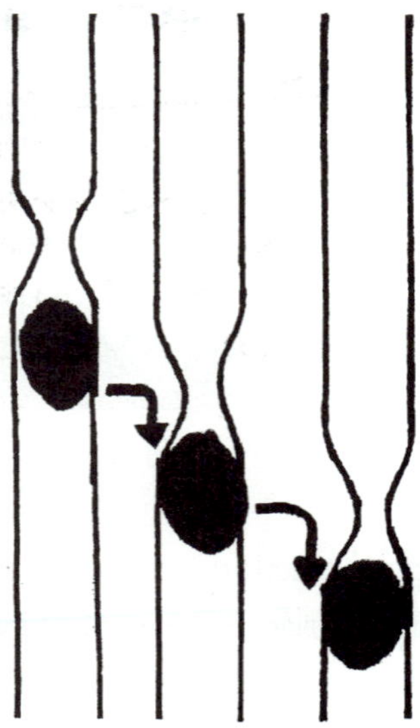

ACTIVITÉS D'APPRENTISSAGE

1 • Donnez un titre à chacun des trois documents ci-dessus.

2 • Dans le document 1, il est question d'un bouillon blanc écume. De quelle sécrétion s'agit-il ? Par qui est-elle sécrétée ?

3 • A quel schéma correspond le document 1 ? le document 2 ?

4 • Dans quel organe se situe l'action du document 3 ? Décrire cet organe ? Pourquoi le fait de manger la tête en bas ne gênerait-il en rien la progression du morceau de viande ?

1 LES ÉTAPES DE LA DIGESTION

❹ Pour la boulette de viande, le changement de décor est brutal : elle déboule dans une vaste poche aux parois ravinées, paysage lunaire creusé de multiples cratères. C'est l'estomac qui s'anime lorsqu'elle fait son apparition. Des contractions apparemment anarchiques secouent ce sac musculeux dans tous les sens. Elles orchestrent en fait un bal parfaitement réglé. Stockés au préalable dans la partie haute de l'estomac, les morceaux de viande sont projetés vers le bas, dans une région plus dilatée. Là, catapultés vers l'avant et pris dans un tourbillon sans fin, ils roulent, se cognent aux parois de chair et éclatent en mille morceaux. Seuls les petits fragments (moins de 1 mm de diamètre) franchissent l'étroit canal qui mène à l'intestin. Les autres repartent pour un tour : ils rebondissent, remontent l'estomac par le centre, puis dégringolent une nouvelle fois, poussés par une nouvelle contraction.
Rabotage, éclatement... tout sera réduit en "miettes". Mais l'estomac ne se contente pas de broyer les boulettes, il les corrode en produisant de l'acide chlorhydrique (plus de 2 litres par jour !). Du concentré, capable d'attaquer l'acier. L'acide "gastrique" jaillit des petits cratères et vient "ronger" les fragments isolés. Il lacère les fibres musculaires et les fait éclater, libérant les graisses et protéines, principaux constituants cellulaires. Parallèlement, l'acide donne un coup de fouet aux enzymes digestives qui rôdent dans la cavité stomacale à la recherche d'une proie. Elles poursuivent un objectif commun : diviser pour digérer ! La pepsine, par exemple, raffole des grosses pelotes de protéines. Elle les repère, les suit à la trace, s'y colle comme un parasite et frappe, réduisant la pelote en petits chapelets d'acides aminés. Les lipases préfèrent les triglycérides : des graisses complexes formées d'un squelette de glycérol, vêtu de trois longues écharpes d'acides gras. Elles arrachent les acides gras et laissent le glycérol nu comme un ver. Mais la digestion est inachevée.

(Science et Vie Junior n° 7)

❺ L'essentiel de la digestion se joue dans les deux premiers mètres de l'intestin grêle : les enzymes pancréatiques aidées des enzymes intestinales et des sels biliaires saucissonnent les protéines en un cocktail d'acides aminés, et les gouttelettes de graisses en glycérol et acides gras. Toutes ces petites molécules sont immédiatement absorbées par les cellules intestinales et transmises au sang. En moins d'une demi-heure, tout ce qui entre dans l'intestin grêle est absorbé à 95 %. Le reste file vers le côlon où l'attend des milliards de bactéries qui fignoleront la digestion.

ACTIVITÉS D'APPRENTISSAGE

1 • Dans quel organe se situe l'action décrite par le document 4 ? Deux types de phénomènes s'y produisent ; les qualifier.

2 • D'après les documents 4 et 5, les protéines et les lipides du steak subissent des transformations :
- par quelles substances ?
- sous quelle forme seront-ils distribués aux cellules ?

3 • Quel est le composant alimentaire absent dans le steak ? Quel aliment consommé avec le steak pourrait en fournir ?

2 LES FACTEURS DE BONNE DIGESTION

Quelques conseils pour assurer une bonne digestion.

Pour faciliter le travail de l'appareil digestif et pour que les aliments ingérés soient utilisés au mieux, il faut :

1. Avoir de bonnes dents, manger lentement en mastiquant bien.
2. Manger à heures régulières.
3. Ne pas faire de repas trop importants.
4. Ne pas boire trop pendant les repas.
5. Eviter les mets fortement épicés, les boissons trop alcoolisées qui irritent, altèrent les muqueuses de l'estomac, de l'intestin, les cellules du foie.
6. Eviter les aliments pour lesquels la capacité digestive personnelle est réduite.
7. Eviter des exercices pénibles immédiatement après les repas (la promenade, au contraite, est indiquée).

Il est à noter qu'une digestion pénible, des troubles digestifs peuvent avoir un retentissement sur le système nerveux et par là sur tout l'organisme.

L'essentiel

1 L'APPAREIL DIGESTIF

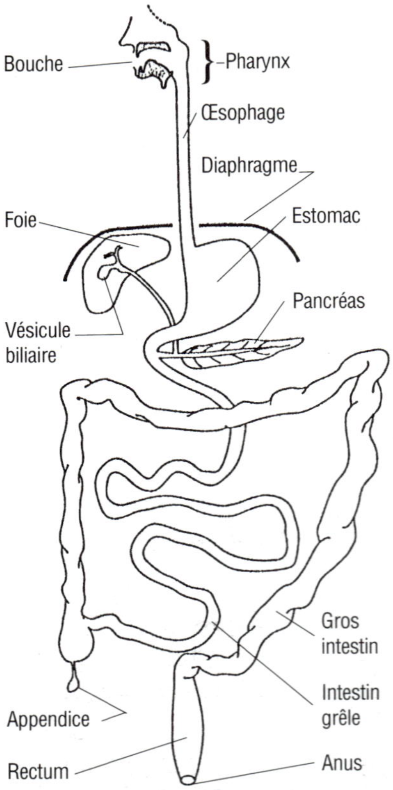

❶ ***La bouche :*** cavité contenant les dents, la langue et les glandes salivaires qui sécrètent la salive.

❷ ***Le pharynx :*** carrefour des voies respiratoires et digestives.

❸ ***L'œsophage :*** tube long de 20 cm formé d'anneaux musculaires.

❹ ***L'estomac :*** poche d'une contenance de 1,5 l environ, aux parois musculeuses où sont situées les glandes gastriques. Elles sécrètent le suc gastrique.

❺ ***Le foie :*** glande volumineuse qui fabrique la bile, stockée dans la vésicule biliaire.

❻ ***Le pancréas :*** glande en forme de feuille sécrétant le suc pancréatique.

❼ ***L'intestin grêle :*** long de 7 à 8 m. Sa paroi contient les glandes intestinales qui déversent le suc intestinal.

❽ ***Le gros intestin ou côlon :*** long de 1,50 m environ, il collecte les déchets.

2 LA DIGESTION

ORGANES	PHÉNOMENES MÉCANIQUES	SUCS DIGESTIFS	PRINCIPES ALIMENTAIRES TRANSFORMÉS	RÉSULTATS
Bouche	Division des aliments Imprégnation de salive	Salive	• Simplifie l'amidon cuit	
Œsophage	Progression des aliments vers l'estomac			
Estomac	Brassage des aliments	Suc gastrique	• Coagule la caséine du lait • Simplifie les protides en protéines	
Foie		Bile	• Ne contient pas d'enzymes • Emulsionne les graisses	
Pancréas		Suc pancréatique }	• Simplifient les amidons et les sucres • Simplifient les lipides	GLUCOSE GLYCÉROL ET ACIDES GRAS
Intestin grêle	Brassage des aliments transformés et progression vers le gros intestin	Suc intestinal }	• Simplifient les protéines	ACIDES AMINÉS
Gros intestin	Brassage des déchets et progression vers l'anus			DÉCHETS

Santé

4 LES BESOINS NUTRITIONNELS ET LES RATIONS

Bien des personnes ont une conception trop rigoriste ou trop étroite de l'équilibre alimentaire : elles veulent que la ration alimentaire de chaque journée (ou même de chaque repas) assure cet équilibre. Soyons moins ambitieux et plus réalistes : l'équilibre de la ration est à considérer sur une période de plusieurs jours consécutifs. Pour certains nutriments, les réserves de l'organisme sont très faibles, pour d'autres elles sont importantes. Mais il est évident que les personnes qui ont de façon habituelle une alimentation excédentaire par rapport à leurs besoins, ou une alimentation mal équilibrée, accroissent fortement le risque de voir survenir des troubles tels qu'obésité, diabète, athérosclérose, etc. De même les personnes qui ont de façon habituelle une alimentation privée de certains groupes d'aliments, ou une alimentation très restrictive, accroissent très nettement le risque de carence.

Que faut-il faire pour bien se nourrir ? Une alimentation équilibrée doit satisfaire des besoins quantitatifs et des besoins qualitatifs. La notion d'équilibre est fondamentale dans l'alimentation moderne.

Établir une ration alimentaire équilibrée consiste à assurer la juste couverture de nos besoins et à respecter les rapports entre les différents éléments nutritifs, en les adaptant à l'âge, à l'activité et à l'état physiologique.

COMPÉTENCES

1 - Effectuer des choix raisonnés
- Composer le menu d'un petit déjeuner et le justifier.

2 - S'impliquer dans une démarche de prévention
- Après avoir retrouvé les erreurs alimentaires habituelles d'un adolescent, déduire les risques encourus.

1 LES BESOINS QUALITATIFS

Chaque jour et plusieurs fois par jour, l'envie de manger se fait sentir : pour subsister et travailler, le corps est entièrement dépendant de la nourriture. L'impression de faim traduit globalement ce besoin fondamental.
Mais les exigences nutritionnelles de l'organisme sont diversifiées.

Pour être réellement "nourri" le corps doit trouver dans son alimentation :
- les matériaux qui composent sa propre substance ;
- les sources de l'énergie qu'il dépense pour vivre ;
- les éléments nécessaires pour utiliser les uns et les autres.

(Le Particulier n° 464, octobre 1974)

ACTIVITÉS D'APPRENTISSAGE

1 • Retrouvez les trois types de besoins alimentaires dont il est question dans le texte.

2 • Recherchez les composants alimentaires qui satisfont chaque type de besoin.

3 • Indiquez les aliments qui conviennent le mieux pour couvrir ces besoins.
Remarque : Présentez vos réponses sous forme de tableau.

2 LES BESOINS QUANTITATIFS

Document 1

1. Ils correspondent à la quantité d'aliments que doit consommer chaque jour un individu pour conserver son poids et sa santé ; c'est ce qu'on appelle la **ration alimentaire.**

2. Ils s'expriment en Kcalories (dans le langage courant, on parle de calories) ou en Kjoules, sachant que :
1 Kcal = 4,184 Kj ou 1 Kj = 0,239 Kcal

3. Ils varient en fonction d'un certain nombre de facteurs (âge, sexe, climat, activité physique, état physiologique...).

4. Ils doivent être couverts par une ration alimentaire équilibrée, la répartition de l'apport calorique se faisant dans les proportions suivantes :

- 55 % des Kcal sont apportées par les glucides ;
- 30 % des Kcal sont apportées par les lipides ;
- 15 % des Kcal sont apportées par les protides.

Document 2

L'ALIMENTATION DES FRANÇAIS

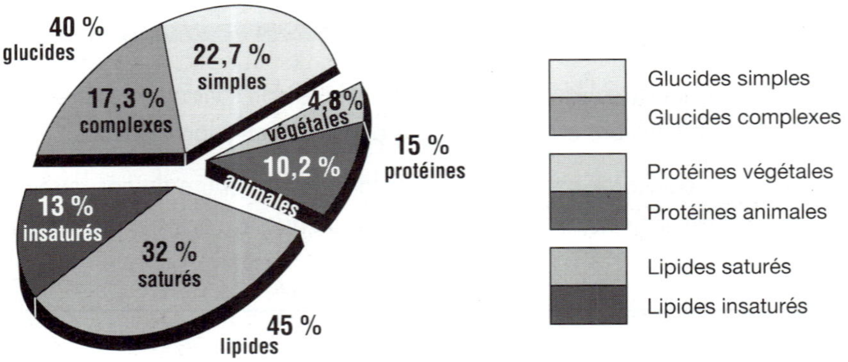

ACTIVITÉS D'APPRENTISSAGE

1 • Comparez la répartition de l'apport calorique conseillé (doc. 1) et la réalité de l'alimentation des Français (doc. 2).
Trouvez des explications à cela.

2 • Quels conseils pratiques pouvez-vous suggérer pour améliorer les repas quotidiens ?

3 EXEMPLES D'ADAPTATION DE LA RATION ALIMENTAIRE

1° L'alimentation du sportif

a) Les besoins supplémentaires

L'HYDRATATION
Le sport entraîne des pertes ***d'eau*** importantes pour l'organisme, qu'il faut restituer.

L'ÉNERGIE
L'activité physique peut mobiliser une énergie considérable selon le sport que l'on pratique, les besoins sont augmentés de 250 à 1.000 calories/heure.

Les glucides sont les sources d'énergie par excellence.

LA PUISSANCE MUSCULAIRE
Les protéines sont essentielles à la croissance, à l'entretien et au renouvellement du tissu musculaire.

LE TONUS
L'organisme ne fabrique pas de ***vitamines***, elles doivent donc être apportées par une alimentation variée. Lors de l'effort physique, le corps est un grand consommateur de vitamines ; le sportif devra donc veiller à en avoir un apport suffisant.

L'ÉQUILIBRE
Les sels minéraux (sodium, potassium, magnésium, calcium...) sont indispensables au bon fonctionnement musculaire, au maintien d'un rythme cardiaque régulier, à l'élimination des toxines et à l'hydratation.

ACTIVITÉS D'APPRENTISSAGE

Après lecture de ces informations, réalisez un tableau où seront situés par ordre d'importance les apports supplémentaires et les aliments qui peuvent satisfaire ces besoins.

b) Organisation pratique de l'alimentation

L'ALIMENTATION DE L'EFFORT

En pré-compétition

Trois règles sont à respecter afin de "tenir" et d'assurer une bonne récupération, et ceci selon l'intensité de l'épreuve.

3 à 4 heures avant l'effort,
faites un repas riche en glucides :
- 1 plat de pâtes ou de riz + 1 noix de beurre ou de margarine ;
- 1 salade de fruits frais ou 2 fruits de saison ;
- 1 morceau de pain (1/4 de baguette) + 1 portion de camembert (ou autre fromage à moins de 45 % de matières grasses) ;

OU

2 à 3 heures avant l'effort,
pensez à prendre une collation par exemple :
- 1 ou 2 barres de céréales + 1 jus de fruits

OU

1 à 2 heures avant l'effort,
la collation nécessaire est moindre, par exemple :
- 1 yaourt aux fruits + 1 barre de céréales.

Le jour de la compétition

- Prenez votre dernier "gros repas" 3 à 4 heures avant l'épreuve.
- Pensez à boire jusqu'à 1/2 l au-delà de votre soif.
- Prévoyez des réserves d'eau pour la durée de l'épreuve (gourdes, bouteilles de 33 ml...).

Après la compétition

- Réhydratez votre organisme très largement en consommant des boissons légèrement sucrées ou salées, afin d'éviter les tendinites et les crampes.
- Évitez de consommer en excès des aliments trop riches en protéines (viande, poisson, œuf) qui surchargeraient l'organisme fatigué.
- Revenez à une alimentation variée et équilibrée le lendemain en cas de compétition, et le soir même dans le cas de la pratique habituelle d'un sport.

("Sport et Alimentation", Guide pratique n° 9, Carrefour et Comité Français d'Éducation pour la Santé)

ACTIVITÉS D'APPRENTISSAGE

1 • Quel est le but de l'alimentation avant, pendant et après la compétition.

2 • Réalisez le menu proposé au repas du soir de la compétition et justifiez-le.

2° L'alimentation de l'adolescent

a) Les erreurs alimentaires

Petit déjeuner de rigueur

"*Le petit déjeuner de Christophe brille par son absence*, dit le Dr Zermati, nutritionniste à la clinique du Sport à Paris. *Il doit représenter le quart de notre ration quotidienne et se composer de pain complet ou de céréales (sucres lents) ; de confiture ou de miel (sucre rapide) ; d'un laitage et d'un fruit.*" Sinon, l'adolescent en pleine croissance aura l'énergie d'un koala en plein soleil, et des difficultés d'attention vers 11 h. Conséquence : déficit de carburant (notamment glucose) dans le sang.

Haro sur les graisses

Christophe abuse des corps gras. Il raffole des rillettes, des frites huileuses, des saucisses et des tartines beurrées. Résultat : il est gras comme un porcelet. S'il continue, il va avoir des ennuis. En excès, les graisses, notamment le cholestérol qui leur est associé, fatiguent le cœur. Elles obstruent les vaisseaux, font monter la pression artérielle, et quand elles encrassent l'irrigation cardiaque, c'est l'infarctus du myocarde. Christophe risque aussi de devenir diabétique (personne ayant un taux de sucre trop élevé dans le sang).

Des fruits et légumes pour quoi faire ?

Christophe ne frétille pas de plaisir devant les carottes râpées. Dommage, car les légumes sont riches en fibres et en oligo-éléments, précieux alliés de l'organisme. Les fibres sont des molécules de cellulose que l'on retrouve intactes dans les selles. Elles préviennent la constipation, et entretiennent la flore du gros intestin, des milliards de bactéries qui éliminent les substances toxiques ou cancérigènes apportées par certains aliments.

Attention à la déshydratation

Christophe, comme beaucoup d'adolescents, ne boit pas assez... d'eau. Des carences en eau et en sels minéraux qui lui sont associés peuvent être à l'origine de crises de spasmophilie, faiblesses articulaires...

(Science et Vie Junior. Hors série : Manger. Janvier 92)

ACTIVITÉS D'APPRENTISSAGE

Après lecture des articles, faites l'inventaire des erreurs alimentaires de Christophe.

Dressez la liste des risques encourus et conseils pour équilibrer son alimentation.

b) Un repas important : le petit déjeuner

De 10 à 16 ans, la croissance s'accélère et les besoins de l'organisme augmentent. La meilleure façon d'équilibrer l'alimentation, pendant cette période, est de la fractionner en 3 ou 4 repas : petit dejeuner, déjeuner, goûter et dîner.

C'est à cet âge, plus particulièrement, que le petit déjeuner doit couvrir 25 % des besoins quotidiens pour un bon rendement physique et intellectuel tout au long de la matinée. Les adolescents qui ne prennent rien ou presque au petit déjeuner, arrivent affamés au déjeuner et peuvent alors dévorer n'importe quoi. A long terme, cela peut engendrer chez certains une prise de poids difficile à vivre vers 16-18 ans.

Il est indispensable de prévoir en permanence du lait, des produits laitiers, des produits céréaliers à disposition.

Le petit déjeuner conseillé des adolescents :

1 boisson ou un fruit
50 à 75 g de pain ou équivalent + beurre.
1 produit laitier.

De temps en temps : *1 morceau de fromage ou un œuf ou 50 g de viande froide ou de jambon.*
Et selon l'envie : confiture, fruit ou jus de fruits.

A éviter :

- trop de café,
- trop de sucre et confiture,
- trop de beurre,
- trop d'œuf et de bacon.

ACTIVITÉS D'APPRENTISSAGE

1 • Justifiez l'affirmation : "repas important : le petit déjeuner".

2 • Établissez 4 menus de petit déjeuner destinés à un adolescent pour les 4 saisons de l'année.

L'essentiel

1 LES BESOINS

LES DIFFÉRENTS BESOINS	LEUR ORIGINE	
1. ÉNERGÉTIQUES		• le maintien de la température du corps humain à 37° C.
		• le travail musculaire assurant : – le maintien de la vie (respiration, circulation) ; – l'activité physique (travail, sports...)
2. PLASTIQUES		• la réparation des cellules usées ; • la construction de nouvelles cellules au cours de la croissance.
3. FONCTIONNELS	• la bonne utilisation d'aliments permettant un fonctionnement harmonieux de l'organisme.	

2 LA RATION

Définition

Quantité d'aliments que doit consommer chaque jour un individu pour conserver son poids et sa santé.

Principe d'une ration nutritionnelle équilibrée

PROTIDES 15 p. cent	***LIPIDES 30 p. cent***	***GLUCIDES 55 p. cent***
Protéines animales 50 p. cent	Acides gras mono-insaturés 1/3	Sucres d'absorption lente 80 p. cent
	Acides gras poly-insaturés 1/3	
Protéines végétales 50 p. cent	Acides gras saturés 1/3	Sucres d'absorption rapide 20 p. cent

Nature des aliments	**Apports principaux**	**Rôle**
Viandes, poissons, œufs légumes secs	Protides Fer Phosphore	Plastique
Lait, produits laitiers	Protides Calcium	Plastique
Matières grasses (huiles margarines, beurre, crème...)	Lipides	Énergétique
Pain, féculents, aliments sucrés	Glucides	Énergétique
Fruits et légumes crus et cuits	Sels minéraux Vitamines Cellulose	Fonctionnel
Boissons – eau – thé, café, – infusion	Eau Sels Minéraux	Fonctionnel

Exemples de rations alimentaires

	Apports énergétiques au niveau d'un groupe	
	en kilo-Joules par jour	en kilo-calories par jour
Filles 10 - 12 ans	9 800	2 350
Garçons 10 - 12 ans	10 900	2 600
Adolescentes 13 - 19 ans	10 000	2 400
Adolescents 13 - 19 ans	12 500	3 000
Femmes adultes "activité habituelle"	8 400	2 000
Hommes adultes "activité habituelle"	11 300	2 700
Femmes enceintes	Supplément de 400 kJ soit 100 kcal durant le 1er trimestre, et de 1 000 kJ soit 250 kcal pendant le 2e et le 3e trimestre de la grossesse	
Femmes allaitantes	Supplément de 2 100 kJ soit 500 Kcal	

(Apports nutritionnels conseillés pour la population française - H. Dupin)

Exemple de répartition de la ration quotidienne en repas

Petit déjeuner
20 p. cent de la ration quotidienne

jus de fruit ou fruit frais	thé café chocolat	lait ou fromage frais ou cuit	beurre cru
confiture ou miel	pain ou biscottes	1 œuf ou 1 tranche de jambon pour les adultes très actifs les adolescents les femmes qui allaitent	

Déjeuner

crudités ou salade viande ou poisson* légumes féculents fruits cuits ou crus	ou	entrée riche en calories (féculents, charcuterie...) viande ou poisson* légumes verts fromage fruits crus

* Cet apport de protéines animales peut être alterné selon le mode de vie entre dîner et déjeuner.

Goûter :
10 p. cent de la ration quotidienne pour les enfants et les adolescents

pain ou biscottes	chocolat ou confitures ou fruit frais	boisson ou lait

Reste conseillé pour tous, surtout si le déjeuner est un peu "escamoté"

boisson	biscuit ou fruit frais

Dîner

crudités ou salade œuf, jambon, charcuterie légumes féculents fromage fruits	ou	potage œuf, jambon, charcuterie légumes verts ou salade entremets au lait

(Infidoc - Croix rouge française - Alimentation et diététique - Expansion scientifique française, 15 rue Saint Benoît, 75278 Paris Cedex 06)

Santé

5 LES INTOXICATIONS ALIMENTAIRES

La listériose et la salmonellose, maladies alimentaires parmi tant d'autres, se sont manifestées à de nombreuses reprises au cours de ces dernières années.

Alors que les maladies infectieuses classiques sont en nette diminution, grâce à l'hygiène, aux vaccinations et à l'efficacité des traitements, on observe, au contraire, que pour les maladies microbiennes d'origine alimentaire, le nombre de cas mortels augmente de façon régulière.

Cette augmentation peut s'expliquer par :

– l'allongement de la chaîne alimentaire, entre le producteur et le consommateur ;

– la mise au point de nouvelles techniques de préparation et de conservation des aliments, qui nécessitent des manipulations plus nombreuses et des temps d'attente plus longs avant la consommation finale.

DANGER DANS L'ASSIETTE ?

COMPÉTENCES

1 - Appréhender une situation dans sa globalité

- Recenser pour une maladie : le nom, le germe en cause, les symptômes, les aliments contaminés et les causes.

2 - S'impliquer dans une démarche de prévention

- A partir d'un cas concret, retrouver la mesure de prévention qui n'a pas été respectée.

Photocop

1 LES TOXI-INFECTIONS ALIMENTAIRES (T.I.A.)

Elles ont pour origine des bactéries. Celles-ci agissent par ***les toxines*** qu'elles fabriquent et qui contaminent les aliments.
Si ces toxines agressent l'intestin, on parle ***d'entérotoxines*** responsables de troubles digestifs, principalement des vomissements et des diarrhées.
Si elles attaquent le système nerveux, on parle de ***neurotoxines***.

❶ • Le 25 juillet, une toxi-infection alimentaire collective comportant 78 malades s'est produite dans une collectivité d'enfants à Perpignan. 73 enfants, c'est-à-dire la totalité des rationnaires ainsi que 5 membres du personnel ont été atteints de diarrhée avec vomissement à partir de 15 h. Les analyses des aliments mettaient en évidence la présence de staphylocoques pathogènes dans des gâteaux (choux à la crème). La crème des choux avait été préparée la veille au matin (le samedi), mise au réfrigérateur et sortie le dimanche matin, les choux étant garnis à ce moment pour être servis à midi. Parmi le personnel de la cuisine les analyses permettaient le dépistage de 7 porteurs de staphylocoques pathogènes dont 5 présentaient à la fois un portage rhinopharyngé et digestif. Ce personnel a été mis en traitement et les consignes d'hygiène ont été rappelées.

(Labo Coop n° 125)

❷ • Février 1976. Deux cent cinquante-trois passagers d'un vol charter Las Palmas-Helsinki sont pris de douleurs abdominales, de vomissements, de diarrhée profuse et d'une fièvre élevée, trois à quatre heures après leur arrivée. L'hospitalisation de plus de deux cent trente malades est immédiate. Seuls les enfants et quelques touristes qui n'avaient pas mangé de salade d'œufs à la mayonnaise figurant au menu échappent à la maladie ; mais trois autres voyageurs en meurent. Le même plat est servi sur le vol de retour vers Las Palmas, où près de quatre-vingts Finlandais doivent être également hospitalisés, atteints par une pousssée massive de *Salmonella typhimurium* fort heureusement sensible aux antibiotiques.

Un employé du traiteur de Las Palmas qui avait préparé cette mayonnaise était porteur de ce germe redoutable. Il devait contaminer deux autres vols vers la Finlande, de deux cent cinquante personnes chacun, ainsi que trois vols Las Palmas-Hanovre sur lesquels se trouvaient 750 Allemands, dont 300 furent atteints, dont 3 devaient décéder. Au total, les vols incriminés transportaient 994 passagers, dont 694 furent infectés...

(Le Monde)

❸ Empoisonnement par des haricots verts

En 1943, une famille est gravement intoxiquée par une salade de haricots verts provenant de conserves familiales. Douze heures après le repas, des vomissements et une diarrhée font penser à une indigestion banale. Deux jours après, apparition alarmante de troubles visuels, avec surdité, crampes musculaires, impossibilité de mastiquer. Le plus jeune enfant meurt asphyxié par paralysie respiratoire. Les autres membres, transportés à l'hôpital, sont sauvés grâce au masque à oxygène, à l'injection de sérum et d'anatoxine botulinique (séro-anatoxinothérapie).

Le contenu d'un bocal de ces mêmes conserves donné à des souris les a rapidement tuées. Il s'agissait d'une intoxication par la toxine botulinique. Cette famille avait déjà consommé sans accident d'autres bocaux de la même conserve, mais après cuisson de dix à vingt minutes.

Deux à trois semaines de soins auront été nécessaires pour obtenir la guérison.

(Anatomie, physiologie, hygiène, Ed. Hatier)

ACTIVITÉS D'APPRENTISSAGE

1 • Quelles sont les maladies décrites dans les documents ci-dessus ?

2 • Quelle est leur origine ?

3 • Quelles sont les mesures de prévention qui n'ont pas été respectées ?

Photo cop

2 LES MALADIES INFECTIEUSES ALIMENTAIRES (M.I.A.)

On peut citer comme exemple : les gastro-entérites, fièvres typhoïdes, dysenterie bactérienne, hépatite virale A.
Ce sont les bactéries qui attaquent directement l'organisme. Les bactéries se multiplient dans l'organisme après ingestion des aliments et entraînent les troubles.
La durée d'incubation est de quelques jours à quelques semaines.
Les bactéries sont facilement détruites par la chaleur, une ébullition de quelques minutes entraîne leur destruction.

❶ ***La listériose :*** maladie en recrudescence dans les pays industrialisés due à la bactérie : *listeria monocytogène*, qui se développe à + 4° C sur les produits d'origine animale surtout, mais aussi sur les végétaux : aliments récemment incriminés, le fromage suisse Vacherin Mont d'Or, et les salades 4e gamme. La listéria provoque une sorte de grippe qui, chez les enfants, les vieillards, se traduit par une méningite ou une septicémie mortelle.
Elle peut entraîner chez la femme enceinte une atteinte du fœtus avec avortement ou accouchement prématuré.

❷ ***La gastro-entérite :*** elle est due à plusieurs germes (shigella, yersinia, colibacilles, salmonelles). La contamination est soit directe (mains) soit indirecte (eau et plats cuisinés). Elle se traduit par des diarrhées et parfois des vomissements.
Les formes gravissimes entraînent une déshydratation parfois mortelle chez les individus affaiblis, les nourrissons et les personnes âgées.

❸ ***L'hépatite A :*** exclusivement humaine, elle est dûe à un virus véhiculé par les aliments. Une fois avalé le virus rejoint le foie où il se multiplie et détruit progressivement les cellules hépatiques. Pendant cette période d'incubation (2 à 6 semaines) le futur malade excrète des virus dans les selles. Il est alors contagieux. Les syptômes sont : fatigue, troubles digestifs vagues, maux de tête, nausées, fièvre plus ou moins élevée, jaunisse. Le sujet restera affaibli pendant un temps plus ou moins long.

❹ ***La "turista" :*** diarrhée aigüe des pays et des saisons chaudes. Elle se manifeste pendant les vacances, elle apparaît 24 heures après avoir consommé l'alimentation locale, des crudités ou bu de l'eau des pays où le niveau d'hygiène est faible.

ACTIVITÉS D'APPRENTISSAGE

1 • Établissez la différence entre une T.I.A. et une M.I.A.

2 • Dressez un tableau comparatif entre ces deux catégories, faisant apparaître :
- le nom de la maladie et le germe en cause
- les symptômes de la maladie
- les causes de contamination et les aliments contaminés.

3 LA PRÉVENTION

Elle s'applique tout au long de la chaîne alimentaire.

1° ACHAT des aliments :
- choisir des produits sains et vérifier la dalte limite d'utilisation,
- refuser les produits dont les emballages sont éventrés, bombés (boîtes).

2° CONSERVATION des aliments :
- respecter les durées indiquées,
- les températures (0° à 3°, produits réfrigérés, temps limité),
- -18° C produits surgelés, longue conservation, **NE PAS RECONGELER**.

3° PRÉPARATION des repas :
- surveiller étroitement la santé et l'hygiène du personnel (porteur sain, plaies aux mains, hygiène corporelle et vestimentaire),
- nettoyage et désinfection fréquents des mains et du matériel.

4° LE REPAS :
- se laver les mains avant de passer à table,
- changer de serviettes fréquemment,
- retour des restes nobles débarrassés de toute sauce au réfrigérateur (à consommer dans un délai maximum de 48 h).

5° APRÈS LE REPAS :
- réaliser un nettoyage et une désinfection rigoureux.

L'essentiel

LES TOXI-INFECTIONS

Les intoxications alimentaires microbiennes sont un risque quotidien pour la restauration et les industries agro-alimentaires.
Les troubles sont dus aux micro-organismes eux-mêmes ou à leur sécrétion "les toxines".
Pour s'en protéger, il est nécessaire d'appliquer un programme d'hygiène rigoureux.

Quatre principales "toxi-infections"

STAPHYLOCOCCIE

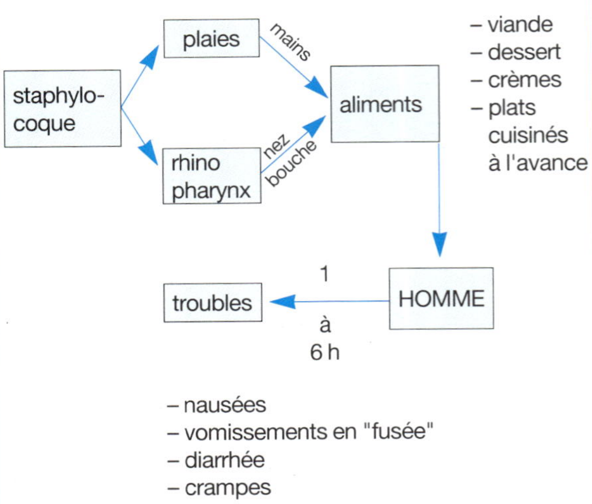

T.I.A. au clostridium perfringens

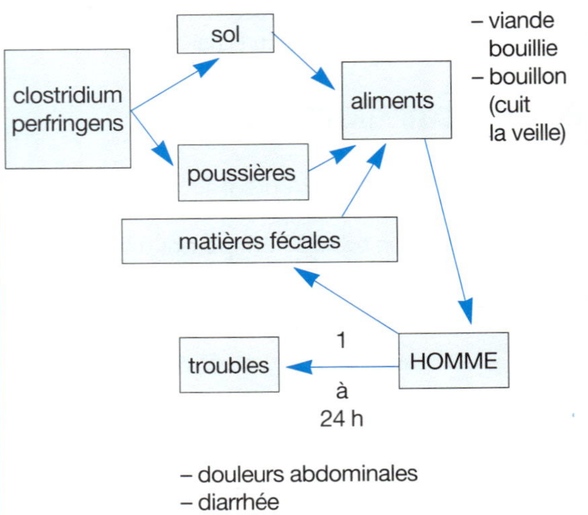

SALMONELLOSE

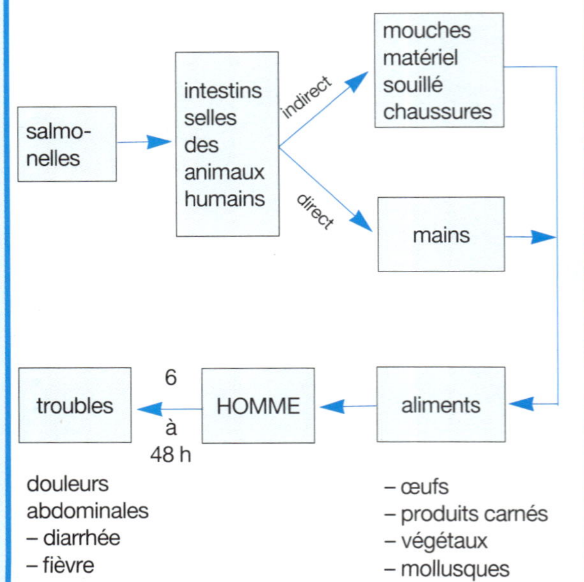

BOTULISME

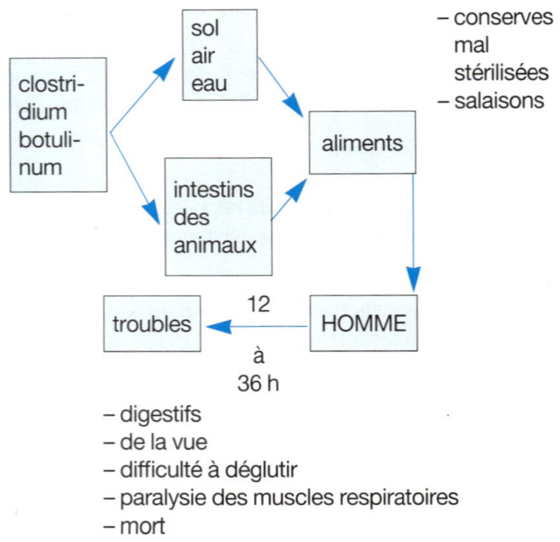

Santé 6

LES BIORYTHMES – SOMMEIL – STRESS

LES RYTHMES BIOLOGIQUES. Ce n'est pas un hasard si nous dormons la nuit plutôt que le jour ; si notre cerveau, nos glandes et nos muscles travaillent plus efficacement à certaines heures qu'à d'autres ; si l'attention et la mémoire des écoliers jouent aux montagnes russes avec les rythmes biologiques. On s'est aperçu qu'en janvier et février, les défenses de l'organisme tombaient au plus bas. D'où une moindre résistance aux infections, une montée en flèche de la grippe ou de la "dépression saisonnière". Cette dernière s'installe à l'automne, s'amplifie en hiver et disparaît au printemps pour revenir l'année suivante. On l'explique par la difficulté d'adaptation au raccourcissement de la durée du jour. Bonne nouvelle tout de même, c'est au temps des feuilles mortes que l'activité sexuelle reprend du poil de la bête. Avant les accouchements programmés, les petits naissaient préférentiellement entre minuit et quatre heures du matin, au printemps. Ce qui coïncide avec un pic à l'automne, qui lui-même se superpose à la sécrétion d'hormone sexuelle mâle.

Rythmes et Blouses Blanches, Rica Etienne - Dossier Familial, Septembre 1991

LE SOMMEIL 4 millions de Français ont recours aux somnifères.
Dormir n'est pas une fin en soi, mais on ne saurait oublier que le sommeil repose le corps et l'esprit. Indispensable à la vie, il permet la restauration des forces physiques. Les troubles du sommeil ne sont pas de simples désagréments que l'on peut éliminer par des somnifères. Ils sont le plus souvent liés à diverses agressions ou à une mauvaise hygiène de vie

.Le Sommeil-Info Santé n°23

Un Français sur quatre se plaint de mal dormir. Résultat : la France est le pays où la consommation de somnifères par habitant est la plus élevée du monde. Les jeunes ne sont pas exclus. L'Inserm révèle que 15 % des jeunes de 15-20 ans consomment des somnifères au moins trois fois par semaine.

LE STRESS s'avère un concept à la mode dans notre vie quotidienne, où il est d'usage de penser que les nombreuses stimulations que nous génère l'environnement agressent l'organisme, la personnalité et nous causent des dommages. Les changements rapides de mode d'existence, l'accélération des transformations technologiques dans la société post-industrielle créent des déséquilibres permanents. La vie urbaine, qui concerne la plus grande partie de la population, devient plus complexe, les déplacements y sont plus longs, plus difficiles. Tous ces éléments engendrent des tensions psychologiques difficiles à gérer. Un certain nombre d'indices, tel l'accroissement de la consommation de tranquillisants et de somnifères (Rösch et col. 1988) fonde l'hypothèse d'une augmentation du stress au cours des dernières décennies.

Gérer le Stress, Raymond Thomas - MGEN. Mars/Avril 1992

COMPÉTENCES

1 - Effectuer des démarches

- Á partir de la connaissance des rythmes biologiques, déduire des règles d'hygiène de vie.

2 - S'impliquer dans une démarche de prévention

- Dégager les conditions propices au repos.
- Proposer des solutions pour vaincre le stress.

1 LES BIORYTHMES

❶ Les types de rythmes

La chronobiologie permet de définir les rythmes personnels de chaque individu au sein des grands rythmes généraux.
On connaît plusieurs types de rythmes selon leur période :
— le rythme ultradien : moins de 24 heures ;
— le rythme circadien : environ 24 heures ;
— le rythme infradien : supérieur à 24 heures ;
— le rythme circannuel : environ 1 an et lié aux mouvements de la Terre.

Mémo Larousse "les rythmes biologiques"

En demande spontanée et dans des conditions constantes de température et d'éclairement, le nouveau-né a un rythme de prise alimentaire dont la période est d'environ 90 mn, tout comme le rythme veille-sommeil avec lequel il alterne. La période du rythme spontané d'alimentation s'allonge, passant à ≃ 3 h vers un mois, ≃ 6 h vers deux mois. Le passage des rythmes ultradiens aux circadiens, observé chez le nourrisson, est certainement lié à la maturation du système nerveux.
Chez l'enfant de 4 ans il existe un rythme circadien statistiquement significatif avec un creux en milieu de journée et une large prise alimentaire correspondant au petit déjeuner et au dîner.
Des rythmes circannuels ont été également observés chez l'enfant avec un gain de poids qui prédomine à la fin de l'été ou au début de l'automne et une tendance à consommer plus de graisses au printemps et en été. Cependant, il existe des variations interindividuelles importantes.
Chez l'Homme adulte, il a été observé que la consommation des calories est plus importante à l'automne et pendant l'hiver qu'au printemps et en été. Il ne semble pas que des variations circannuelles existent pour la prise de protéines. Signalons que ces rythmes du comportement alimentaire persistent chez l'Homme, pendant l'isolement, sans information temporelle.

Que Sais-je ? n° 734 "Les rythmes biologiques"

❷ Vivre avec ses rythmes

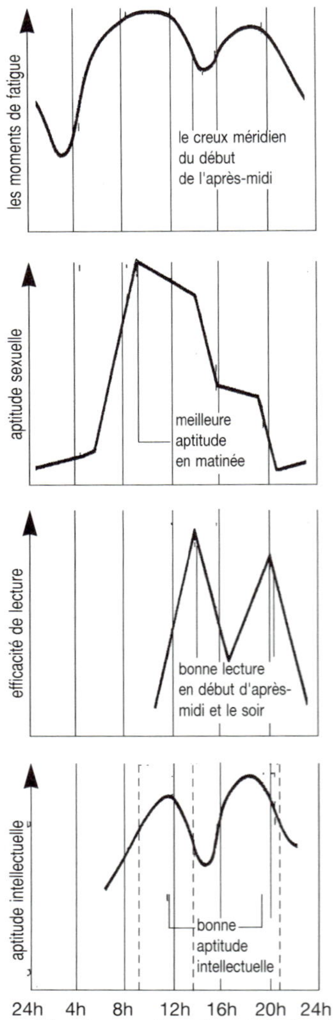

Mémo Larousse "les rythmes biologiques"

Rythmes alimentaires. Le décalage des heures de repas n'entraîne pas de changements rythmiques sévères. C'est la qualité des aliments en tant que valeur nutritive qui compte. Les aliments assimilés le matin ne font pas grossir car il y a alternance entre absorption/assimilation. Le repas du soir est plus "stocké", donc responsable de prise de poids.

Rythmes intellectuels. Bien que chaque individu possède son propre rythme, on peut dégager quelques grandes lignes :
— l'activité intellectuelle s'élève progressivement durant la matinée et se maintient jusqu'à 13 heures environ.
— le moment où le cerveau paraît le plus apte au travail se situe entre 17 heures et 21 heures. C'est aussi le moment où l'activité mémorielle est à son sommet ; elle sera complétée par l'effet de mémorisation nocturne.

Rythmes cérébraux. Un cycle d'environ 90 minutes rythme en alternance l'activité des hémisphères cérébraux. Ils travaillent de façon complémentaire grâce au "pont" qui les relie, mais chaque hémisphère exerce des fonctions qui lui sont propres. Une alternance du travail entre eux est nécessaire. Dans l'idéal, une activité intellectuelle de 4 heures devrait s'effectuer en fractions de temps d'environ 90 minutes.

Température. Elle s'élève le matin et descend le soir en restant autour de 37 °C. Ce rythme thermique de 24 heures peut, pourtant, être plus ou moins décalé en fonction de situations qui modifient les cycles de l'organisme (Déphasage horaire ; changement climatique ; etc.).

ACTIVITÉS D'APPRENTISSAGE

1 • Quelles remarques vous suggère ce document et quelles conséquences en découlent pour l'hygiène de vie de chacun ?

2 • Repérez les "pics d'activité intense" et "les creux de repos".

3 • Justifiez ces modifications du rythme au regard de constats quotidiens que vous avez pu remarquer.

2 LE SOMMEIL

Toute personne a besoin d'assez de sommeil pour être fraîche et dispose au réveil. "Assez" peut signifier 3 heures par nuit au plus pour quelques individus, 5 ou 6 heures pour bon nombre de personnes, 7 ou 8 heures pour la plupart d'entre nous, et, pour certains, jusqu'à 9 heures et plus. Un enfant en bas âge a besoin de 16 à 18 heures de sommeil. Avec l'âge, ce besoin diminue.

❶ Les différentes phases du sommeil

L'enregistrement des ondes électriques du cerveau pendant le sommeil a montré que celui-ci revêt deux formes très différentes : ***sommeil rapide*** ou sommeil paradoxal et ***sommeil lent*** ou sommeil ordinaire.

Le sommeil lent,

lui-même, passe par 4 stades successifs allant de l'éveil au sommeil profond :

— stade I ou endormissement

— stade II ou sommeil léger

— stade III ou sommeil profond

— stade IV ou sommeil très profond

La phase d'endormissement est caractéristique, il faut la connaître. En effet, le sommeil ne s'établit pas brusquement, les bâillements, la diminution de l'attention en sont les signes avant-coureurs, puis vient le relâchement de certains muscles, notamment ceux de la nuque et du muscle, releveur des paupières. En même temps, les activités visuelles régressent, puis celle de l'ouïe, et les activités intellectuelles deviennent de plus en plus confuses.

Le sommeil paradoxal

succède au stade IV de sommeil très profond. Il s'accompagne de manifestations physiques telles que mouvements rapides des globes oculaires, relâchement musculaire, augmentation des mouvements respiratoires. Dans cette phase le cerveau est dans un état très particulier, proche de l'éveil. C'est à ce moment que prend place ***le rêve.***

Ces deux sommeils se succèdent en cycles d'environ deux heures ; ils se répètent autant de fois que l'organisme en a besoin.

Chez l'adulte, à l'intérieur de chaque cycle de deux heures, le sommeil lent représente environ une centaine de minutes contre seulement une vingtaine pour le sommeil paradoxal. Il faut savoir que c'est le dernier quart d'heure de sommeil d'une tranche de deux heures qui est le plus précieux. Aussi est-il néfaste d'interrompre le sommeil d'un dormeur sans tenir compte de l'heure de son endormissement.

(Info Santé n°43)

❷ Pour une meilleure qualité du sommeil

Une journée agitée entraîne presque à coup sûr une nuit pertubée qui à son tour risque d'être le début d'une période néfaste.

Quelques règles simples, qui se confondent avec une saine hygiène de vie, peuvent éviter un tel enchaînement ou rétablir un équlibre harmonieux temporairement compromis :

— connaître son temps optimum de sommeil et le respecter,

— créer des conditions de repos favorables à la détente, plus particulièrement éviter le bruit (radio, télévision). Des dîners trop copieux et trop arrosés peuvent être à l'origine de troubles du sommeil.

— éliminer autant que possible les causes d'anxiété et d'angoisse en menant une vie calme et détendue.

Le sport en apportant une utile dépense physique est excellent pour la santé quel que soit l'âge.
— supprimer les excitants sous toutes leurs formes (thé, café, tabac, et certains médicaments).

(Info Santé n°43)

ACTIVITÉS D'APPRENTISSAGE

1 • Quelle est la durée normale du sommeil pour un individu "moyen"?

2 • Qu'entend-on par sommeil paradoxal ? Quelles sont ses caractéristiques ?

3 • Dégagez les conditions propices au repos.

3 LE STRESS

❶ Qu'est-ce que le stress ?

Ce terme anglais introduit vers 1950 par le médecin canadien Hans Selye peut se traduire approximativement comme "mise sous tension". Le stress constitue en effet la réponse de l'organisme à un traumatisme. Quelle que soit la nature de cette agression, conflit, chaleur, froid, bruit, peur, émotion, qu'elle soit ressentie comme agréable ou désagréable, elle provoque chez tous les individus des réactions stéréotypées : le cœur bat plus vite, la tension artérielle s'élève, la respiration s'accélère, un flot d'hormones (en particulier l'hormone corticotrope ACTH) active le fonctionnement de certains organes, les muscles sont tendus.

❷ Le stress au travail

REPRÉSENTATION SCHÉMATIQUE DES SOURCES ET DES CONSÉQUENCE DU STRESS

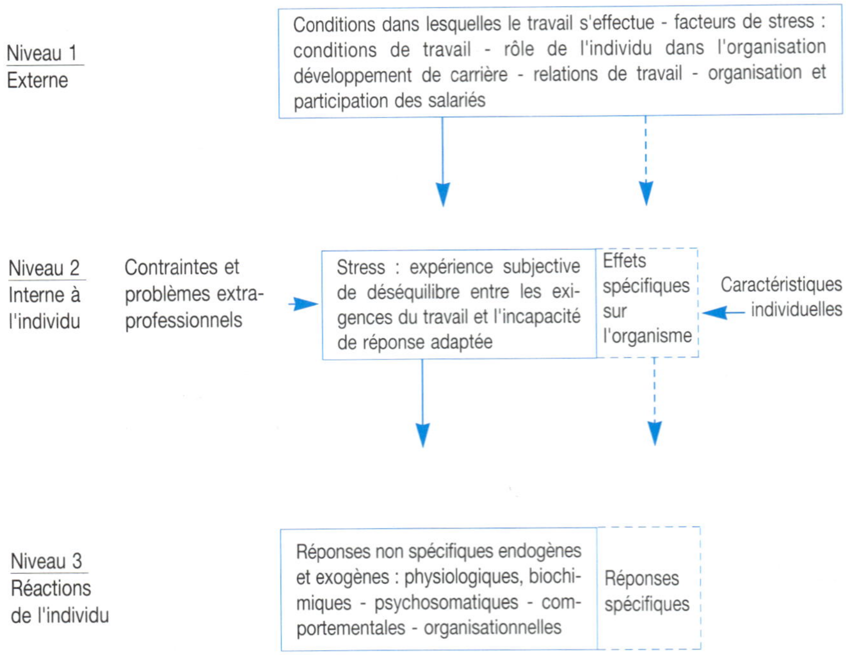

Niveau 1 :

Ces facteurs de stress de niveau 1 sont une condition nécessaire mais pas suffisante pour donner naissance à une situation de stress.

Niveau 2 :

Le stress résulte de la combinaison des facteurs de stress (niveau 1), des caractéristiques individuelles et des contraintes et problèmes extraprofessionnels.

Niveau 3 :

La situation de stress provoque des réactions de l'individu, réponses endogènes ou exogènes.

Il faut noter que les facteurs de stress (niveau 1) peuvent entraîner des effets et réponses spécifiques de l'organisme (indiqués en pointillés sur le schéma) qui ne nous intéressent pas directement ici. Ainsi, l'exposition à un niveau de bruit élevé aura des effets physiologiques sur l'appareil auditif (réponse spécifique) et pourra avoir des effets non spécifiques (exemple : augmentation de la fréquence cardiaque).

(Travail et Santé n°12/91)

❸ *Vaincre le stress*

Le stress est souvent décrit comme le mal du XXe s. En l'absence de "thérapie" adéquate (sport, relaxation, meilleure hygiène de vie), il peut déboucher sur la dépression, ou même sur certaines maladies non liées directement au psychisme, comme l'ulcère gastrique.

Pour vaincre le stress, on peut travailler dans une ville plus petite, avoir un logement près de son lieu de travail, réduire son temps de travail (même si c'est financièrement plus difficile) ou encore essayer de rendre son cadre de vie agréable. Il faut prendre des vacances plus souvent, ne pas hésiter à partir en week-end et si possible dans des endroits dépaysants.

Il faut également augmenter son activité physique, faire du sport, qui libère l'énergie accumulée.

La relaxation, la pratique du yoga ou de toute autre méthode qui vise à reprendre la maîtrise de soi et de sa respiration constituent des alternatives de lutte contre le stress.

Il faut essayer de parler, de voir des gens d'horizons différents, pendre le temps de se confier. Enfin, il faut essayer d'avoir une activité créative (dessin, peinture, écriture, etc.). Tous ces "trucs" sont autant de moyens de prendre de la distance par rapport aux choses.

Mémo Larousse

ACTIVITÉS D'APPRENTISSAGE

1 • Recherchez les causes du stress dans votre vie quotidienne.

2 • À quoi correspondent les trois niveaux du stress ?

Quelles en sont les causes ?

3 • Dégagez des solutions envisagées pour vaincre le stress.

4 • Avez-vous expérimenté des solutions personnelles pour vaincre le stress ? Si oui, lesquelles ?

L'essentiel

1 LES RYTHMES BIOLOGIQUES

– déterminent à la fois les besoins et les fonctions vitales de chacun.

Chaque composant du corps a son rythme propre. La résistance est maximum en été, minimum en hiver.

Les perturbations de l'état rythmique général de l'individu peuvent signaler un état physique ou psychologique défectueux.

Il faut rester à l'écoute de son horloge biologique et suivre son propre rythme :
– s'arrêter de travailler quelques minutes,
– faire alterner les activités,
– respecter les pauses repas.

2 LE SOMMEIL

Le sommeil est caractérisé par la perte de la conscience du monde extérieur, un ralentissement des fonctions de l'organisme.

Il est rythmé par une série de cycles réguliers, chaque fois modulés par une succession de 4 stades qui passent du sommeil léger au sommeil profond.

Pour être réparateur, le sommeil suppose des conditions favorables.

Le somnifère aide l'insomniaque mais ne guérit pas. La seule véritable solution se trouve dans la découverte des causes réelles de l'insomnie, qui sont en rapport avec le mode vie.

3 LE STRESS

Á l'heure actuelle les structures sociales sont souvent à l'origine de situations stressantes.

Ce sont les conditions de la vie quotidienne telles que :
– bruits de la ville,
– insécurité,
– crainte de licenciement,
– mauvaises conditions de travail (surmenage nerveux), situation de concurrence,
– problèmes familiaux.

Pour faire face à des situations difficiles, on constate une augmentation de tranquillisants, alcool, tabac, café qui amplifient les troubles.

Ces facteurs de stress répétés ont des conséquences pathologiques qui peuvent être :
– les maladies cardio-vasculaires et leurs différentes manifestations,
– les ulcères à l'estomac,
– la diminution de la résistance aux infections (retards à la cicatrisation).

4 SOLUTION : ÉQUILIBRE DE VIE

Chacun doit connaître ses propres rythmes et ceux des personnes avec lesquelles il vit et les respecter. Il ne faut pars tricher.

– dormir régulièrement;
– refuser les excitants;
– pratiquer une activité physique;
– manger une nourriture équilibrée et à heures fixes.

DURÉE MOYENNE DES ACTIVITÉS QUOTIDIENNES
(activité principale)

Base 24 heures - Un jours moyen (lundi/dimanche)

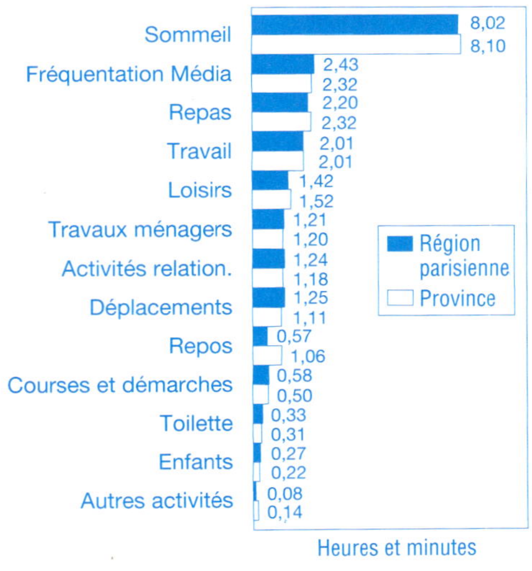

Graphiques : Univers : Population 15 ans et plus
CESP - Etude "Budget-Temps Multi-Média" - Avril/Octobre 1991

MGEN N° 145 - JUIN/JUILLET 1992

Les conséquences sur la santé de la pratique du travail par équipes successives

Les différentes fonctions de l'organisme humain subissent des rythmes précis. Certains de ces rythmes correspondent approximativement à des périodes de 24 heures, d'autres à des périodes de 7 jours, 30 jours ou 1 an. Ces rythmes sont commandés (ou "synchronisés") par les rythmes de l'environnement physique et social et ils tendent à se maintenir malgré les variations des horaires d'activité d'un sujet.

A) L'adaptation aux changements d'horaires

Un décalage sensible entre les rythmes naturels induits par l'environnement et ceux des temps de travail et de repos exige un ajustement permanent de l'organisme qui est plus ou moins facile selon les sujets. Dans la pratique cet ajustement est variable, partiel et fragile ; il devient plus difficile avec l'âge.

B) Les conséquences des changements d'horaires sur la santé

Les médecins du travail ont observé une susceptibilité plus grande des travailleurs "postés" à certains troubles particuliers ; celle-ci s'accroît avec l'âge et l'ancienneté en travail posté. Les problèmes les plus souvent évoqués ont trait au sommeil, à la nutrition, à l'équilibre nerveux et à la fatigue.

a) Le sommeil

Un durée moyenne de sommeil d'environ 7 heures 30 (avec des variations individuelles de plus ou moins 3 heures) est nécessaire.

Dans la pratique, on constate, chez les travailleurs postés, une réduction de la durée du sommeil (environ 1 h en moyenne sur l'ensemble de trois postes avec un maximum lors du poste de nuit). Celle-ci entraîne probablement un manque plus sensible de sommeil paradoxal, lequel joue un grand rôle dans le repos. Ces déficits, en qualité, sont en relation avec les horaires de début du sommeil, donc avec les horaires des postes.

Les conditions économiques et matérielles, en particulier aménagement du logement, et la nature des activités et des loisirs du travailleur influent également sur le sommeil.

Les perturbations du sommeil, et l'insuffisance de celui-ci, ont des répercussions sur la santé (systèmes nerveux, digestif et circulatoire) et sur la possibilité de remplir la tâche professionnelle et le rôle familial. A leur tour les échecs dans ces deux derniers domaines influent négativement sur la capacité d'adaptation. En outre, la fatigue qui résulte du manque de sommeil réduit la résistance aux agressions et notamment aux maladies infectieuses.

b) La nutrition

Les troubles digestifs sont surtout constatés chez les salariés travaillant par équipes alternatives en 3 x 8. Ils sont attribués au décalage des heures des repas (modifiant le rythme de la sécrétion gastrique et de l'appétit, troublant la possibilité de prendre le repas en famille), aux conditions défectueuses d'alimentation (en particulier déséquilibre résultant de l'absorption de casse-croûte et de boissons inappropriées ou trop riches), aux troubles du sommeil, au recours à des calmants, des analgésiques, des excitants et à l'excès de tabac (équipe de nuit).

c) Les troubles nerveux

Les troubles nerveux peuvent être dus à la conjugaison d'une mauvaise qualité de sommeil et de nutrition, mais également à l'inquiétude des travailleurs postés devant les changements prévisibles d'emploi et de statut, enfin à l'intervention vraisemblable de facteurs sociologiques en relation avec les difficultés de la vie familiale et sociale.

d) La fatigue

La fatigue est liée aux difficultés d'adaptation et aux insuffisances du sommeil, ainsi qu'au travail de nuit, plus pénible pour l'organisme. Il faut faire une distinction entre le travail physique, pour lequel la récupération s'obtient dès qu'il y a cessation de l'activité, et le travail mental, pour lequel la récupération a lieu essentiellement pendant le sommeil, qui devient d'autant plus nécessaire. Une fatigue supplémentaire est souvent due à des activités secondaires exercées en plus de l'activité professionnelle.

(Le travail par équipes successives I.N.R.S.)

Santé

7

LES EFFETS DES SUBSTANCES TOXIQUES

La familiarité instaurée avec le tabac et l'alcool fait que le jeune perd ses préventions à l'égard de la drogue. L'enquête de F. DAVIDSON montre que l'usage des drogues licites (tabac, alcool) crée un terrain favorable à l'absorption de drogues illicites.

L'utilisateur de drogue, en manque de son toxique habituel, peut recourir à l'alcool, pratiquement toujours accesssible, beaucoup moins coûteux et non soumis aux interdits.

Alcool et drogue sont aussi parfois associés pour la recherche de l'effet spécifique de ce "cocktail", de même alcool et barbituriques.

Toutes les études démontrent que ce phénomène de polytoxicomanies se développe considérablement dans la population jeune.

Mais l'alcool peut être, à lui seul, une drogue recherchée pour son effet psychotrope : c'est l'**alcool-défonce.**

Quoi qu'il en soit, celui qui a pris l'habitude de l'alcool, connaîtra à plus ou moins long terme le même état de dépendance qu'avec la drogue. Entre l'alcoolique chronique et le toxicomane, un point commun : la modification de la personnalité. Si les conséquences pathologiques ne sont pas identiques, l'individu est atteint tout aussi gravement, de manière plus insidieuse et à plus long terme par l'alcool.

("Les Jeunes et l'alcool" - Comité national contre l'alcoolisme)

COMPÉTENCES

1 - Appréhender une situation dans sa globalité

- Répertorier et classer les méfaits du tabagisme.

2 - Effectuer des choix raisonnés

- Choisir trois propositions d'action pour favoriser la sobriété dans une entreprise.

3 - S'impliquer dans une démarche de prévention

- Recenser les risques des médicaments absorbés avant de prendre le volant.

1 LE TABAC

❶ La France qui fume

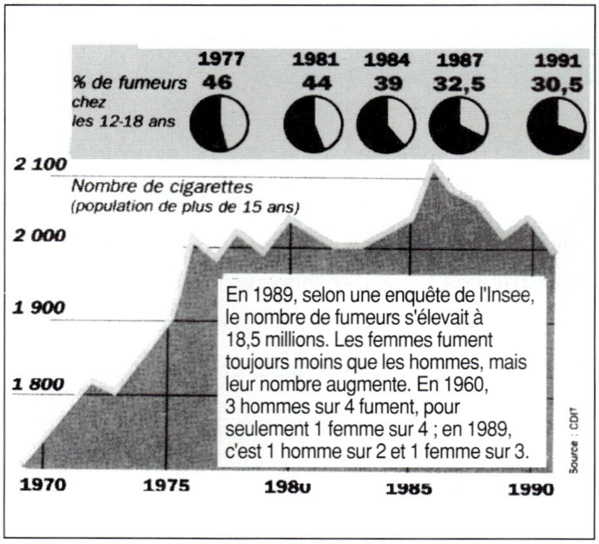

❷ Les méfaits

En France, chaque année, le tabagisme est responsable de 54 000 morts prématurées entre 45 et 65 ans. Soit 12 % de la mortalité générale.

• Une cigarette représente la perte d'un quart d'heure de vie.

• Le tabagisme est, en France, à l'origine du tiers des cancers, du quart des maladies cardio-vasculaires et de 80 % des bronchites chroniques.

• On estime qu'en France, en 2010, le cancer du fumeur fera 110 000 victimes par an.

• 85 % des cancers du poumon sont dus à la consommation de tabac au cours des deux années précédant le diagnostic de la maladie.

• Chez les femmes, l'association pilule-tabac multilplie par 2 les risques d'accidents vasculaires-cérébraux et par 10 ceux de l'infarctus.

• Le poids de naissance des enfants de fumeuses est, en moyenne, inférieur de 200 grammes au poids normal.

Le coût des maladies engendrées par le tabac (soins, absentéisme, invalidité) est estimé en France à environ 40 milliards de francs par an.

❸ Les décrets

Le décret d'application de la loi Évin contre le tabagisme vient d'instaurer de nouvelles interdictions de fumer :

• Dans tous les lieux à usage collectif (locaux fermés et couverts situés dans les bâtiments publics et dans les bureaux, salles de réunion, ateliers et autres lieux de travail). Toute infraction sera passible d'une amende de 300 à 600 francs. Des espaces réservés aux fumeurs devront être aménagés dans les entreprises.

• Même interdiction dans les transports collectifs, y compris dans les wagons-bars des trains.

• Dans les écoles, collèges, lycées, interdiction de fumer, même dans les cours de récréation.

• Dans les restaurants, il ne sera possible de fumer que dans les zones réservées à cet usage.

(Documents extraits de l'Express 7 Mai 1992)

ACTIVITÉS D'APPRENTISSAGE

1 • Commentez le graphique d'évolution de la consommation de cigarettes en France !

2 • Énumérez les divers méfaits du tabagisme.

3 • Quelles sont les règles applicables en matière d'interdiction de fumer en milieu scolaire et en milieu professionnel ?

2 L'ALCOOL

❶ Détérioration des capacités professionnelles

Le travail humain exige de plus en plus de capacités intellectuelles et psychomotrices. L'effort physique tend à diminuer mais l'attention, la vigilance, le jugement, la précision sont de plus en plus nécessaires.

Le fait alcoolique s'exprime par :
– une dégradation psychologique qui entraîne une inaptitude professionnelle empêchant la promotion sociale et l'adaptation à l'évolution technique.
– d'un autre côté, l'alcoolisme est cause de maladies et d'incapacités définitives et les buveurs excessifs sont mis en invalidité ou parfois à la retraite prématurément.

❸ Objectif sobriété

La sobriété c'est une liberté sur mesure qui permet d'adapter ce que l'on boit

- à ce que l'on est,
- à ce que l'on fait.

La soif est un problème important sur les lieux du travail en particulier pour le travailleur manuel qui a besoin de calories supplémentaires – que l'acool ne lui apporte pas – et qui est souvent déshydraté par la chaleur, la poussière ou l'effort. Il lui faut boire en quantités importantes des boissons qui désaltèrent (eau fraîche, aromatisée ou non) et qui reconstituent (lait écrémé, jus de fruits, bouillons). C'est pourquoi il est souhaitable d'instaurer chaque fois que c'est possible, une distribution de boissons sans alcool suivant des modalités adaptées à chaque industrie : buvette, chariots parcourant les ateliers, distributeurs automatiques (toute boisson alcoolique, en particulier la bière, est interdite dans ces appareils.
Le travailleur de bureau qui manque d'exercice doit aussi faire particulièrement attention à ses consommations. Il évitera l'alcool qui embrume et déprime ainsi que les repas trop copieux. Pour conserver toutes ses capacités d'attention et de décision, des boissons stimulantes (thé, café) en quantité modérée lui conviennent bien, sans oublier l'eau aromatisée ou non.

Il serait anachronique et inopportun d'entreprendre une prévention contre le risque alcool dans l'entreprise sans que les dirigeants et les cadres donnent eux-mêmes l'exemple en ce domaine.

(Comité National de lutte contre l'alcoolisme)

❷ Alcool – Accidents de circulation – Accidents de travail

En France, pour les conducteurs de véhicules automobiles, le taux d'alcoolémie maximum toléré est de 0,80 g par litre (Dans plusieurs pays, le taux légal toléré est fixé à 0,50 ou 0,60 g/l).

Une analyse des données recueillies sur l'ensemble des accidents de la route ayant provoqué des morts, en France, donne les résultats reproduits dans le tableau ci-dessous :

Risque d'être le responsable présumé d'un accident mortel de la circulation par rapport aux conducteurs ayant une alcoolémie nulle ou inférieure à 0,50 g.

Alcoolémie (g par litre)	Accroissement du risque
entre 0,50 et 0,80	risque multiplié par 2
entre 0,80 et 1,20	risque multiplié par 10
entre 1,20 et 2	risque multiplié par 35
supérieur à 2	risque multiplié par 75

Accidents de travail :
dans les entreprises, les "arrêts pour accidents de travail" sont environ trois fois à trois fois et demi plus fréquents chez les alcooliques que chez les non alcooliques.

Association entre les boissons alcoolisées et des médicaments sédatifs, hypnotiques (somnifères), neuroleptiques (régulateurs de fonctionnement cérébral) : le fait de prendre ensemble de l'alcool et des médicaments de ce type potentialise les effets de ces médicaments (par compétition sur le plan métabolique). Cela peut entraîner une fâcheuse diminution de la vigilance, donc accroître le risque d'accidents.

(Bulletin MGEN – Mars 1991)

ACTIVITÉS D'APPRENTISSAGE

1 • Quelles capacités nécessaires au travail et à la conduite automobile, l'alcool diminue-t-il ?

2 • Outre les accidents du travail et de la circulation, quels sont les méfaits de la consommation d'alcool ?

3 • Par quelles mesures peut-on favoriser la sobriété dans l'entreprise ?

3 LES MÉDICAMENTS

❶ La consommation

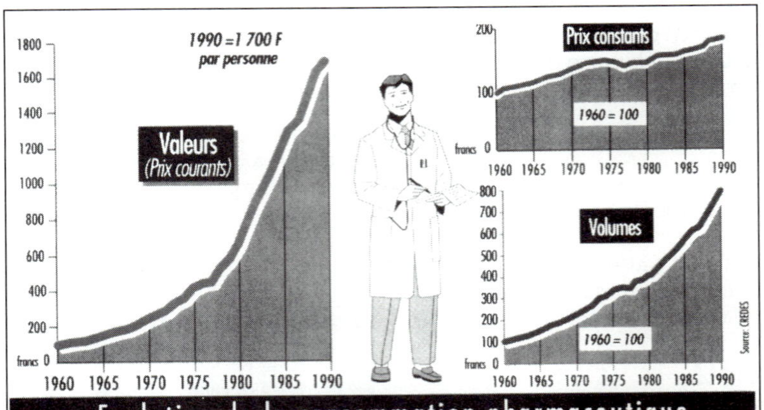

Evolution de la consommation pharmaceutique

(Que Choisir ? – (Septembre 1991)

❷ L'action des médicaments sur la santé

Médicaments exerçant un effet stimulant

À des degrés divers, en fonction de la personnalité du conducteur, les médicaments psychotropes stimulants agissent par désinhibition, en augmentant la confiance en soi, avec insouciance, diminution de la peur, prise de risques inconsidérés, euphorie, désorganisation du processus intellectuel, abandon de la capacité d'autocritique, instabilité, agressivité.

Ces situations s'ajoutent à celles nées de la conduite automobile elle-même : sentiment de liberté lié à l'espace et à la nature, de puissance lié à la motorisation, incitation à la compétition.

Ces modifications se retrouvent dans les premiers stades de l'imprégnation alcoolique et dans l'absorption de médicaments stimulants dérivés des amphétamines ou de la caféine, ou encore de la théophylline.

Médicaments exerçant un effet sédatif

Ce sont les substances les plus souvent incriminées en accidentologie, leur consommation est très importante en France, et toujours sous estimée. L'automédication sans discernement est un facteur de risque, car la résistance de l'individu à la fatigue est diminuée par la rémanence des produits utilisés, ou la potentialisation par d'autres médicaments ou toxiques comme l'alcool pour des quantités très modérées.

Les manifestations de l'effet sédatif sont : la fatigue, la baisse des capacités d'attention, la somnolence, la diminution des facultés intellectuelles, la perte des apprentissages et des automatismes de conduite, les tendances autodestructives.

Les médicaments le plus souvent responsables de ces états sont les tranquilisants, les neuroleptiques, certains anti-tussifs, certains antalgiques.

Médicaments exerçant des modifications de la réaction à une situation de danger

Les neurosédatifs qui diminuent la vigilance entrent aussi dans ce cadre, mais les médicaments les plus incriminés sont les neuroleptiques, car ils modifient le comportement en levant les inhibitions psychomotrices. Ils présentent pour la plupart, un effet sédatif associé en début de traitement. Ces neuroleptiques créent un état d'indifférence.

Les médicaments Béta Bloquants administrés pour des pathologies vasculaires ou coronariennes limitent les capacités de réponse de l'organisme à une demande d'énergie.

Médicament exerçant une modification sensorielle

Les dérivés de l'Atropine modifient l'accommodation et donc gênent de façon importante la vision. Un antibiotique la Mynocycline peut être responsable de vertiges et troubles de l'équilibre transitoire.

(Revue de la Sécurité Routière)

ACTIVITÉS D'APPRENTISSAGE

1 • Quelles sont les raisons qui peuvent expliquer l'évolution de la consommation pharmaceutique des Français ?

2 • Dressez une liste des médicaments comportant des risques pour la conduite automobile, en précisant leurs effets sur l'individu.

L'essentiel

1 LES DANGERS DU TABAGISME

Ils sont dus aux composants nocifs du tabac

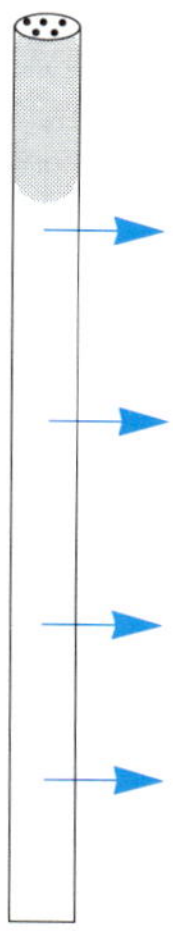

LA NICOTINE
- Principe actif du tabac, agit sur le système nerveux.
- Excitant à faible dose, calmant à fortes doses.
- Toxique provoquant une accélération du rythme cardiaque diminuant le diamètre des vaisseaux sanguins.

LE MONOXYDE DE CARBONE
- Passé dans le sang, il entrave le transport de l'oxygène nécessaire aux cellules.

LES GOUDRONS
- Ils se déposent sur les parois de l'appareil respiratoire et provoquent le cancer des lèvres, de la gorge, des bronches, des poumons...

LES SUBSTANCES IRRITANTES
- Sont responsables de la toux des fumeurs.
- Provoquent la détérioration des systèmes de défense de l'appareil respiratoire.

2 LES DANGERS DE LA MÉDICATION

Les médicaments sont avant tout une importante source d'amélioration de la santé et de la qualité de la vie. Cependant une utilisation abusive ou inadéquate présente des risques. Un médicament par ses propriétés représente un risque potentiel pour la conduite automobile ou l'utilisation de certaines machines.

Ainsi ils peuvent provoquer :

– une baisse de la vigilance et des réflexes ;

– une augmentation de la somnolence ;

– une diminution des capacités de réaction ;

– des étourdissements ;

– des vertiges.

3 QU'EST-CE QU'UN MÉDICAMENT ?

Un médicament n'est pas un produit comme les autres.
Il vous concerne vous et votre santé.

Le médicament est un produit actif.
Une longue recherche a permis de découvrir son activité.
Mais son absorption n'est pas toujours sans danger.

Ne laissez pas à portée de main des enfants.
Il ne faut jamais abuser des médicaments.
Il ne faut utiliser les médicaments qu'à bon escient.

Votre pharmacien connaît les médicaments :
Suivez ses conseils.

N'utilisez pas le médicament de façon continue sans un avis médical.
Il ne s'agit pas pour vous de prendre beaucoup de médicaments.
Il s'agit pour vous de prendre les médicaments dont vous avez besoin.

4 L'ALCOOLISATION

LES DANGERS DE L'ALCOOLISATION SONT DUS AUX EFFETS DE L'ALCOOL SUR DIFFÉRENTS ORGANES.

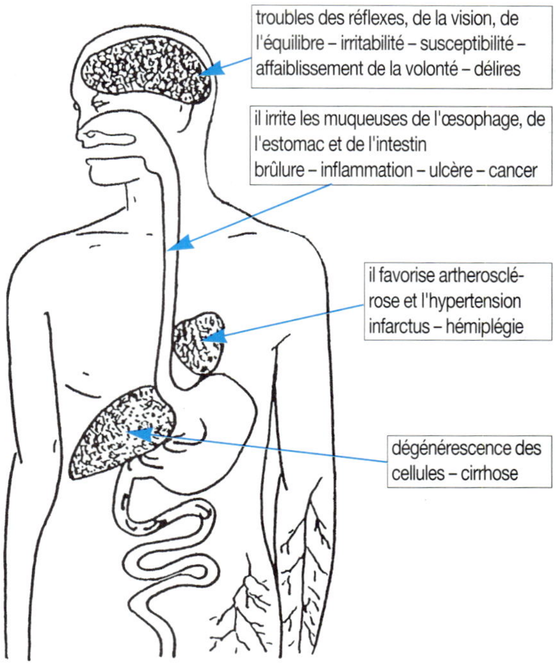

CAMPAGNE DE LUTTE CONTRE LES PRODUITS TOXIQUES

"*Éric est dans le coma pour avoir sniffé de la colle.*" C'est le titre d'une affiche qu'on verra ce mois-ci dans le Pas-de-Calais. Avec en sous-titre : **"Sniffer te f... en l'air".** Et en bandeau, un numéro de téléphone vert : 05 00 00 62. Plusieurs milliers de ces affiches et soixante mille autocollants et dépliants seront diffusés. Vaste campagne d'information dont le coût (200 000 F) est financé par l'État et le département du Pas-de-Calais.

Depuis des années, on connaît l'utilisation que font certains adolescents et enfants, très jeunes parfois, de la colle, de divers solvants et diluants.

Un premier pas vers les autres drogues qui peut être aussi le dernier. La toxicité de ces produits, souvent importante, leur prix, leur accès facile, conduisent à des accidents graves allant jusqu'à la mort.

Une étude menée dans le Pas-de-Calais aboutit à la conclusion que, en 1989, six adolescents étaient morts pour avoir "sniffer" un de ces produits ; plus de mille autres avaient été hospitalisés.

Signe distinctif pour les produits nocifs...

... et les solvants inflammables.

La majorité avaient de treize à quinze ans, parfois moins. Ils étaient issus de toutes les classes sociales.

L'objectif du groupe "Prévention, répression", du Comité départemental pour la lutte contre la toxicomanie qui travaille en collaboration avec les professionnels de la vente de ces produits, est d'informer et d'obtenir une réglementation protégeant la jeunesse.

Un arrêté préfectoral du 19 octobre dernier interdit la vente aux mineurs de produits toxiques tels que les dégoudronnants, détachants, acétone, acide chlorhydrique, essence F, A et C, dilluants cellulosiques et mixtes, etc.

L'arrêté précise que ces produits, repérables à deux signes distinctifs : flamme noire sur fond orange pour les solvants ou apparentés, inflammables, et croix noire sur fond orange pour les produits nocifs, ne doivent en aucun cas faire l'objet d'une libre exposition.

Aux parents aussi de ne pas laisser ces produits à la portée des enfants.

(Que Choisir ? – Janvier 1991)

PAROLE DE MÉDECIN

Il ne peut répondre à un jeune drogué. L'accompagner seulement... Il est médecin, à Toulouse. Francis Saint-Dizier sait de quoi il parle.

Il faut d'abord se demander "Qu'est-ce qui fait drogue ?" Ce qui fait drogue c'est le caractère illicite du produit.

Socialement, l'alcool fait bien plus problème. En milieu hospitalier, un lit sur deux, en pathologie, est occupé par quelqu'un présentant une affection liée à l'alcool.

Donc, à propos de la drogue il faut travailler à partir du fait que c'est interdit. L'OMS n'a pas pu définir la drogue et la toxicomanie. Bref, n'importe quoi peut faire drogue : les colles, l'éther... Faut-il interdire ces produits ?

En somme, ce qui fait drogue c'est la dépendance.

Alors... chez nous, 90% des plus de 65 ans prennent chaque soir des somnifères ! Nous consommons cinq fois plus de psychotropes que les Allemands !

Des parents viennent me voir : "Mon fils fume du haschisch !" Je discute avec le jeune. Derrière tout ça, il y a toujours un conflit. Je me dis : "Si j'étais pervers, je pourrais dire : "Ne fume plus du haschisch mais saoule-toi !" Est-il pertinent, lorsque ce problème se pose, d'aller voir un docteur ? Traditionnellement, le médecin constitue l'itinéraire obligé. Mais il n'y a pas de réponse médicale ; il ne peut y avoir qu'un accompagnement médical.

Extrait de CONTACTS - Magazine des Mutuelles Assurances Élèves Mars 1990

Santé

8 LES MICROBES

Nous vivons entourés de micro-organismes. Beaucoup sont en contact étroit avec les humains, passant tout ou partie de leur existence sur notre corps. Nous avons plus de bactéries sur le corps que de cellules constituant notre organisme. Cette flore ne représente cependant qu'une faible partie du monde microbien.

Très nombreux et d'une grande diversité, les microbes forment un ensemble .

L'infection n'est qu'un accident car il existe, en effet, chez un être sain, un double équilibre :

– d'une part, entre les diverses populations microbiennes qui le parasitent ;

– d'autre part, entre l'organisme humain et les micro-organismes agresseurs.

Ce double équilibre est indispensable au maintien de la santé.

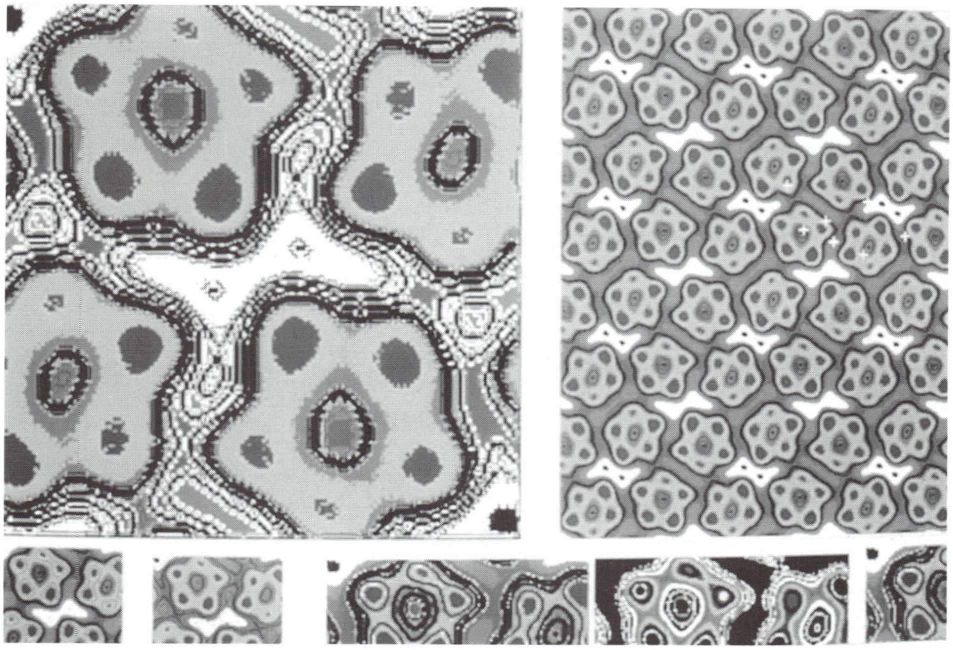

Toxine du Choléra pris au microscope électronique

COMPÉTENCES

1 - Effectuer des choix raisonnés

- Comparer infection bactérienne et infection virale.

2 - Appréhender une situation dans sa globalité

- Dégager les conditions de vie caractéristiques des micro-organismes.

3 - S'impliquer dans une démarche de prévention

- Citer les principales infections microbiennes avec les agents responsables.

1 LES DIFFÉRENTS MICROBES

	CARACTÉRISTIQUES	EXEMPLES DE MALADIES
Les bactéries (taille 1 µm) *	• Êtres unicellulaires. • Visibles au microscope optique. • On les classe selon leur forme.	Responsables des *infections bactériennes.*
Les organismes végétaux (taille 2 à 8 µm)	• Champignons microscopiques • Ils comportent : – les levures – les moisissures	Responsables des ***mycoses.***
Les organismes animaux (taille 2 à 30 µm)	• Les protozoaires • Les métazoaires	Responsables des ***parasitoses.***
Les virus (taille 20 à 300 nm)*	• Particules ou éléments d'une cellule. • vivent obligatoirement aux dépends d'une cellule vivante. • visibles seulement au microscope électronique.	Responsables des ***maladies virales*** (ou viroses).

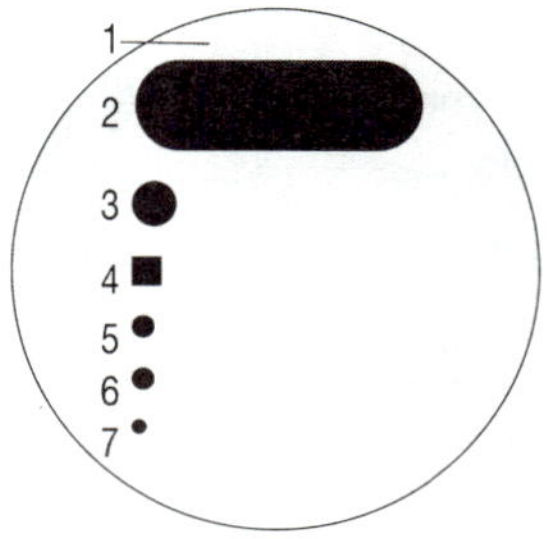

1 - globule rouge (7,5 µm)
2 - bacille du charbon (4 µm)
3 - staphylocoque (1 µm)
4 - virus de la variole (0,17 µm)
5 - virus de la rage(0,12 µm)
6 - virus de la grippe (0,12 µm)
7 - virus de la poliomyélite (0,01 µm)

Voici la taille de quelques microbes comparée à celle d'un globule rouge (le grand cercle).
À la même échelle, la paramécie mesurerait environ un mètre de long !

*** µm :** micromètre, anciennement le micron, représente 10^{-6} mètre soit le millième de millimètre.

nm : le nanomètre représente 10^{-9} mètre soit le milliardième de mètre ou le millionième de millimètre.

CONDITIONS DE VIES DES MICROBES

ACTIVITÉS	CONDITIONS
Respiration	Les microbes *aérobies* ont besoin de l'oxygène de l'air pour vivre. Les microbes *anaérobies* vivent en l'absence d'oxygène. Les microbes *aéro-anaérobies facultatifs* vivent en présence et en l'absence d'air.
Nutrition	Les microbes *saprophytes* se nourrissent de matières organiques animales ou végétales en décomposition. Les microbes *parasites* vivent aux dépens d'organismes vivants animaux.
Reproduction (voir schéma)	Quand les conditions sont favorables, les microbes se reproduisent par *division cellulaire*. Dès que les conditions deviennent défavorables ils donnent des spores.
Sécrétion	Les microbes *pathogènes* produisent des poisons pour l'organisme : les toxines. Les microbes *utiles* fabriquent des enzymes qui sont responsables de fermentations.

INFLUENCE DES AGENTS EXTÉRIEURS

AGENTS	CONDITIONS
La température	Les microbes se développent entre 18° et 40° C, si l'humidité est suffisante.
	Le froid ralentit ou arrête le développement des microbes. Les microbes résistent aux basses températures.
	La chaleur au-dessus de 70° C détruit les microbes. Mais il faut des températures supérieures à 120° C pour détruire les spores.
La lumière et les radiations	Les rayons ultraviolets du soleil détruisent les microbes.
	Les rayons ionisants ont une action microbicide.
L'humidité	L'eau accroît le développement des microbes.
	La sécheresse entraîne la sporulation.
Les agents chimiques	Les désinfectants détruisent les microbes dans l'environnement.
	Les antiseptiques détruisent les microbes sur la peau.
	Les antibiotiques agissent sur les bactéries à l'intérieur de l'organisme.

ACTIVITÉS D'APPRENTISSAGE

1 • Retrouvez quelques exemples d'infections microbiennes courantes.

2 • Trouvez dans la vie quotidienne quelques exemples illustrant l'utilité de certains microbes et les nuisances occasionnées par d'autres.

2 L'INFECTION BACTÉRIENNE

Il est possible de voir les bactéries au microscope optique. La taille des bactéries varie de 0,5 à 2 µm de diamètre et de 3 à 10 µm de long. Certaines sont plus petites, leurs formes variées permettent de les classer en familles bactériennes.

Morphologie :

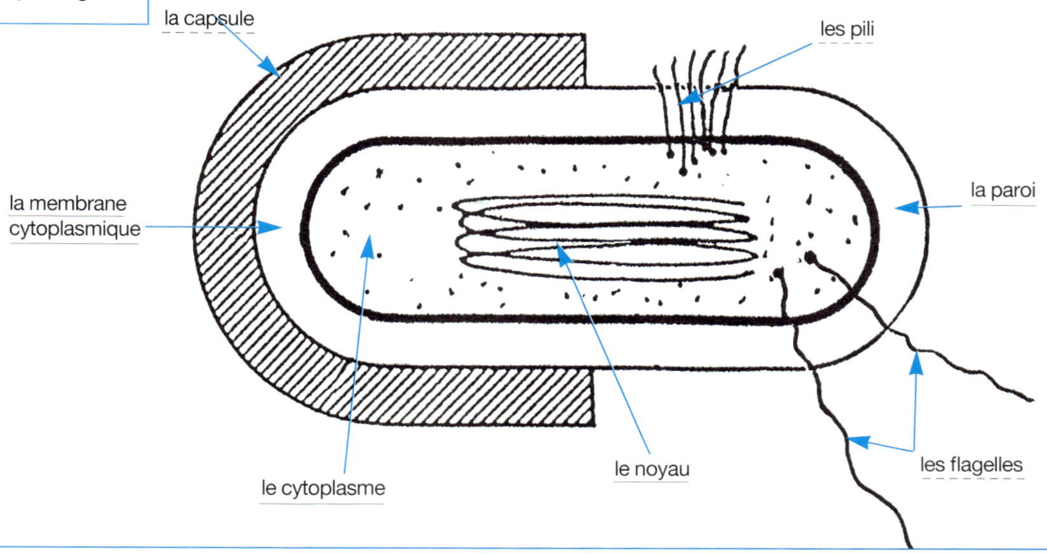

Les bactéries sont constituées d'un certain nombre de structures.

Certaines structures sont toujours présentes quelle que soit l'espèce ; elles sont constantes :

LE NOYAU

Il est formé d'une double chaîne d'ADN (acide désoxy-ribonucléique). Le noyau constitue en quelque sorte un seul chromosome. L'ADN du noyau représente la mémoire génétique de la bactérie.

LE CYTOPLASME

C'est un gel qui entoure le noyau. C'est dans le cytoplasme que vont s'effectuer les transformations servant à fabriquer de l'énergie et la synthèse des protéines.

LA MEMBRANE CYTOPLASMIQUE

Elle est accolée à la paroi bactérienne. Elle a une fonction enzymatique, et contrôle les entrées et les sorties de substances.

LA PAROI

de la bactérie lui donne sa forme et constitue sa protection

D'autres éléments sont inconstants :

LA CAPSULE

C'est une coque de protection de la bactérie. Les polynucléaires sont ainsi empêchés de phagocyter la bactérie qui devient plus apte encore à provoquer l'infection.

LES PILI

- certains permettent à la bactérie de se fixer sur un support ou de s'accrocher à une autre.
- d'autres permettent des échanges entre 2 bactéries.

LES FLAGELLES

Ce sont des filaments (de 1 à 30) qui assurent la mobilité de la bactérie. L'implantation ciliaire détermine le type de progression (droite, en zig-zag...).

2 L'INFECTION BACTÉRIENNE

Mode d'action :

1. Les bactéries se *multiplient* par division et peuvent envahir l'organisme hôte.

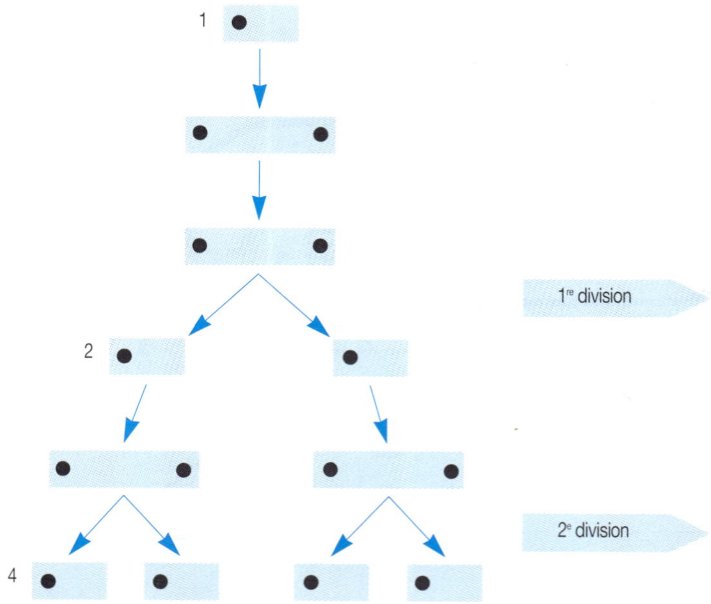

D'une "cellule mère" on obtient "2 bactéries filles", toutes les 20 à 30 min, si les conditions sont favorables.

Si la multiplication se poursuit, la descendance d'une bactérie sera de 1 milliard d'individus au bout de 10 heures.

C'est le cas de l'infection à staphylocoques

2. Les bactéries pathogènes produisent des toxines : poisons très violents même à faible dose. Les microbes restent à la porte d'entrée, c'est la toxine qui est responsable des troubles (toxémie) : c'est le cas du tétanos, ou du botulisme.

Les principales infections bactériennes

Les maladies bactériennes sont nombreuses :

- Les infections locales des plaies, comme le panaris, l'anthrax, le furoncle sont dues aux staphylocoques.
- Les angines, rhinites, otites, sinusites, scarlatine, rhumatismes articulaires dus à des bactéries de la famille des streptocoques.

Mais aussi la pneumonie, la brucellose, la listériose redeviennent d'actualité.

Toutes les bactéries responsables des toxi-infections alimentaires sont nombreuses et variées (voir Chapitre 5).

La syphilis, la gonoccocie qui font partie des maladies sexuellement transmissibles sont d'origine bactérienne.

Le tétanos, le botulisme, la coqueluche, la diphtérie sont encore des maladies mortelles.

Les moyens de lutte :

L'asepsie et l'antisepsie sont de bons moyens de lutte principalement dans le cas de plaie même bénigne.

Les produits qui sont utilisés, sont de 2 ordres :

- les bactéricides qui détruisent les bactéries et les bactériostatiques qui stoppent la multiplication. Les antibiotiques, contrairement aux antiseptiques qui agissent par effets physico-chimiques, ont une action moléculaire précise, ils agissent exclusivement sur les infections bactériennes (voir chapitre 10).

Les vaccins antibactériens sont préparés soit à partir de germes vivants, vivants atténués ou tués, (exemple le BCG, soit de toxines modifiées, exemple le vaccin antidiphtérique). Ils sont d'une protection durable.

3 L'INFECTION VIRALE

Les virus sont des micro-organismes invisibles au microscope optique. Leur taille varie de 0,20 µm à 0,01 µm ; elle est dix fois plus réduite que celle des bactéries.

Après la Seconde Guerre mondiale la virologie progresse grâce au microscope électronique et la culture sur milieux vivants.
Le monde des virus de découverte récente et délicate, n'est que très partiellement exploré. Pourtant il y a déjà plus de 17 000 virus différents répertoriés. Il n'est pas d'être vivant chez qui l'on ait pas isolé un virus ; les plantes, les animaux supérieurs, même les bactéries ont leurs virus ,ex. le bactériophage.

Morphologie

Les virus sont des êtres encore plus élémentaires que les bactéries. Il s'agit d'êtres intermédiaires entre les organismes vivants et la matière inerte.

– Leur forme est symétrique, cubique ou hélicoïdale (voir Fig. 1 et 2).

– Ils sont composés de deux parties :
• **la capside** formée de l'assemblage des capsomères de nature proteïque.
• **le filament** d'acide nucléique : ADN ou ARN
Chez certains virus ces deux parties sont entourées **d'une enveloppe** (voir Fig. 3).

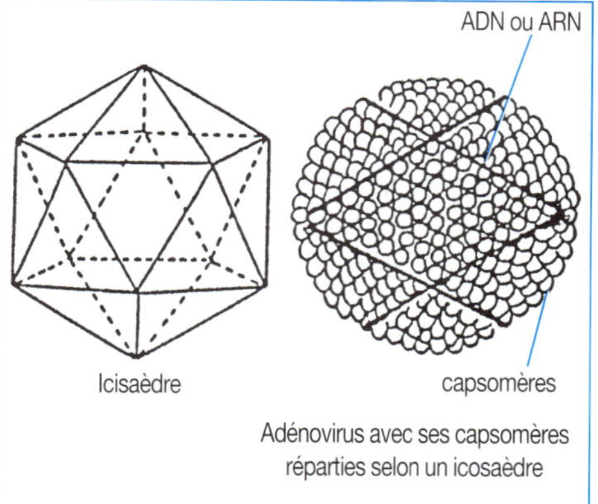

Fig. 1 – Virus à symétrie cubique.

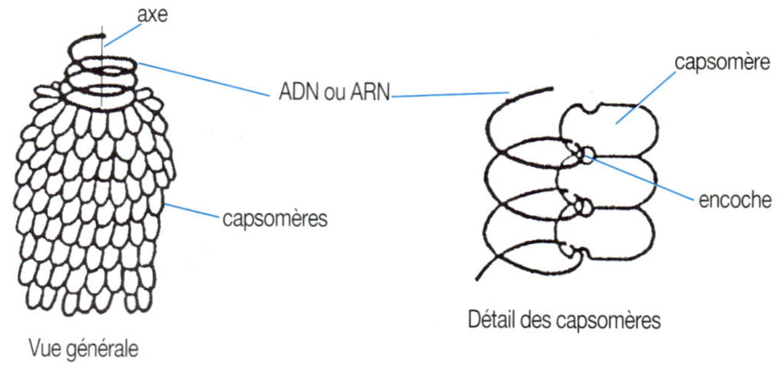

Fig. 2 – Virus à symétrie hélicoïdale

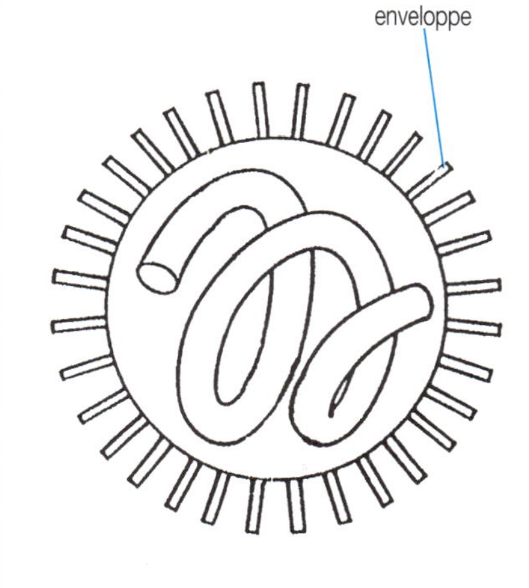

Fig. 3 – Virus grippal

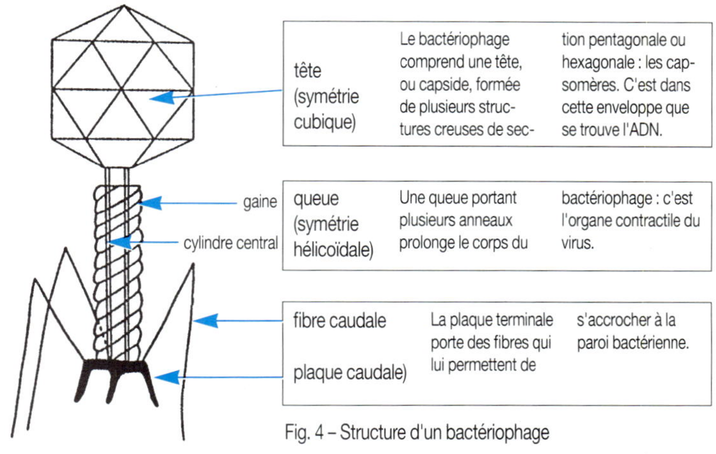

Fig. 4 – Structure d'un bactériophage

3 L'INFECTION VIRALE

Mode d'action :

1. L'économie génétique réalisée par les virus est telle qu'ils n'ont pas assez de gènes pour diriger leur multiplication en dehors des cellules dans lesquelles ils pénètrent. Véritables parasites au niveau génétique, les virus sont essentiellement programmés pour pénétrer dans des cellules vivantes et les faire fonctionner à leur seul profit.

Dans ces conditions, la cellule devient une usine à virus qui produit une immense quantité de ces nouveaux parasites, avant d'éclater et de mourir. Mais cette stratégie d'infection n'est pas la seule que connaissent les virus.

2. Ils peuvent également s'insérer dans le matériel génétique de leur hôte et se multiplier avec lui.

Atterrissant sur une cellule pulmonaire (ci-dessus), un virus de la grippe de type A pénètre profondément dedans, émet ses gènes et en prend possession, forçant la cellule à fabriquer un grand nombre de gènes de virus A. Enfin, les nouveaux virus s'en vont, prêts à envahir d'autres cellules.

Les principales infections virales :

Les maladies virales sont nombreuses : **la grippe** (affection fréquente due à des virus de la famille des myxovirus qui ont la propriété de muter fréquemment, contraignant l'homme à faire face à de nouvelles souches) ; **la mononucléose infectieuse** due au virus d'Epstein-Barr appartenant au groupe des herpèsvirus qui interviennent dans certains cancers ; des maladies qui se transmettent de la mère à son fœtus comme celles dues au **cytomégalovirus**, et **la rubéole** ; certaines maladies d'enfance comme **la rougeole, la varicelle, les oreillons, l'hépatite virale, la variole, la poliomyélite, le zona et le sida.**

Les moyens de lutte :

Malgré les recherches il n'existe pas à ce jour de médication efficace contre les virus. Seule la prévention contre les épidémies est efficace.

Les vaccins et la sérothérapie qui les accompagne sont les principaux moyens de lutte contre les maladies virales.
(ex. le vaccin contre la grippe, les oreillons...).

ACTIVITÉS D'APPRENTISSAGE

À partir de cette étude comparative, dégagez les idées essentielles à retenir en ce qui concerne :

- Les caractéristiques des bactéries et des virus
- La prévention de ces maladies et les précautions d'hygiène pour éviter la contamination entre individus.

(On pourrait envisager de dresser une liste plus complète des diverses maladies bactériennes et virales).

L'essentiel

1 LES BACTÉRIES

Les bactéries sont des êtres unicellulaires.

• ***Structure***

Les cellules bactériennes comportent un cytoplasme qui contient :
- un chromosome
- des ribosomes
- des inclusions

Elles sont protégées par :
- une membrane
- une paroi

D'autres éléments (inconstants) peuvent se trouver chez certaines espèces (pili, flagelle, capsule).

À l'intérieur on trouve toujours deux acides nucléiques :
- ADN (chromosome)
- ARN (ribosomes)

• ***Mode de reproduction***

Division par scissiparité : réplication de l'ADN puis division

• ***Dépendance vis à vis de la cellule hôte***

Certaines bactéries parasitent des cellules hôtes pour y puiser leur nourriture mais non pour leur faire fabriquer d'autres bactéries.
Ex. bactéries pathogènes.

2 LES VIRUS

Les virus sont des êtres élémentaires.

On trouve des virus à symétrie cubique ou hélicoïdale

• ***Structure***

Ils comportent :
- un acide nucléique
- une capside composée de capsomères
- parfois une enveloppe

Les virus possèdent :
- soit de l'ADN
- soit de l'ARN

• ***Mode de reproduction***

- avec un seul acide nucléique impossibilité de se reproduire seul.
- obligation de parasiter une cellule pour pouvoir s'y multiplier
- c'est la cellule hôte qui synthétise de nouveaux virus suivant le code de l'acide nucléique du virus qui la parasite.

• ***Dépendance vis à vis de la cellule hôte***

Dépendance obligatoire pour que les virus puissent se reproduire.

3 EVOLUTION D'UNE MALADIE INFECTIEUSE

Une maladie infectieuse passe par un certain nombre de stades d'évolution.

RÉACTIONS	PHÉNOMÈNES ACCOMPAGNATEURS	SIGNES APPARENTS
L'incubation	- débute à la contamination - se termine dès l'apparition des premiers symptômes	aucun, à l'exception de la fatigue
L'invasion	- apparition progressive des manifestations de la maladie - les signes cliniques et biologiques atteignent le maximum d'intensité	- fièvre - fatigue persistante
La période d'état	- l'organisme lutte et empêche la progression de la maladie	les troubles caractéristiques de la maladie
La défervescence	- guérison avec régression des signes de la maladie	baisse de la température
La convalescence	- période postérieure à la maladie, pendant laquelle se rétablit le fonctionnement normal de l'organisme	guérison progressive

4 LA GRIPPE

La grippe : ennemi insaisissable

Le rite annuel du vaccin antigrippal – à l'automne généralement – prouve que la grippe constitue une menace périodique. Le problème est qu'il est difficile de prévoir lequel, parmi les multiples sortes de virus grippaux, balaiera la planète l'hiver suivant. Le virus de type A est constitué pour réapparaître tous les deux ou trois ans, tandis que le virus de type B survient cycliquement tous les quatre à cinq ans. L'immunité acquise après une grippe de l'un de ces types, et les anticorps sécrétés par l'organisme en présence d'un virus précis, sont inefficaces en présence d'un autre type de grippe. Quatre souches principales de virus (A, B, C et D) se divisent en nombreuses souches secondaires, qui possèdent une tendance aux mutations. Cela signifie qu'elles peuvent se transformer de façon importante, au détriment de leurs hôtes humains. Sont très enclins à attraper la grippe les très jeunes enfants qui n'en ont jamais eu, les personnes âgées et les malades dont la résistance est amoindrie.

Merveilles et Secrets du Corps Humain
Sélection du Reader's Digest

Les procédés de conservation des aliments

Pour conserver les aliments, il faut agir sur les conditions favorables au développement des micro-organismes

LE DÉVELOPPEMENT MICROBIEN EST MODIFIÉ	PROCÉDÉS DE CONSERVATION	APPLICATIONS
En agissant sur la température Action de la chaleur	- **la chaleur** tue les micro-organismes définitivement - **la pasteurisation :** à 70° C, elle détruit les germes pathogènes.	lait bière jus de fruits
	- **la stérilisation :** à 120° C au plus, pendant un temps suffisamment long ; tous les germes sont détruits.	lait U.H.T. légumes, fruits viandes
Action du froid	- **le froid** ralentit la vie des micro-organismes pendant un temps qui varie avec son intensité. - **la réfrigération :** entre 0° et + 8° C, elle est obtenue dans un réfrigérateur.	produits laitiers œufs poissons légumes
	- **la surgélation :** congélation ultra-rapide à - 30° ou - 50° C ; les produits sont maintenus à -18° C. jusqu'à utilisation.	viandes poissons, crustacés légumes, fruits (crus ou préparés)
En agissant sur la teneur en eau	- **Le séchage** des légumes, fruits, viandes, par élimination d'une partie de l'eau.	pruneaux fruits secs légumes secs
	- **la lyophilisation :** les aliments sont soumis à une congélation très rapide, puis évaporation de la glace sans la faire fondre.	café lait potages
En utilisant des antiseptiques	- **le fumage** et le salage - **la conservation** par l'alcool ou le vinaigre - l'augmentation de la teneur en sucre...	viandes, poissons légumes, fruits, confiture
En supprimant l'action de l'air	- **le conditionnement sous vide :** permet l'élimination totale de l'air. - **le conditionnement sous atmosphère contrôlée** : l'air chassé de l'emballage est remplacé par un mélange gazeux pauvre en oxygène et riche en dioxyde de carbone.	viande crue plats cuisinés charcuteries légumes crus
En utilisant les rayons radioactifs	- **l'irradiation,** sous l'action des rayons radioactifs, les micro-organismes sont tués.	pommes de terre épices

Santé

9 L'IMMUNITÉ

Notre environnement est peuplé d'une multitude de microbes dont certains sont pathogènes. Toutefois, les infections sont relativement rares et généralement d'une durée limitée ; on sait aussi que de nombreuses maladies ne se contractent qu'une seule fois au cours de la vie.

L'organisme ayant surmonté l'infection est protégé contre l'agent responsable ; on dit alors **qu'il est immunisé**. Il en est ainsi parce que le corps possède un ensemble de défenses constituées par des organes, des cellules du système immunitaire. Leur étude constitue l'immunologie.

À l'inverse, certains dysfonctionnements correspondent à des réponses insuffisantes ; on parle alors d'immunodéficience.

Certaines existent dès la naissance, d'autres sont acquises au cours de la vie ; c'est le cas du SIDA.

Le rôle de la médecine consiste à aider le malade à lutter contre les agressions microbiennes.

Il existe des moyens divers et multiples pour renforcer les défenses immunitaires de l'organisme en prévenant les agressions, en employant des traitements et des médicaments appropriés lorsque la maladie est déclarée.

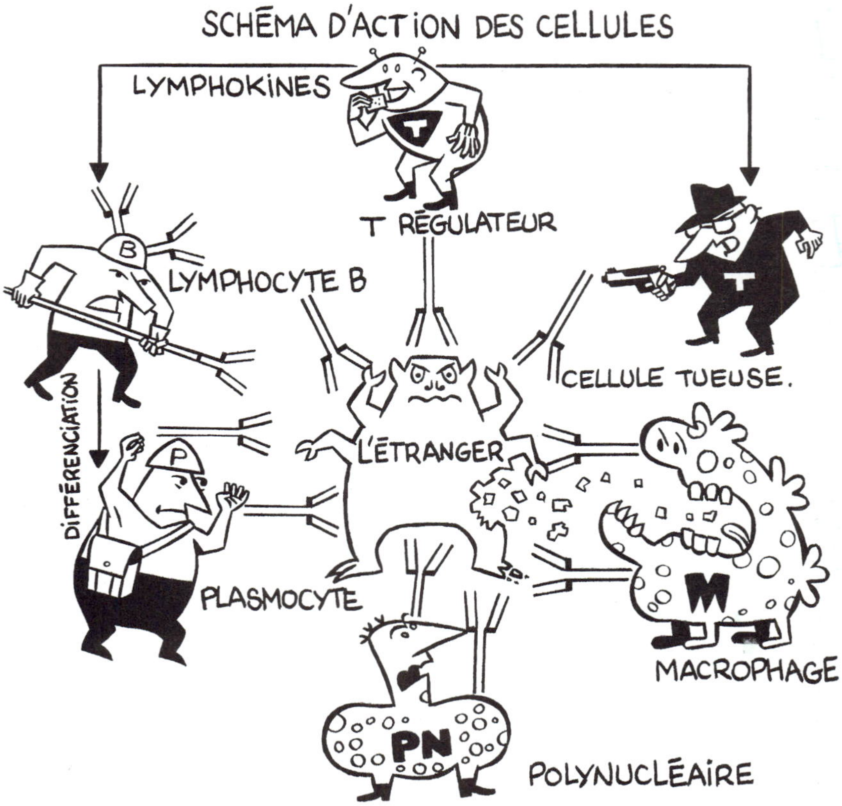

COMPÉTENCES

1 - Effectuer des démarches

- Résumer les principales réactions immunitaires de l'organisme en cas d'agression microbienne.

2 - Effectuer des choix raisonnés

- Classer les barrières naturelles de l'organisme selon leur mode d'action.

3 - S'impliquer dans une démarche de prévention

- Rechercher les facteurs favorables à l'apparition de maladies infectieuses.

1 LES AGRESSEURS

L'organisme conserve son intégrité en se défendant contre les agresseurs venus du milieu extérieur principalement les microbes **pathogènes.**

Le pouvoir pathogène dépend d'une part des caractéristiques du micro-organisme et surtout de sa **virulence**, d'autre part de l'état de santé et des réactions de l'hôte agressé.

La capacité d'agression des microbes se manifeste par 2 mécanismes :

• **La multiplication** peut être extrèmement rapide, elle entraîne l'invasion de l'organisme : c'est la **septicémie** (cas de l'infection à staphylocoque).

• **La production de toxines** (poisons violents à très faible dose) : Les microbes restent localisés à la "porte d'entrée" et la toxine agit à distance produisant une **toxémie** (exemples : le tétanos, le botulisme).

Remarques :

Des corps étrangers non agressifs.

– Un individu rejette une greffe de peau d'une autre personne alors qu'il accepte une greffe de peau prélevée sur lui-même. Ce phénomène de rejet est lié à la reconnaissance du "non soi" et conduit à son élimination.

– Pour les mêmes raisons des transfusions sanguines qui peuvent être considérées comme des greffes de cellules du sang obéissent à des règles strictes de compatibilité.

Des corps étrangers qui peuvent être agressifs.

– Les poussières, le pollen, les produits chimiques... peuvent provoquer des réactions allergiques.

On classe les bactéries d'après leur forme :

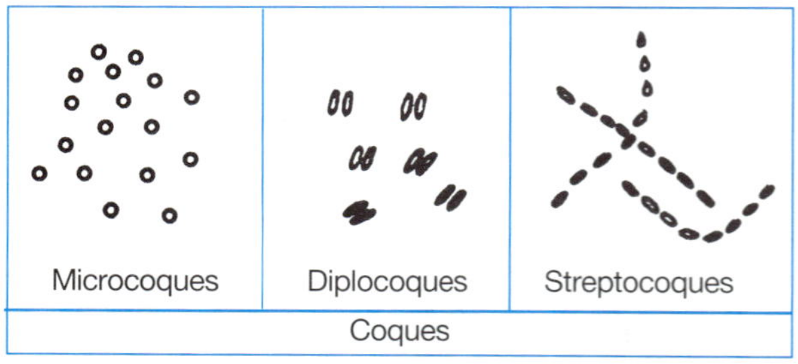

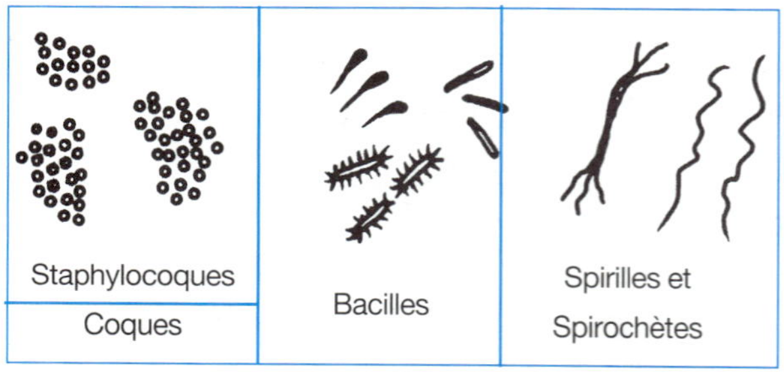

Les allergènes de l'air

Asthme, rhume des foins et rhinite allergique sont des désagréments provoqués par des réactions anormales de l'organisme à certaines substances dites *allergènes*. Les plus fréquents sont pollen, poussières domestiques, poils de fourrure et oreillers de duvet. Lorsque des gens hypersensibles les respirent, le système immunitaire de leur organisme réagit en sécrétant de l'histamine "protectrice", qui provoque asthme, démangeaisons, éternuements et maints autres symptômes.

La prédisposition à l'allergie est héréditaire, et 10 % au moins des gens souffrent d'une ou de plusieurs de ses formes. Le meilleur des traitements, et le plus évident, est d'éviter toute substance agressive. Au moyen de tests cutanés, les spécialistes parviennent à déterminer la nature précise des allergènes et prescrivent des médications anti-allergiques qui atténuent les symptômes. Dans certains cas, on injecte d'infimes quantités d'allergène, qui provoquent la sécrétion d'anti-corps protecteurs mais non irritants. Grâce à cela, de nombreuses victimes du rhume des foins survivent convenablement maintenant à la "saison des pollens".

ACTIVITÉS D'APPRENTISSAGE

1 • Retrouvez les principales catégories de microbes et donnez des exemples de maladies dont ils sont responsables.

2 • Définissez les termes : pathogène, virulence, septicémie, toxémie.

3 • La résistance de l'organisme humain par rapport aux microbes dépend du "terrain". Recherchez les facteurs favorisant l'apparition de maladies infectieurses.

2 LES RÉPONSES DE L'ORGANISME

L'organisme possède 2 grands systèmes de défense :

❶ Les défenses non spécifiques :

Ces moyens de défense sont innés. Ils existent dès la naisssance avant même que l'organisme ait été en contact avec un corps étranger.

Les barrières naturelles de l'organisme :

1 : La peau, constamment renouvelée, est imperméable à la plupart des microbes, grâce à sa couche cornée.

2 : Les glandes sudoripares déversent la sueur dont l'acidité (pH 3,5) s'oppose au développement des champignons microscopiques et de certaines bactéries.

3 : Les larmes, le mucus nasal, la salive, contiennent une enzyme (le lysozyme) qui provoque la mort de certaines bactéries en dégradant leur paroi externe.

4 : Le mucus (sécrétions nasales et bronchiques) enveloppe les bactéries qui peuvent être refoulées à l'extérieur grâce à des cils vibratiles.

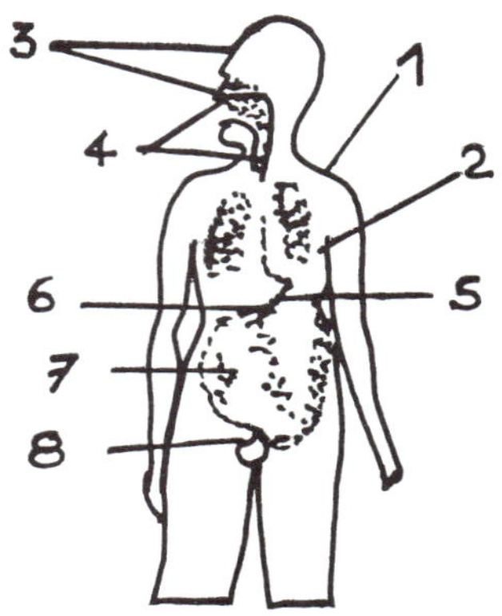

5 : L'acide gastrique maintient dans l'estomac un milieu de pH 1 à 2 qui détruit de nombreux microbes.

6 : Dans le duodénum, des sécrétions alcalines (bile,...) amènent un changement brutal du milieu pH 8).

7 : Des bactéries non pathogènes, très nombreuses vivent dans le tube digestif en y maintenant des conditions défavorables pour de nombreux microbes.

8 : Chez l'homme, la spermine du sperme et chez la femme, des sécrétions vaginales, ont des propriétés antibiotiques.

La phagocytose

Elle est assurée par les cellules spécialisées du sang et de la lymphe.

a) Les cellules traversent la paroi des vaisseaux sanguins : ***diapédèse***

b) Les cellules combattent les bactéries : ***phagocytose***

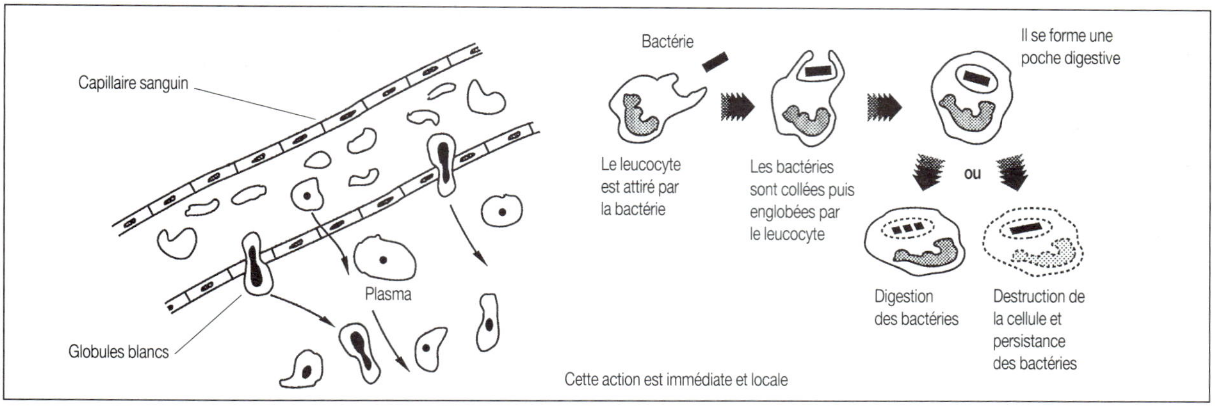

ACTIVITÉS D'APPRENTISSAGE

1 • Selon leur mode d'action, on classe les barrières naturelles de l'organisme en barrières anatomiques, chimiques, biologiques, écologiques. Donnez des exemples pour chacune d'entre elles.

2 • Recherchez la définition éthymologique de phagocytose et expliquez.

3 • Rappelez les principales caractéristiques de la réaction inflammatoire.

2 LES RÉPONSES DE L'ORGANISME

❷ Les défenses spécifiques :

Les antigènes

L'individualité du soi est due à la présence, sur la membrane de nos cellules, de molécules qui sont l'expression d'informations portées par nos chromosomes. Toutes les cellules d'un organisme possèdent les mêmes marqueurs. Il existe un très grand nombre d'allèles [1] pour chacun des gènes qui dirige la synthèse de ces marqueurs. À toute substance qui, introduite dans un organisme déclenche une réaction immunitaire, on donne le nom d'antigène.

Caractère des antigènes

Les substances étrangères ne sont pas toutes capables d'induire une réponse immunitaire : pour être antigénique (on dit aussi immunogène), une substance doit répondre à plusieurs critères physico-chimiques. Les protéines et les glycoprotéines sont plus antigéniques que les lipides.

Par rapport à un organisme donné, on distingue plusieurs variétés d antigènes. Les auto-antigènes sont des constituants normaux de l'organisme (soi) : ils n'entraînent donc aucune réaction d'intolérance. Les allo-antigènes proviennent d'un autre individu de la même espèce ; les hétéro-antigènes (ou xéno-antigènes) proviennent d'individus d'espèces différentes. Plus la différence est grande, plus forte sera la réaction d'intolérance.

[1] Allèle : se dit de 2 gènes situés en regard l'un de l'autre, sur 2 chromosomes d'une même paire.

Le système immunitaire

– Les cellules impliquées dans les réponses immunitaires s'organisent en tissus et organes qui sont disséminés dans l'organisme.

Les cellules sont toutes issues de la moelle osseuse.

Les granulocytes : leucocytes polynucléaires circulant dans le sang sont responsables de la phagocytose.

Les macrophages sont plus ou moins fixés au niveau de certains organes lymphoïdes (ganglions lymphatiques, rate), ils résultent d'une transformation des cellules mères, les monocytes. Ce sont également des phagocytes.

Les lymphocytes B participent à la formation des anticorps. Activés par la présence des antigènes, ils se multiplient, se transforment en **plasmocytes** qui sécrètent l'anticorps neutralisant l'antigène reconnu.

Les lymphocytes T : détruisent les cellules étrangères. Dès l'âge fœtal en passant dans le thymus, ils acquièrent des propriétés "tueuses". Après reconnaissance de l'antigène, ils anéantissent la cellule.

Certains lymphocytes B et T au cours du 1er contact avec l'antigène gardent en "mémoire" ses caractéristiques. Ces cellules **lymphocytes** interviennent rapidement lors du 2e contact de l'organisme avec l'agresseur.

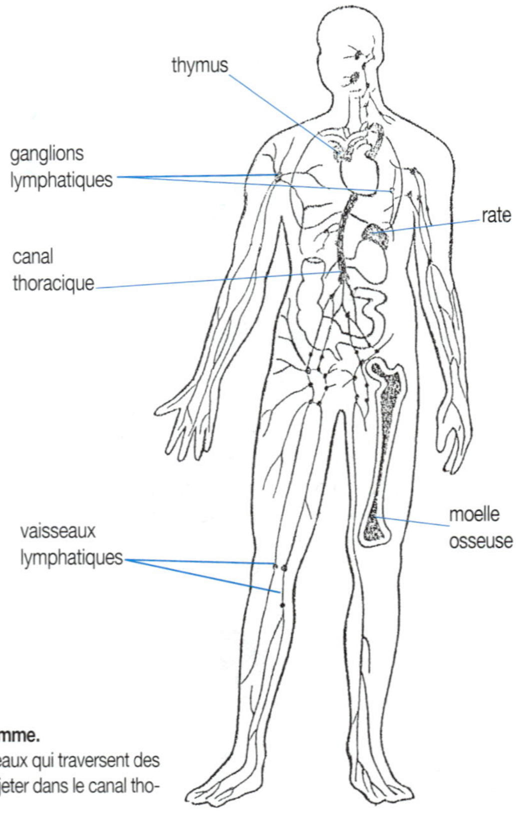

Le système lymphatique chez l'homme.
La lymphe est drainée par des vaisseaux qui traversent des ganglions lymphatiques avant de se jeter dans le canal thoracique qui rejoint une veine du cou.

ACTIVITÉS D'APPRENTISSAGE

1 • À partir des informations données, établissez la définition d'un antigène dans le cadre de la réaction immunitaire.

2 • Localisez sur le schéma ci-dessus les organes où se forment des cellules immunitaires et ceux où l'activité se manifeste.

L'essentiel

1 LES DÉFENSES NATURELLES

Les défenses naturelles protègent l'organisme des agresseurs microbiens.

– **La peau**, enveloppe imperméable avec la **sueur** acide empêche le développement des mycoses et de certaines infections bactériennes.

– **Les larmes, le mucus, la salive** grâce au lysozyme détruisent encore des bactéries.

– **L'appareil respiratoire** est équipé pour refouler les microparticules vers l'extérieur.

– Dans **l'appareil digestif** d'abord l'atmosphère acide qui y règne, détruit de nombreux microbes.

– **L'intestin** avec ses multiples bactéries commensales maintient une ambiance défavorable au développement des nouvelles colonies microbiennes.

2 LES DÉFENSES NON SPÉCIFIQUES

Les défenses non spécifiques

Ces moyens existent dès la naissance avant que l'organisme ait été mis en contact avec les corps étrangers.

Elles constituent la deuxième barrière ; c'est principalement la **phagocytose**, réaction localisée accomplie par :

– les **polynucléaires** ou **granulocytes** qui sont mobiles grâce à leur pouvoir de diapédèse.

– les **macrophages** représentés soit par les monocytes du sang, soit par les cellules issues des organes lymphoïdes (ganglions, foie, rate).

3 LES DÉFENSES SPÉCIFIQUES

Les défenses spécifiques.

Elles ne sont pas innées. Elles s'acquièrent au contact de l'antigène. Elles ne sont pas immédiates mais durables, elles restent très spécifiques.

1 - **La réponse humorale :** l'élaboration des anticorps est l'affaire des **lymphocytes B** qui activés par la présence de l'antigène se multiplient en plasmocytes. Depuis l'introduction de l'antigène dans l'organisme jusqu'à la fabrication d'anticorps, ont lieu des phénomènes successifs ; reconnaissance, multiplication, différenciation, synthèse.

2 - **La réponse cellulaire :** les **lymphocytes T** entrent en contact avec les cellules étrangères qui ont été reconnues comme antigène et les détruisent. Elle met en jeu des phénomènes de reconnaissance, de phagocytose, de coopération et digestion.

4 UNE DÉFENSE HARMONIEUSE

Une défenses harmonieuse.

Toutes les cellules immunitaires fonctionnent en harmonie, communiquent entre elles ; elles ont une efficacité conjuguée. Certaines conservent en mémoire les agressions subies.

La vigilance du système immunitaire est constante. Ce qui permet l'intégrité de l'organisme par la surveillance permanente du "soi" face à l'étranger ou "non soi".

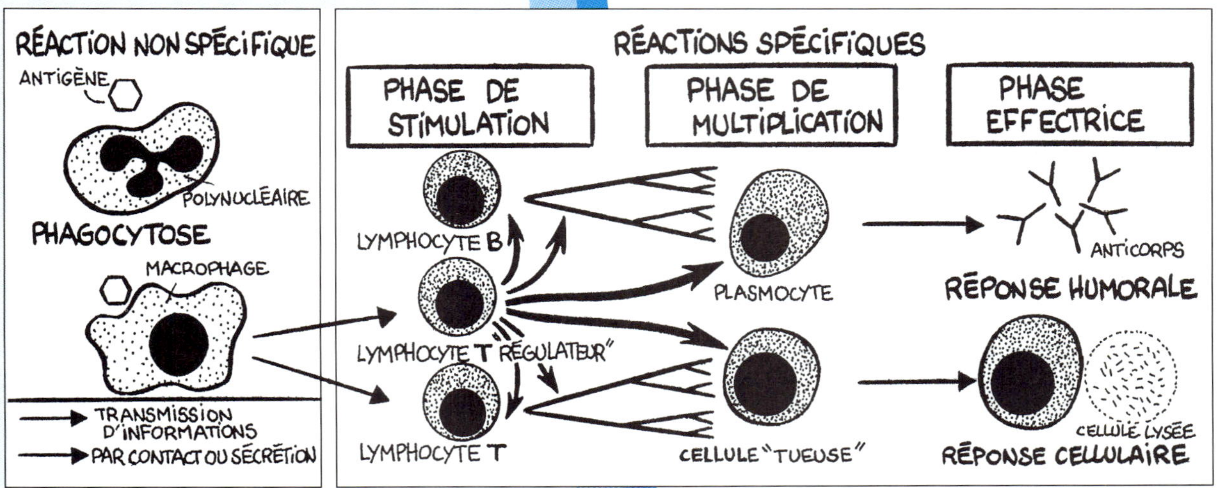

Les greffes d'organes

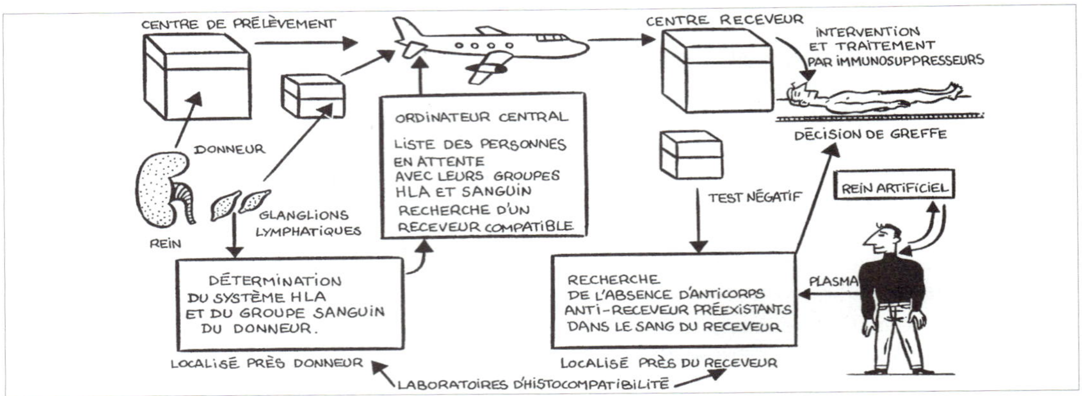

La greffe des reins

Résumé des événements entre le prélèvement et la greffe. En France, l'organisation France-Transplant assure la coordination la plus rapide possible entre le prélèvement et la greffe. *(D'après La Recherche, n° 177, mai 1988).*

Les conditions de réussite d'une greffe d'organe.

La majorité des cellules de l'organisme possèdent les antigènes du groupe ABO. De plus, les marqueurs HLA du soi du donneur sont reconnus comme des antigènes par les lymphocytes du receveur s'ils ne sont pas les mêmes que les siens. Il est donc essentiel de déterminer avec soin les marqueurs HLA et le groupe ABO des cellules du donneur.

La connaissance de ces marqueurs et, depuis, le respect de la meilleure compatibilté possible donneur-receveur a permis d'augmenter la réussite des greffes dans une grande proportion.

La complexité du sytème HLA, due au grand nombre d'allèles de chaque gène, rend toutefois presque impossible une compatibilité parfaite donneur-receveur à l'exception du cas des vrais jumeaux.

Pour renforcer l'acceptation du greffon on agit directement sur le receveur par l'intermédiaire de médicaments, d'immunosuppresseurs, qui abaissent les défenses immunitaires de l'organisme. Le greffé en reçoit d'abord des doses importantes puis des doses plus faibles toute sa vie de façon à ne pas trop affaiblir ses réponses aux agressions microbiennes. Parmi ces médicaments, la cyclosporine, employée depuis 1981 a permis de spectaculaires progrès dans la tolérances des greffes.

PRÉLÈVEMENTS D'ORGANES Loi n° 76-1181 du 22 décembre 1976

Art. 1er. En vue d'une greffe ayant un but thérapeutique sur un être humain, un prélèvement peut être effectué sur une personne vivante majeure et jouissant de son intégrité mentale, y ayant librement et expressément consenti.

Si le donneur potentiel est un mineur, le prélèvement ne peut être effectué que s'il s'agit d'un frère ou d'une soeur du receveur. Dans ce cas, le prélèvement ne pourra être pratiqué qu'avec le consentement de son représantant légal et après autorisation donnée par un comité composé de trois experts au moins et comprenant deux médecins dont l'un doit justifier de vingt années d'exercice de la profession médicale.

Ce comité se prononce après avoir examiné toutes les conséquences prévisibles du prélèvement tant au plan physique qu'au plan psychologique. Si l'avis du mineur peut être recueilli, son refus d'accepter le prélèvement sera toujours respecté.

Art. 2. Des prélèvements peuvent être effectués à des fins thérapeutiques ou scientifiques sur le cadavre d'une personne n'ayant pas fait connaître de son vivant son refus d'un tel prélevement.

Toutefois, s'il s'agit du cadavre d'un mineur ou d'un incapable, le prélèvement en vue d'une greffe ne peut être effectué qu'après autorisation de son représentant légal.

Art. 3. Sans préjudice du remboursement de tous les frais qu'ils peuvent occasionner, les prélèvements visés aux articles précédents ne peuvent donner lieu à aucune contrepartie pécuniaire.

Art. 4. Un décret en Conseil d'État détermine :

1° Les modalités selon lesquelles le donneur vise à l'article 1er, ou son représentant légal, est informé des conséquences éventuelles de sa décision et exprime son consentement ;

2°) Les modalités selon lesquelles le refus ou l'autorisation visé à l'article 2 ci-dessus doit être exprimé ;

3°) Les conditions que doivent remplir les établissements hospitaliers pour être autorisés à effectuer les prélèvements visés à l'article 2 être inscrits sur une liste arrêtée par le ministre de la santé.

4°) Les procédures et les modalités selon lesquelles la mort doit être constatée.

5°) Les dispositions de la présente loi ne font pas obstacle à l'application des dispositions de la loi n° 49-890 du 7 juillet 1949 relative à la greffe de la cornée et de celles du chapître unique du livre VI du code de la santé publique relative à l'utilisation thérapeutique du sang humain, de son plasma et de leurs dérivés.

Decret 78501 du 31 mars 1978 pris pour l'application de la loi du 22 décembre 1976, relative aux prélèvements d'organes.

Circulaire du 3 avril 1978 concernant le décret n° 78-501 du 31 mars 1978 pris pour l'application de la loi n° 76-1181 du 22 décembre 1976 relative aux prélèvements d'organes (J.O. 5 avril 1978).

Santé

10 LA PROPHYLAXIE DE L'INFECTION

Le rôle de la médecine a toujours consisté à aider le malade à lutter contre les agressions microbiennes :
- soit en assistant et en renforçant les défenses immunitaires : c'est la **vaccination** et la **sérothérapie** ;
- soit par des pratiques préventives et extérieures à l'organisme : c'est **l'asepsie** et **l'antisepsie** qui agissent sur les agents pathogènes ;
- soit par des traitements à base de médicaments appropriés comme les antibiotiques : c'est la **chimiothérapie**.

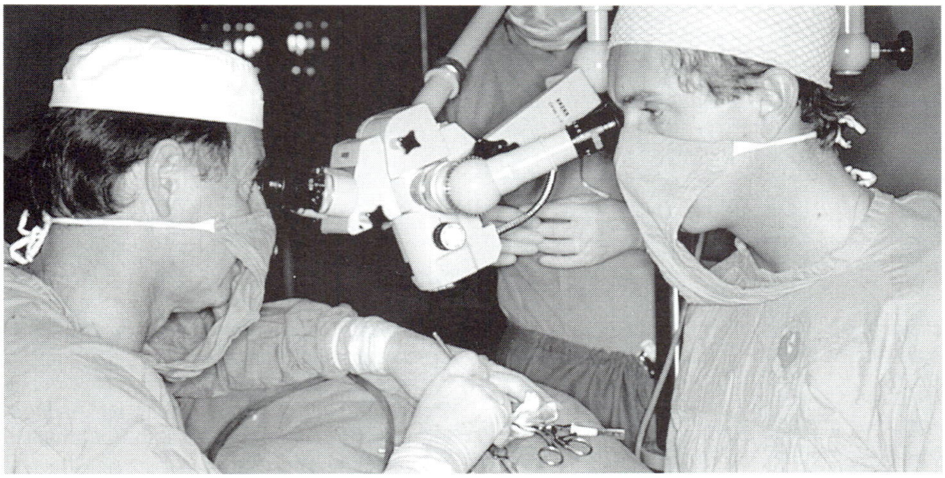
© Goivaux

L'hôpital à travers l'histoire

En 1793, le gouvernement révolutionnaire français ordonna que chaque malade, à l'hôpital, ait un lit pour lui seul. La plupart des premiers établissements étaient des mouroirs. Cependant, en Inde, dès le IIIe siècle av. J.-C. la propreté, la bonté envers les malades et les régimes étaient de mise. En Occident, les hôpitaux furent fondés par l'Église, et les soins donnés par des religieux. Durant des siècles, ceux qui avaient le moyen de se soigner chez eux évitaient l'hôpital, toujours bondé, et où le taux de mortalité était élevé. Il fallut attendre le XXe siècle pour que l'hôpital soit considéré comme un lieu où tout malade pouvait espérer guérir.

(Merveilles et Secrets du corps humain
Sélection du Reader's digest)

COMPÉTENCES

1 - Effectuer des démarches
- Justifier les conditions strictes accompagnant un traitement antibiotique.
- Identifier les prix et les services rendus.

2 - Effectuer des choix raisonnés
- Conduire une étude comparative entre sérum et vaccin.

3 - S'impliquer dans une démarche de prévention
- Énoncer les principes de la vaccination et justifier les contraintes de ce traitement.

1 LA DESTRUCTION DES MICROBES

1. Hors de l'organisme

• **Asepsie :** ensemble des méthodes de protection empêchant les microbes de pénétrer dans l'organisme par l'intermédiaire d'une plaie ; elle nécessite la stérilisation et la désinfection du matériel, des mains de l'opérateur, de l'atmosphère qui entoure le malade.

• **Antisepsie** : opération au résultat momentané agissant au niveau des tissus vivants et dans la limite de leur tolérance ; élimine ou tue les micro-organismes et/ou inhibe les virus indésirables.

• **Désinfection :** opération au résultat momentané s'appliquant aux milieux inertes ; élimine ou tue les micro-organismes et/ou inhibe les virus indésirables.

• **Stérilisation :** destruction totale des micro-organismes vivants ; elle aboutit à la stérilité (absence de tout germe vivant).

• **Décontamination** : opération au résultat momentané qui élimine, tue ou inhibe les micro-organismes indésirables présents au moment de l'opération ; se rapproche de la stérilisation mais n'entraîne pas une destruction totale.

2. À l'intérieur de l'organisme

On fait appel à une chimiothérapie spécifique adaptée, non toxique pour l'organisme aux doses thérapeutiques habituelles : **les antibiotiques**.

Les antibiotiques sont des substances élaborées par des micro-organismes, le plus souvent des champignons inférieurs, qui ont le pouvoir d'enrayer la prolifération des germes microbiens (action bactériostatique) ou de les détruire (action bactéricide).

Les antibiotiques modernes sont de plus en plus souvent obtenus par synthèse.

Les antibiotiques agissent sur les germes microbiens :

• soit en inhibant la synthèse de la paroi de la bactérie ;

• soit en désorganisant la membrane cytoplasmique de la bactérie ➡ action bactéricide ;

• soit en perturbant la transcription du code génétique de la bactérie.

ANTIBIOTIQUE

Ce médicament a pour but de combattre l'infection dont vous êtes atteint en détruisant les microbes qui en sont la cause.

1) Votre médecin a choisi cet antibiotique et non un autre parce qu'il convient précisément à votre cas et à votre maladie **actuelle**. Vous ne devez donc l'utiliser à l'avenir sans l'avis de votre médecin pour combattre une maladie **même semblable en apparence**.
– **ni pour vous-même, ni pour quelqu'un d'autre**.

2) Pour être efficace, cet antibiotique doit être utilisé **régulièrement**, aux doses prescrites, **et aussi longtemps que votre médecin vous l'aura conseillé**.
En effet, la disparition de la fièvre, ou de tout autre symptôme ne signifie pas que l'infection a disparu et que vous êtes complètement guéri. **Si vous arrêtez le traitement avant son terme**, une rechute **pourrait se produire** et votre guérison pourrait être retardée et devenir difficile. Mais augmenter les doses prescrites ne l'accélèrerait pas pour autant.
Quant à une éventuelle impression de fatigue, elle n'est pas due au traitement antibiotique, mais à l'infection elle-même. Le fait de réduire ou de suspendre votre traitement serait sans effet sur cette impression mais retarderait votre guérison.
Toute réaction anormale ou toute manifestation inhabituelle survenant au cours du traitement doivent être signalées au médecin.

3) Si votre médecin ou votre pharmacien vous ont recommandé de prendre ce médicament à des moments précis, c'est pour en assurer la meilleure efficacité. Respectez donc les indications qui vous ont été données sur le moment des prises (par exemple, avant les repas).

4) Enfin, vous ne devez pas associer cet antibiotique à un autre médicament quel qu'il soit, sans avis de votre médecin traitant car certaines associations doivent être évitées.

Votre médecin, votre pharmacien connaissent les médicaments qui vous sont prescrits. N'hésitez jamais à leur demander des précisions.

Syndicat National de l'Industrie Pharmaceutique

ACTIVITÉS D'APPRENTISSAGE

1 • Quels sont les antiseptiques les plus couramment utilisés ?

2 • Après avoir lu les conseils d'utilisation accompagnant une boîte d'antibiotique, vous dégagerez les idées essentielles.

2 L'ACQUISITION DE L'IMMUNITÉ

1. La vaccination

LES EXAMENS ET LES ANALYSES PRÉALABLES

Un examen médical est indispensable avant chaque vaccination. Il permet de vérifier votre état de santé. Toute maladie en évolution représente en effet une contre-indication temporaire à la vaccination. Le médecin peut également prescrire certaines analyses. Il est classique de rechercher la présence de sucre ou d'albumine dans les urines. Ces analyses peuvent être effectuées à l'officine par le pharmacien. Ce peut être l'occasion de détecter un diabète ou des troubles rénaux. Le médecin jugera alors de l'opportunité de la vaccination et du traitement éventuel.

Il est également courant de réaliser des épreuves tuberculiniques lors de la vaccination antituberculeuse (BCG) : timbre réactif principalement pour les enfants, cuti-réaction, intradermoréaction, multipuncture. Avant la vaccination ces tests permettent de savoir si elle est nécessaire, et après la vaccination si elle a été efficace.

Quelques conseils

Certaines précautions permettent d'éviter, ou tout du moins de minimiser, les réactions peu graves mais désagréables qui parfois font suite aux vaccinations.

Le jour de la vaccination :

- évitez de boire de l'alcool ;
- ne prenez aucun médicament qui ne vous aura pas été prescrit par votre médecin.

Les réactions cutanées qui se produisent lors de la vaccination BCG ou antivariolique peuvent faire déconseiller le bain ou tout au moins il faut éviter de mouiller la partie enflammée. Une légère compresse sèche suffira à protéger cette partie de l'irritation des vêtements. Il ne faut jamais appliquer ni pommade, ni antibiotique. En cas de fièvre légère, un comprimé ou un suppositoire d'aspirine suffit le plus souvent, mais ne prenez aucun autre médicament non prescrit. Si de fortes réactions se produisent, en particulier chez un enfant, dans les heures ou les jours qui suivent une vaccination, consultez votre médecin ou demandez conseil à votre pharmacien.

(Info-Santé)

LES DIFFÉRENTS TYPES DE VACCINS

Selon la nature du germe à l'origine de la maladie, on a l'habitude de distinguer plusieurs types de vaccins :

– **vaccins à virus vivants atténués**, c'est-à-dire pas assez virulents pour provoquer la maladie, mais suffisamment actifs pour engendrer une bonne immunité : antipoliomyélitique buvable, antirougeoleux, antirubéoleux, antiamarile (fièvre jaune), antivariolique, antiourlien (oreillons).

– **Vaccins à virus inactivés ou tués :** antipoliomyélitique injectable, antigrippal, antirabique (rage), antihépatite B.

– **Vaccins à bactéries atténuées :** antituberculeux (B.C.G.).

– **Vaccins à bactéries tuées :** anticoquelucheux, antityphoparathyphoïdique (TAB), anticholérique.

– **Vaccins à toxines bactériennes inactivées** (anatoxines) : antidiphtérique, antitétanique.

– **Vaccins à substances extraites de bactéries ou de virus** : antiméningococcique, antipneumococcique, antihépatite B.

(Info-Santé)

LES TECHNIQUES DE VACCINATION

Les techniques de vaccination sont adaptées à chaque vaccin :

– La voie buccale : exemple le vaccin antipoliomyélitique.

– La voie sous-cutanée, et intradermique par piqûres ; exemple : le vaccin antidiphtérique, le BCG.

– La scarification : incisions superficielles sur la peau avec un vaccinostyle ou une bague ; exemple : le vaccin antivariolique, le BCG.

– L'injection sous pression : sans aiguille. Cette technique est utilisée pour les vaccinations de masse.

ACTIVITÉS D'APPRENTISSAGE

1 • Quelle réaction de l'organisme est recherchée après une vaccination ?

2 • Quelles sont les caractéristiques immunitaires apportées par un vaccin ?

3 • Résumez les précautions à prendre avant une vaccination. ?

4 • Quelles sont les interprétations possibles des épreuves tuberculiniques ?

2. La sérothérapie ou séroprophylaxie

SÉROPROPHYLAXIE

Elle consiste à injecter un sérum (plasma défibriné) provenant de sujets immunisés et contenant des anticorps spécifiques de la maladie en cause.

La séroprophylaxie confère une immunité passive, rapide, mais temporaire. Elle ne dépasse pas trois semaines avec les anticorps d'origine humaine et dix jours* avec les anticorps d'origine animale : ensuite les anticorps étrangers se dégradent.

La séroprophylaxie est indiquée dans les cas où il est nécessaire de protéger d'urgence un sujet contre un risque infectieux (ex. : tétanos, rage).

*avec des variations de 3 semaines à 4 jours en fonction du nombre d'injections précédentes de sérum animal.

GAMMAGLOBULINES

Elles tendent de plus en plus à remplacer la séroprophylaxie car elles n'exposent pas aux mêmes risques. Les gammaglobulines sont des immunoglobulines d'origine humaine extraites du plasma par fractionnement. Elles sont le support de la plupart des anticorps.

On distingue :

- les gammaglobulines **standard**, provenant de nombreux échantillons de plasma pris au hasard ; ex. : rougeole, hépatite virale ;
- les gammaglobulines **spécifiques**, provenant de sérums de convalescents ou de sujets hyperimmunisés par vaccination ; ex. : coqueluche, rubéole, varicelle, oreillons, tétanos.

LES SÉRUMS UTILISÉS

Sérums animaux = sérums hétérologues.
Des anatoxines sont inoculées à un animal (le cheval le plus souvent) qui élabore un taux élevé d'antitoxines correspondantes.
Ex. : sérums antidiphtérique, antitétanique, antirabique.

Sérums de convalescents = sérums homologues.
On obtient :
– une séro-prévention quand le sérum est injecté dans les premiers jours de l'incubation ;
– une séro-atténuation quand l'injection est faite dans les jours suivants (6e au 9e jour) ; ex. : rougeole, coqueluche.

(Infodoc-Croix Rouge)

À la suite d'une blessure profonde et en l'absence de vaccination antitétanique, le médecin, craignant l'apparition de la maladie, pratique la séro-vaccination : 2 injections simultanées de sérum et de vaccin, puis, dans l'intervalle d'un mois, une deuxième et une troisième injection de rappel.

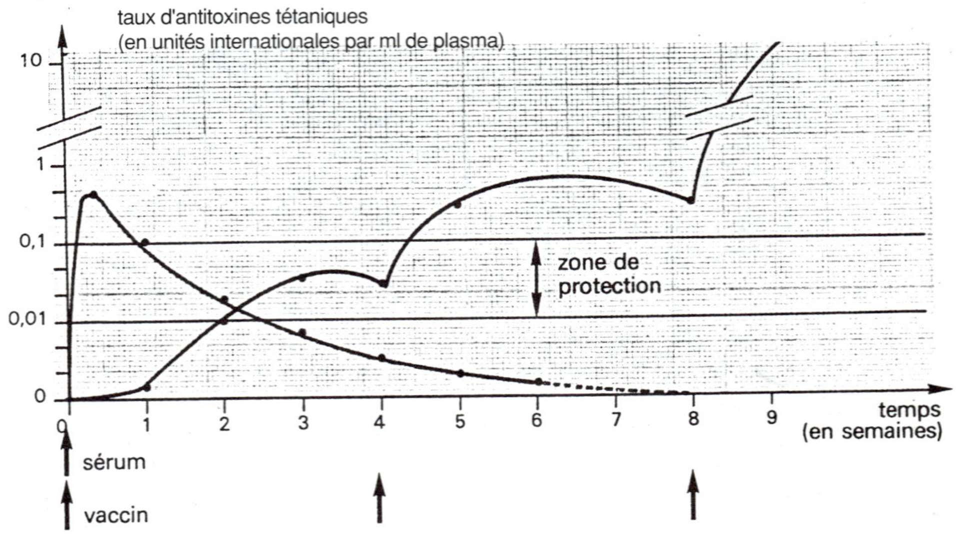

ACTIVITÉS D'APPRENTISSAGE

1 • Quelles sont les caractéristiques immunitaires apportées par un sérum ?

2 • Comparez la séroprophylaxie et la vaccination.

3 • Interprétez le graphique ci-dessus présentant, en deux courbes distinctes, l'évolution des anticorps

L'essentiel

1 ASEPSIE-ANTISEPSIE

Pour éviter l'infection des plaies, on utilise 2 méthodes :
– **L'antisepsie** : consiste à désinfecter une plaie à l'aide de substances chimiques.
Les antiseptiques : (ex. : Mercryl, Solubacter, eau oxygénée, Cetavlon...).
– **L'asepsie** : Méthode utilisée dans les salles d'opération. Elle consiste à supprimer les microbes de l'environnement immédiat pour éviter la contamination.
Les instruments, les pansements, les vêtements de protection sont stérilisés, l'atmosphère est filtrée et purifiée, les mains du chirurgien sont désinfectées et protégées.

LES SOINS À UNE PLAIE

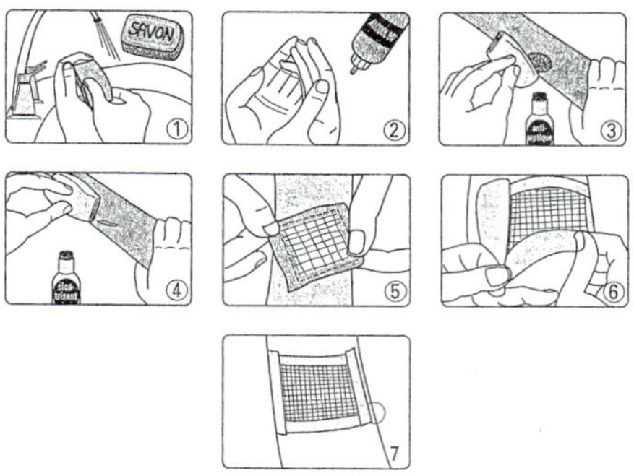

2 VACCINATION

C'est une méthode de protection préventive vis-à-vis des maladies. Elle consiste à introduire dans l'organisme une préparation contenant des substances d'origine microbienne rendues inoffensives mais capables d'entraîner la fabrication d'**anticorps spécifiques**. Elle suscite une protection **active**, **durable**, mais non immédiate. La vaccination est une nécessité individuelle mais aussi une protection collective.

C'est la raison pour laquelle certains vaccins qui protègent contre les maladies graves sont rendus obligatoires pour l'ensemble de la population.

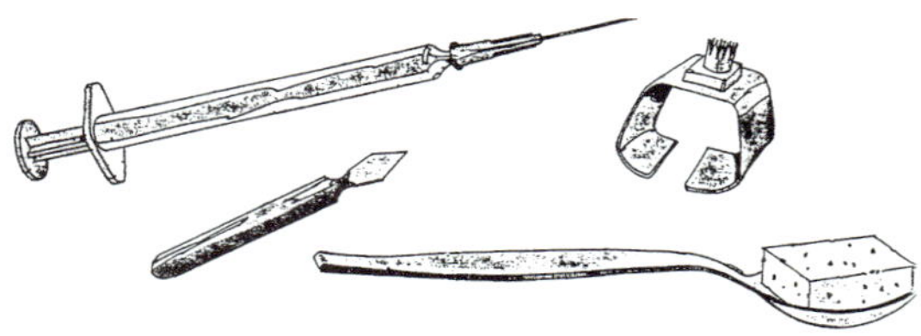

3 SÉROTHÉRAPIE

La sérothérapie : Lorsque la maladie est déclarée, l'injection d'anticorps spécifiques fabriqués par un autre organisme fournit des moyens de défense immédiats. Le sérum **spécifique** donne au malade une **immmunité immédiate** qui reste **passive**, **de courte durée**, mais suffisante pour permettre à l'organisme de surmonter l'infection et de mettre en place ses propres défenses.

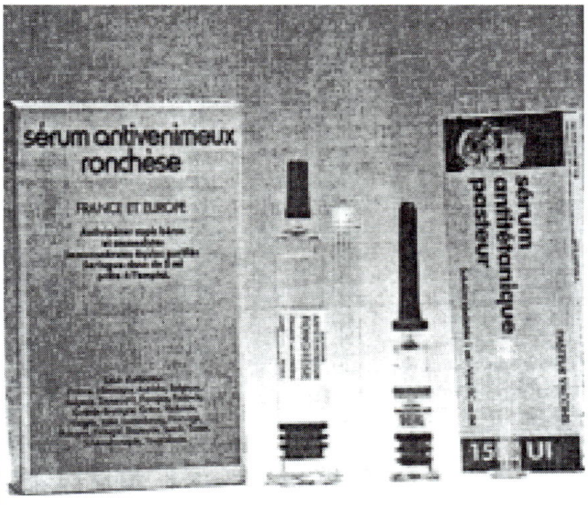

4 ANTIBIOTHÉRAPIE

Autre moyen de lutter contre les atteintes infectieuses à l'intérieur de l'organisme : les médicaments, substances chimiques comme **les sulfamides** et **les antibiotiques** qui bloquent la multiplication des microbes. Leur emploi nécessite préalablement la recherche des molécules les mieux adaptées pour entraîner la guérison. Cette recherche se fait à l'aide d'un antibiogramme.

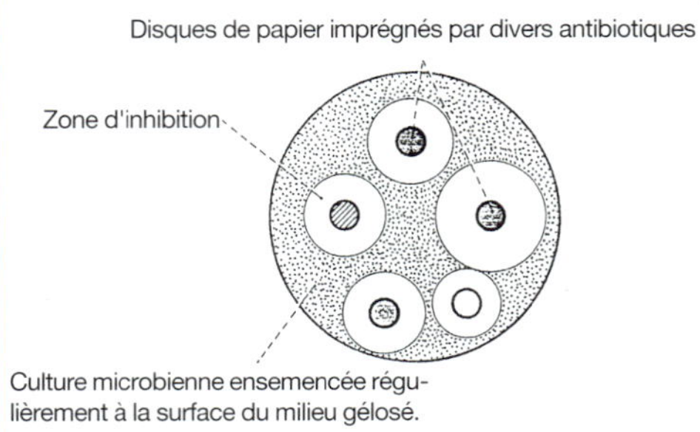

Détermination de la sensibilité microbienne aux antibiotiques par la méthode des disques. De petits disques de papier de couleurs différentes, préalablement imprégnés avec des solutions de divers antibiotiques et séchés sont placés sur la gélose ensemencée d'une boîte de Pétri. Après séjour à l'étuve à 37 °C pendant 24 heures, chaque disque est entouré d'une zone circulaire où le germe n'a pas poussé. Le diamètre de cette zone d'inhibition permet d'apprécier la sensibilité du germe à l'antibiotique.

Le calendrier des vaccinations

Dès le 1er mois B.C.G.	La vaccination par le B.C.G. doit être pratiquée pour l'entrée en collectivité. La vaccination B.C.G. précoce est réservée aux enfants vivant dans un milieu à risques. L'épreuve tuberculinique doit être pratiquée 3 à 12 mois plus tard.
A partir de 2 mois DIPHTÉRIE, TÉTANOS COQUELUCHE POLIO 1re injection	Le vaccin polio injectable est recommandé, surtout pour les primo vaccinations, en réservant le vaccin polio oral pour les situations épidémiques. Il est recommandé à partir de 2 mois de pratiquer l'association diphtérie, tétanos, coqueluche, polio.
3 mois DIPHTÉRIE, TÉTANOS, COQUELUCHE, POLIO	2e injection
4 mois DIPHTÉRIE, TÉTANOS, COQUELUCHE, POLIO	3e injection
A partir de 12 mois ROUGEOLE, OREILLONS, RUBÉOLE	La vaccination associée rougeole-oreillons-rubéole est recommandée de façon indiscriminée pour les petits garçons et les petites filles. La vaccination contre la rougeole doit être pratiquée plus tôt - à partir de 9 mois - pour les enfants vivant en collectivité, suivie d'une revaccination 6 mois plus tard en association avec les oreillons et la rubéole. En cas de menace d'épidémie dans une collectivité d'enfants, on peut vacciner tous les sujets supposés réceptifs de plus de 9 mois ; la vaccination immédiate peut être efficace si elle est faite moins de 3 jours après le contact.
15 - 18 mois DIPHTÉRIE, TÉTANOS, COQUELUCHE, POLIO (1er rappel)	On peut faire simultanément, en un site d'injection séparé, la vaccination associée, rougeole-oreillons-rubéole.
5 - 6 ans DIPHTÉRIE, TÉTANOS, POLIO (2e rappel), ROUGEOLE, OREILLONS, RUBÉOLE	La vaccination associée rougeole-oreillons-rubéole est recommandée chez les enfants n'ayant pas encore été vaccinés. L'entrée à l'école est une bonne occasion de vacciner éventuellement le même jour que diphtérie, tétanos, polio et/ou B.C.G.
Avant 6 ans B.C.G.	La vaccination par le B.C.G. doit être pratiquée pour l'entrée en collectivité. L'épreuve tuberculinique doit être pratiquée 3 à 12 mois plus tard.
11 - 13 ans DIPHTÉRIE, TÉTANOS, POLIO, OREILLONS, RUBÉOLE, B.C.G.	Pour les garçons non vaccinés et n'ayant pas eu la maladie. Pour toutes les filles en primo ou en revaccination. Les sujets aux tests tuberculiniques négatifs, vérifiés notamment par IDR, seront vaccinés ou revaccinés.
16 - 21 ans DIPHTÉRIE, TÉTANOS, POLIO, RUBÉOLE pour les jeunes femmes non vaccinées. Épreuve tuberculinique suivie du B.C.G. en cas de négativité	Vaccination contre la rubéole : chez les jeunes femmes qui n'ont pas été vaccinées, la vaccination est recommandée, par exemple lors d'une visite de contraception, ou prénuptiale. La sérologie préalable et postvaccinale n'est pas nécessaire. Si la sérologie prénatale est négative ou inconnue, la vaccination devra être pratiquée immédiatement après l'accouchement, avant la sortie de la maternité.
21 - 60 ans TÉTANOS, POLIO, RUBÉOLE	Tous les 10 ans. Pour les femmes non vaccinées jusqu'à 45 ans.
Après 60 ans TÉTANOS, POLIO, VACCINATION GRIPPALE	Tous les 10 ans. Annuelle.
Vaccinations internationales FIÈVRE JAUNE CHOLÉRA	1 injection. Validité 10 ans à partir du 10e jour après la vaccination. 1 injection. Validité 6 mois.

D'après le calendrier des vaccinations édité par le Comité français d'éducation pour la santé et la Direction Générale de la santé.

Santé

11 M.S.T. - SIDA

Malgré les campagnes d'information et les progrès thérapeutiques, les maladies sexuellement transmissibles (M.S.T.), que l'on appelait auparavant maladies vénériennes, sont en nette recrudescence.

Ce sont des maladies infectieuses, donc contagieuses, dues à différents germes : bactéries, virus, parasites et champignons microscopiques. La plupart de ces maladies peuvent avoir des conséquences graves pour ceux ou celles qui sont contaminés et pour leur descendance. Il faut donc avant tout les éviter et, surtout en cas de contamination, bien connaître les premiers symptômes pour consulter un médecin aussi rapidement que possible. Un traitement adapté évite les complications mais ne protège pas contre une nouvelle contamination.

Unité départementale de coordination des actions de Préventions
M.S.T. - SIDA CDHS
31 rue du Souvenir 69009 LYON

En aucun cas, on ne doit se soigner soi-même. Se faire soigner, c'est protéger la collectivité et éventuellement sa descendance. Dans ce domaine, les tabous, les préjugés, l'insouciance et l'ignorance sont les principaux obstacles à franchir.

COMPÉTENCES

1 - S'impliquer dans une démarche de prévention

- Établir l'inventaire des moyens mis en œuvre pour stopper la prolifération du SIDA.
- Dresser la liste des services de votre ville à consulter en cas de doute sur des M.S.T.

2 - Appréhender une situation dans sa globalité

- Expliquer le principe d'action des médicaments tels que l'AZT.

1 LE SIDA

❶. L'explosion de l'épidémie

Neuf ans après la découverte du virus, l'épidémie progresse toujours sans qu'on puisse l'enrayer.

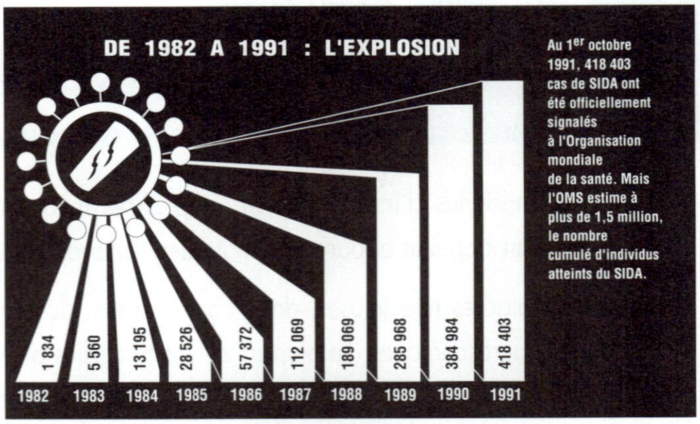

❷. Le virus

Comment se multiplie-t-il ?

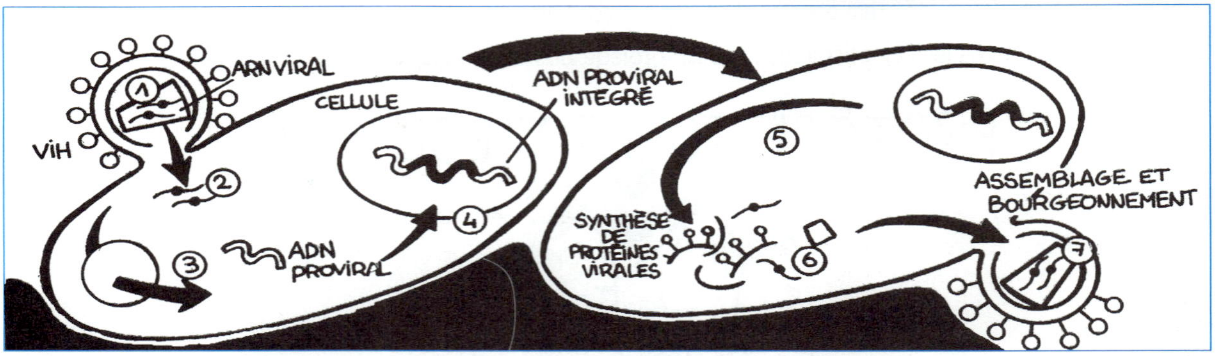

1. Le virus s'attache à la membrane de la cellule qu'il va infecter.

2. Le VIH contient de l'ARN.

3. Grâce à une enzyme, la transcriptase inverse, l'ARN se transforme en ADN pro-viral.

4. Cet ADN pro-viral va s'intégrer à l'ADN contenu dans le noyau de la cellule.

5. Dans certaines conditions, l'ADN pro-viral déclenche les mécanismes nécessaires à sa duplication

6. (production d'ARN du virus, synthèse de protéines...).

7. Les constituants du virus s'assemblent alors et provoquent un «bourgeonnement» à la surface de la cellule, puis la libération de particules virales. Elles iront à leur tour infecter de nouvelles cellules.

Qu'est-ce qu'un rétrovirus ?

Le VIH est un rétrovirus. Á l'inverse de l'homme et de la plupart des espèces vivantes, dont le patrimoine génétique est constitué par de l'ADN (acide désoxyribonucléique), les rétrovirus ont pour matériel génétique de l'ARN (acide ribonucléique). Pour se multiplier et survivre dans la cellule qu'il infecte, le virus doit transformer son ARN en ADN. Il le fait grâce à une enzyme, la transcriptase inverse. Les médicaments actuels comme l'AZT s'efforcent de bloquer cette enzyme, bloquant du même coup le sale travail du virus dans la cellule.

(Phosphore mars 1992)

ACTIVITÉS D'APPRENTISSAGE

1 • Pourquoi y a-t-il un décalage entre les cas de SIDA déclarés et ceux présumés ?

2 • Comment peut-on stopper l'explosion du SIDA ?

3 • Quel est le principe d'action des médicaments tels que l'AZT ?

2 LES M.S.T.

Mais au fait, qu'est-ce que c'est ?

Les ***M.S.T.*** ou maladies vénériennes sont des maladies contagieuses qui se transmettent le plus fréquemment ***par contact sexuel*** avec une ***personne contaminée.***

Á quoi sont-elles dues ?

• ***à un microbe :*** syphilis, blennorragie ou «chaude pisse», infection à chlamydiae.
• ***à un virus*** : herpès génital, végétations vénériennes, hépatite virale B, SIDA...
• ***à un parasite :*** infection à trichomonas, poux du pubis (morpions).
• ***à un champignon :*** candidoses...

Que faut-il faire ? agir... comment ?

EN CONSULTANT

• un médecin généraliste à son cabinet,
• un médecin spécialiste (dermatologue, vénérologue ou gynécologue) à son cabinet,
• dans les centres de dépistage et de soins spécialisés,
• dans les services de dermatologie, gynécologie, urologie et médecine interne des centres hospitaliers publics et privés et des cliniques.

Quand ?

Au moindre doute, sans commencer à vous soigner seul, si vous et votre partenaire présentez l'un des signes suivants :

CHEZ LA FEMME

• des pertes vaginales
• des démangeaisons
• des sensations de brûlure lors des rapports sexuels
• des boutons ou lésions sur les organes génitaux ou sur d'autres muqueuses (bouche, anus...)
• des douleurs au bas-ventre

CHEZ L'HOMME

• des écoulements à l'extrémité de le verge
• des sensations de brûlure en urinant
• des boutons ou des lésions sur la verge ou sur d'autres muqueuses (bouche, anus...)
• des démangeaisons

(Service Promotion de la Santé 245, rue Garibaldi - LYON)

Les risques des M.S.T. non taitées

Il ne faut surtout pas croire que ce n'est qu'un mauvais moment à passer, que cela guérit tout seul.
Les conséquences peuvent en effet être très graves en l'absence de traitement ou lorsque le traitement est trop tardif.

Chez l'homme

Outre des douleurs et la gêne qu'elles entraînent, les MST présentent des risques importants :
• un écoulement douloureux de l'urine ou même l'impossibilité d'uriner ;
• la stérilité : l'inflammation peut être cause d'une cicatrice qui obstrue le canal contenant les spermatozoïdes et entraîner la stérilité dans 20 % des cas.
Si, à ce stade, la maladie n'est pas traitée, le risque de stérilité est multiplié par trois ou quatre.

Chez la femme

• des risques de salpingite : inflammation des trompes due aux germes qui y remontent pouvant entraîner :
• la stérilité
• des grossesses extra-utérines
• des douleurs abdominales chroniques.

(Caisse Nationale de l'Assurance Maladie des Travailleurs salariés - Sécurité Sociale)

La chaîne de contamination

Exemple de chaîne de contamination en gonococcie

N° 1 : jeune homme 19 ans urétrite aiguë gonococcique.

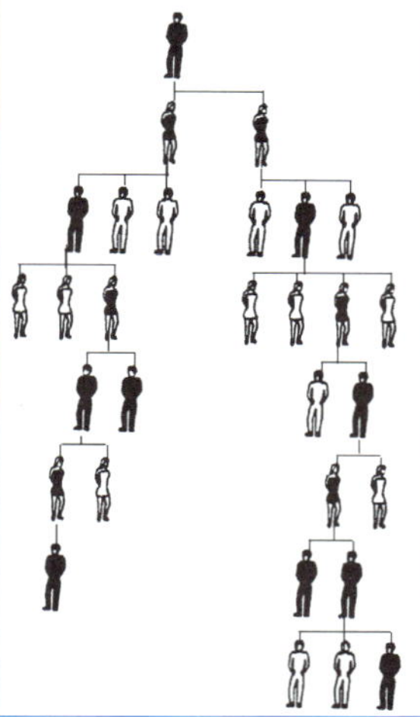

Un jeune de 19 ans avait une gonococcie débutante, il contamina 2 femmes. La chaîne continua et 15 sujets de 19 à 26 ans furent reconnus atteints de gonoccocie. Une maladie vénérienne ne vient pas toute seule.

Extrait de «Le Point sur les maladies transmissibles par voie sexuelle»
Ligue Nationale Française contre les maladies vénériennes
Institut Alfred Fournier-
25, bd St Jacques 75680 PARIS

ACTIVITÉS D'APPRENTISSAGE

1 • Comment se manifeste l'apparition de M.S.T. ?

2 • Quelles peuvent en être les conséquences ?

3 • Comment peut-on s'en préserver ?

3 LE MONDE DU TRAVAIL FACE AU SIDA

a) Conduite à l'égard d'une personne séropositive

La transmission exclusive du virus par voie sanguine ou sexuelle exclut toute possiblilité de contamination d'un salarié à un autre dans la vie courante. Les risques à côtoyer une personne contaminée sont nuls pour la collectivité de travail. Á l'embauche (ou ultérieurement), l'employeur n'a pas le droit de s'enquérir de l'état sérologique d'une personne ; ce serait une atteinte à sa vie privée (Article 9 du Code Civil). Comme pour toute autre personne, le médecin du travail doit s'assurer dans le respect d'une stricte confidentialité, que le salarié est médicalement apte à son poste, non dangereux pour autrui.
Avec l'accord de l'intéressé, une sérologie H.I.V. peut ainsi être demandée. Une séropositivité sans signes cliniques à l'embauche, ou ultérieurement, ne doit poser aucun problème en milieu ordinaire de travail. L'apparition de signes cliniques doit être considérée comme toute autre pertubation de l'état de santé chez un salarié.

b) Conduite à l'égard d'un malade

En présence d'un malade : Le médecin du travail cherchera à préserver l'emploi des malades atteints de SIDA par aménagement ou changement de poste. Mais dans la plupart des entreprises, ces manœuvres doivent être préparées à l'avance et le salarié séropositif a intérêt à se confier au médecin de l'entreprise. Les troubles du comportement rapportés à la maladie peuvent poser problème dans les postes de sécurité (pilotes, conducteurs d'engins) et inciter l'employeur au licenciement. On doit considérer que le SIDA maladie se présente comme les autres affections longues et que le médecin du travail devra argumenter contre les absences longues ou répétées pour conserver au salarié son emploi.

c) Conduite à l'égard d'un milieu de travail contaminant

C'est le cas des personnes en contact avec du sang, des liquides biologiques, des cultures cellulaires, comme les professions de santé, les centres de recherches, les laboratoires, les personnels d'entretien, les équipes de secours, les gardiens de prison... La prévention joue ici un rôle déterminant. Il faut :

1/ Informer et combattre la désinformation.

2/ Organiser le travail, proscrire les gestes dangereux (recapuchonner les aiguilles, pipeter à la bouche). Considérer tous les prélèvements comme dangereux. Baliser les locaux à risques.

3/ Faire impérativement respecter les règles d'hygiène :

- protéger ses mains pour respecter l'intégrité de la peau, les laver. Fournir et mettre des gants suivant les risques. Les crèmes «barrière» ne suffisent pas.
- protéger les muqueuses si elles risquent d'être atteintes : lunettes, masques.
- utiliser du matériel à usage unique.
- utiliser un réceptacle pour le matériel qui pique ou qui coupe.
- désinfecter les objets ou les surfaces souillées.
- trier les linges contaminés et les désinfecter.
- hotte pour certains travaux de laboratoire.

4/ En milieu à haut risque, un changement de poste peut être envisagé pour les femmes enceintes, les immunodéprimés (corticothérapie)...

5/ Tout accident de travail entraînant un risque (coupure, piqûre, éclaboussure) doit être obligatoirement déclaré dans les 48 heures (lettre ministérielle du 9/10/89). Le sujet exposé doit immédiatement nettoyer puis désinfecter la plaie (alcool à 70° ou eau de Javel à 0,1 %) (circulaire DGS du 3 août 89). Un sérodiagnostic doit être fait dans les 8 jours qui suivent l'accident, puis plusieurs fois pendant 1 an (ainsi qu'une surveillance clinique à la recherche d'une primo-infection). Une séroconversion apparue durant cette période peut être considérée comme imputable à l'accident du travail.

(Association Départementale d'Éducation pour la Santé du Rhône - Écho Santé n° 7).

ACTIVITÉS D'APPRENTISSAGE

1 • Que doit faire une infirmière qui s'est piquée le doigt après avoir procédé à une prise de sang ?

2 • Quel est le rôle du médecin du travail face au risque du SIDA ?

L'essentiel

1 LES 6 POINTS IMPORTANTS DU SIDA

1
Le SIDA est le résultat de la destruction du système immunitaire par un virus appelé VIH.

2
Toute personne infectée par le virus du SIDA ne développe pas la maladie, mais elle peut transmettre le virus.

3
La transmission se fait principalement :
- par voie sexuelle ;
- par voie sanguine (échange de seringues contaminées),
- d'une mère atteinte à son fœtus.

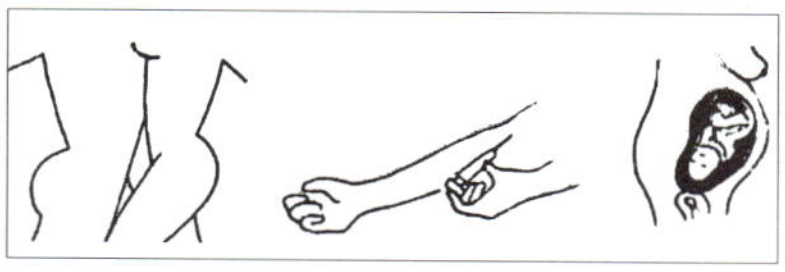

4
L'infection semble s'étendre à la population générale.

5
Il n'existe pas encore de traitement définitif ni de vaccin, bien que la recherche soit très active dans ce domaine.

6
La prévention est la seule arme dont nous disposons aujourd'hui. Elle nécessite une bonne information.

(Extrait brochure "Sida, les faits, l'espoir" V.DE.CD.P. 31, rue du Souvenir 69009 LYON)

2 LES 6 AUTRES EFFETS PRINCIPAUX M.S.T.

MALADIES	EFFETS
LA SYPHILIS (ou vérole)	• ***Une lésion primaire,*** le chancre, petite plaie ronde, dure, non douloureuse, atteint les organes génitaux. • ***Une lésion secondaire,*** caractérisée par des éruptions cutanées. • ***Une lésion tertiaire*** (5 à 10 ans après), sous forme de troubles cardio-vasculaires et neurologiques).
LA GONOCOCCIE (ou chaude pisse)	• ***Chez l'homme,*** des brûlures urinaires et un écoulement purulent au niveau de la verge. • ***Chez la femme,*** peu de signes (légères brûlures).
LA TRICHOMONAS	• ***Chez l'homme*** aucun symptôme. • ***Chez la femme,*** des inflammations et démangeaisons vaginales ainsi que des pertes jaunâtres malodorantes.
LES INFECTIONS Á CHLAMYDIAE	• ***Chez l'homme,*** une urétrite et une inflammation du gland et du prépuce. • ***Chez la femme,*** des pertes banales en apparence, une inflammation vulvo-vaginale, puis une salpingite ou infection des trompes.
L'HERPÈS GÉNITAL	• ***Des démangeaisons et des brûlures*** au niveau des organes génitaux, suivies de l'apparition de vésicules qui suintent. • Malgré les traitements, ***de nouvelles poussées herpétiques*** à l'occasion d'un choc psychologique ou d'une grande fatigue.
LES VÉGÉTATIONS VÉNÉRIENNES (ou condylomes)	• ***Des excroissances indolores*** au niveau de la vulve chez la femme ou du gland chez l'homme. • ***Chez la femme,*** un risque d'apparition d'un ***cancer de l'utérus.***

3 LES POINTS CLÉS DE LA PRÉVENTION

- Le ***risque*** existe en cas de ***contact sexuel*** pour toutes les MST, et augmente avec le ***nombre de partenaires.***

  Pour le SIDA et l'hépatite B ***le risque*** existe en plus en cas de ***contact sanguin.***
- ***Avertir*** sa, son ou ses partenaires lorsqu'on a une MST :
  il ou elle doit ou doivent consulter même s'ils ne présentent aucun signe.
- Bien ***suivre les traitements*** et les conseils du médecin pour vous et vos partenaires.
- Les différents partenaires doivent être ***traités en même temps.***
- Une même MST peut s'attraper ***plusieurs fois.***
- Le seul vaccin actuellement existant est celui contre l'hépatite virale B, d'autres sont en cours d'étude.

4 AUJOURD'HUI LA PRÉVENTION C'EST :

• ***L'UTILISATION DU PRÉSERVATIF EFFICACE LORSQU'IL EST :***
- mis en place correctement,
- mis dès les préliminaires du rapport,
- et utilisé une seule fois.

• ***LA LIMITATION DU NOMBRE DE PARTENAIRES.***

UTILISER le PRÉSERVATIF est un geste naturel qui fait partie de l'acte d'amour.

La prévention contre le SIDA

Trois situations peuvent se présenter :

❶. *Si l'on n'a jamais été en contact avec le virus, c'est-à-dire si l'on est séronégatif, il faut :*

ÉVITER LA CONTAMINATION en n'ayant que des rapports sexuels protégés par un préservatif utilisé correctement, ce qui assure du même coup une prévention des autres maladies transmissibles sexuellement et une bonne contraception ;
- en réduisant le nombre des partenaires sexuels ;
- en utilisant des aiguilles et seringues à usage unique ou stérilisées.

❷. *Si l'on est déjà porteur du virus, malade ou non, c'est-à-dire si l'on est séropositif :*

On doit prendre les mêmes précautions qu'un séronégatif, d'une part pour ne pas transmettre le virus, d'autre part pour ne pas déclencher une activation de son propre système immunitaire.

ÉVITER LA TRANSMISSION en ayant des rapports protégés par un préservatif, avec un partenaire préalablement averti de la situation, qu'il soit séronégatif ou séropositif ;
- en s'abstenant de donner son sang, son sperme, ses organes ou de partager aiguille et seringue si l'on est toxicomane ;
- en désinfectant par l'eau de Javel au 1/10, la chaleur (30 minutes à 56° C) ou l'alcool à 25°, tout objet pouvant avoir été souillé par du sang, du sperme ou des sécrétions vaginales ;
- en nettoyant toute plaie au dakin ;
- en prévenant l'intervenant en cas de soins chirurgicaux, dentaires, infirmiers, acuponcture, voire à l'occasion de tatouage ou de percement d'oreilles.

ÉVITER L'ACTIVATION Un séropositif doit éviter l'introduction d'antigènes dans son organisme, laquelle peut être réalisée par :
- une réinfestation par le sidavirus ;
- une contamination par d'autres virus, en particulier cytomégalovirus, virus d'Epstein-Barr, herpèsvirus ;
- une grossesse ;
- la pénétration de sperme au travers d'une muqueuse, ce qui peut activer les lymphocytes, y déclencher la multiplication du virus, la destruction de ces cellules et un effondrement des défenses immunitaires induisant un sida ;
- la drogue.

❸. *Si l'on est séropositive :*

- la contraception s'impose pour éviter, d'une part, un sida dont le risque est multiplié par trois par une grossesse, d'autre part, la contamination de l'enfant ; la pilule ne protège pas du sida ;
- en cas de grossesse une IVG est à discuter avec le médecin ;
- après un accouchement mieux vaut éviter l'allaitement.

(Caisse Nationale de l'Assurance Maladie des Travailleurs Salariés - Sécurité Sociale)

Santé

12 LE SANG ET LA CIRCULATION SANGUINE

Le sang circule partout dans le corps. Il est l'élément principal du milieu intérieur où se font tous nos mélanges.

Le sang est un ordinateur transmettant les messages, un miroir où se reflètent les maladies de nos viscères. Les informations apportées par l'étude du sang guident l'analyse de ces maladies et leur traitement.

Le sang définit l'homme. Chaque homme, défini par les caractères de son sang, est différent de tous les autres hommes. C'est la science du sang, l'hématologie, qui a reconnu la valeur unique de chaque être humain... L'analyse du sang a, la première, apporté la définition chimique de la prédisposition aux maladies... Elle a, la première, par l'étude de l'hémoglobine et de ses anomalies, apporté la définition exacte des maladies.

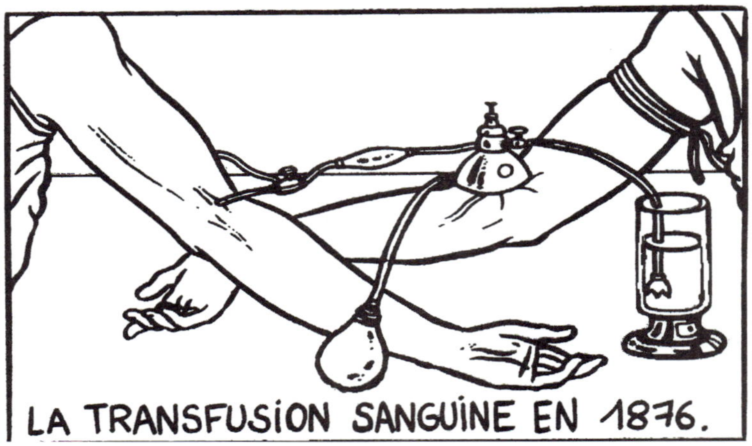

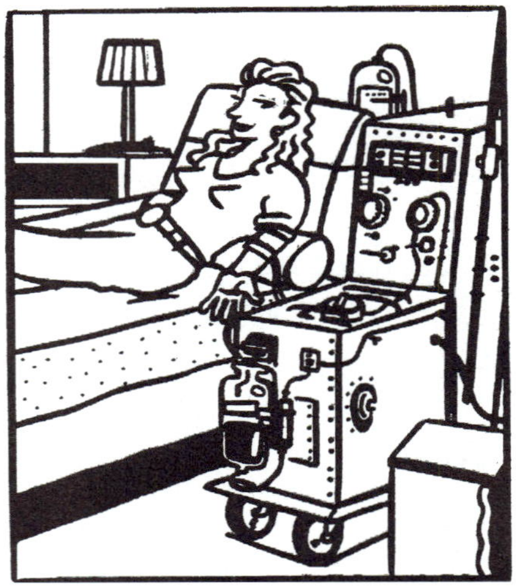

La transfusion sanguine à travers les siècles

Le sang et la lymphe constituent les voies de distribution aux organes des aliments digérés. Ils les ravitaillent en oxygène et drainent vers les organes épurateurs les déchets qui s'y sont formés.

L'appareil circulatoire sanguin se compose d'un organe propulseur, le **cœur**, et de canaux de distribution, les **vaisseaux sanguins.** La circulation incessante du sang maintient l'homme en vie.

COMPÉTENCES

1 - Effectuer des choix raisonnés
- Justifier le sens de la circulation sanguine.

2 - Appréhender une démarche dans sa globalité
- Retrouver les fonctions des différents constituants du sang.

3 - S'impliquer dans une démarche de prévention
- Énoncer les règles de la transfusion sanguine.

1 LE SANG

❶. Composition

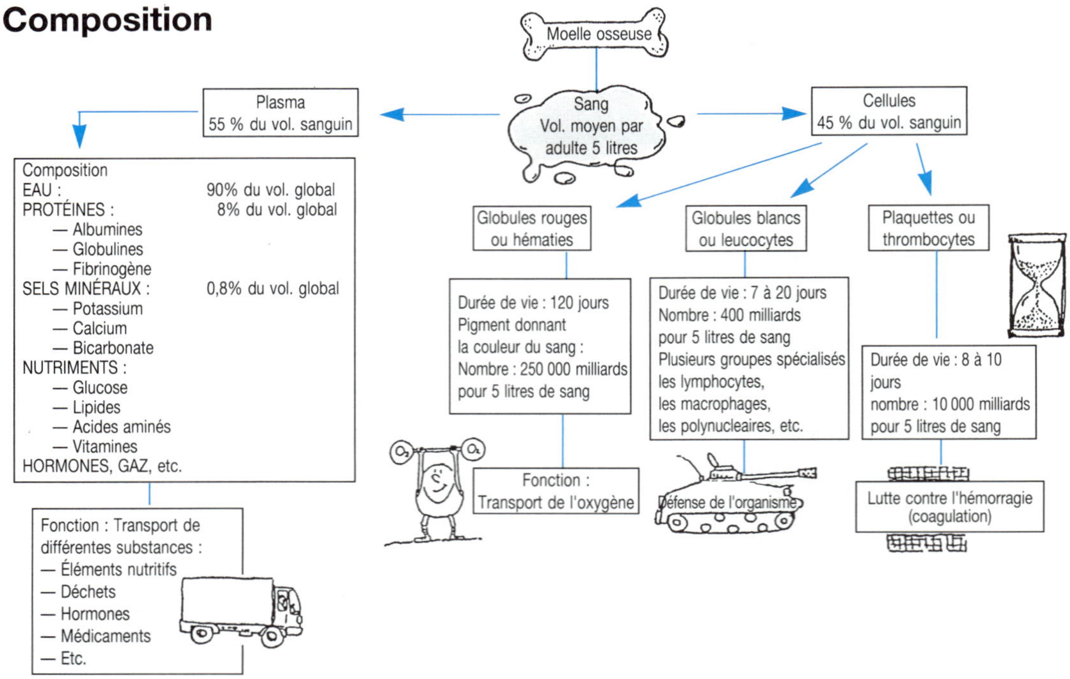

❷. La lymphe

Liquide jaune clair, elle apparaît sur la peau lorsqu'on s'égratigne légèrement sans saigner.

1 - Origine et circulation de la lymphe

Du plasma et des leucocytes filtrent à travers les capillaires, remplissent les intervalles tissulaires, baignent directement les cellules.	C'est la lymphe interstitielle
La lymphe est collectée et coule dans le réseau lymphatique qui comprend : des capillaires, des vaisseaux, des ganglions, la rate, les amygdales et le thymus.	C'est la lymphe vasculaire

2 - Les fonctions de la lymphe

Elle baigne et nourrit tous les tissus.

Elle aide l'organisme à lutter contre l'infection, grâce aux nombreux ganglions lymphatiques éparpillés dans diverses régions du corps, surtout au niveau du cou, des aisselles, de l'aine.

Ces ganglions fabriquent des lymphocytes.

La circulation lymphatique n'est pas une véritable circulation, comme celle du sang, car la lymphe ne revient pas à son point de départ. C'est plutôt une voie de dérivation branchée sur la circulation veineuse. (voir schéma p. 56).

ACTIVITÉS D'APPRENTISSAGE

1 • À l'aide du document ci-dessus, retrouvez la composition du sang et la fonction de chacun de ses éléments.

2 • Recherchez une fiche d'analyse de sang établie par un laboratoire médical et justifiez les explications des résultats fournis.

3 • Quelles sont les fonctions particulières de la lymphe ?

2 LE DON DU SANG

❶. Les traitements du sang

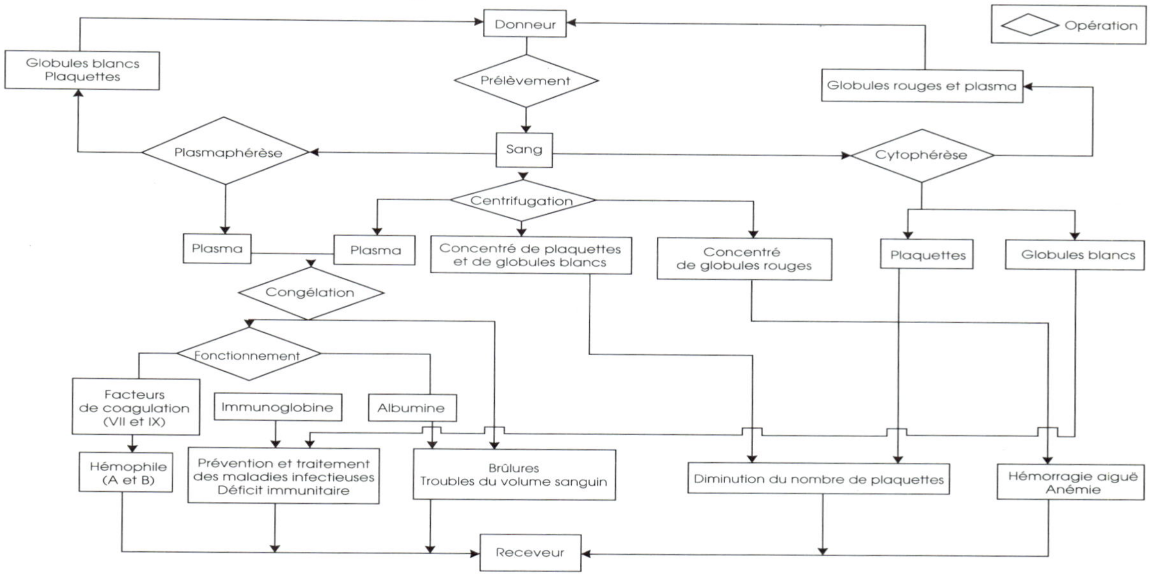

NOUS VOUS RAPPELONS LES TESTS PRATIQUÉS SUR CHACUN DE VOS DONS

- Groupe sanguin, recherche d'une anémie (dosage de l'hémoglobine).
- Dépistage des maladies transmissibles par le sang (hépatites virales, syphilis, SIDA, HTLV I et II, éventuellement paludisme, cytomégalovirus).

Ces contrôles biologiques ont pour objectif de ne pas nuire aux malades transfusés et de surveiller votre propre santé.
Ainsi, 5 à 10 % des dons de sang sont écartés, car l'anomalie qu'ils présentent n'autorise pas leur utilisation pour un malade.
Le Centre de Transfusion Sanguine se fait un devoir de prévenir le donneur de sang en cas d'anomalie.

**** un donneur ne peut en aucun cas être contaminé à l'occasion d'un don de sang. Le matériel de prélèvement est stérile et à usage unique.***

❷. Les groupes sanguins

Il existe à la surface des globules rouges une protéine appelée antigène qui caractérise le sang de chaque individu et permet de déterminer 4 groupes sanguins.

ACTIVITÉS D'APPRENTISSAGE

1 • Mettez en évidence les différents traitements physiques auxquels est soumis le sang du donneur et précisez leur but.

2 • Á partir du dessin humoristique ci-dessus, énumérez les règles de la transfusion sanguine.

3 LA CIRCULATION SANGUINE

❶. Principe

Petite circulation

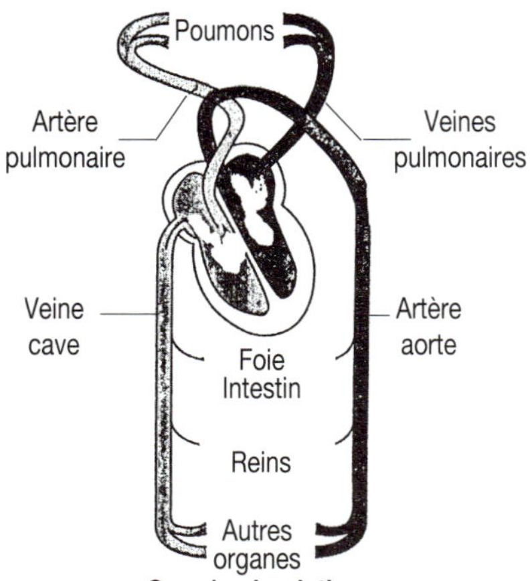

Grande circulation

Des kilomètres de vaisseaux sanguins de petit calibre, ramifications de canaux importants, partant du cœur ou y aboutissant, assurent la circulation du sang dans le corps.

Le sang effectue dans l'organisme un double circuit :

— la petite circulation ou circulation pulmonaire ;

— la grande circulation ou circulation générale.

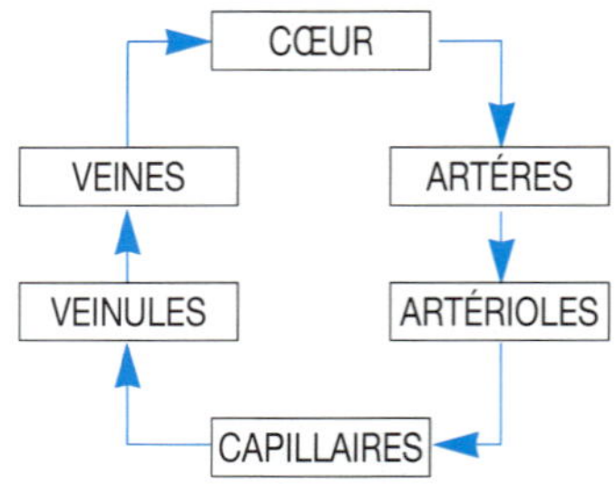

❷. Le cœur

Anatomie

Masse rouge conique de la grosseur d'un poing (300 g). Fonctionne sans cesse comme une pompe.

Muscle, le myocarde :

4 cavités : chaque côté du cœur possède une chambre supérieure, l'oreillette, et une chambre basse plus grande, le ventricule.

L'oreillette et le ventricule communiquent par des valvules qui empêchent le retour du sang.

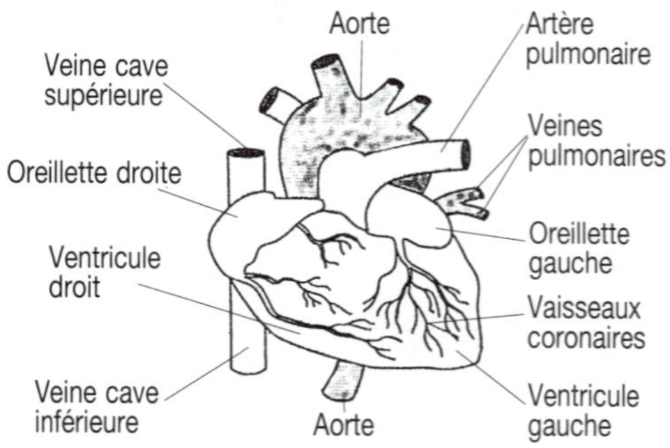

Le cœur vu de face

Fonctionnement

Le côté droit reçoit le sang partiellement dépourvu d'oxygène venant des zones éloignées du corps, par les veines caves, et l'envoie dans les poumons par l'artère pulmonaire.

Le côté gauche reçoit le sang oxygéné des poumons, par les veines pulmonaires, et l'expédie dans l'organisme entier par l'artère aorte.

Le muscle cardiaque est approvisionné en sang oxygéné par les vaisseaux coronaires.

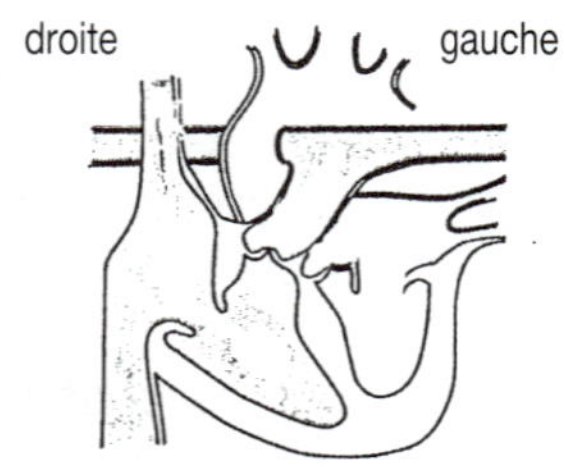

Afflux sanguin.
Quand le cœur se relâche, le sang entre dans les 2 oreillettes, puis les ventricules.

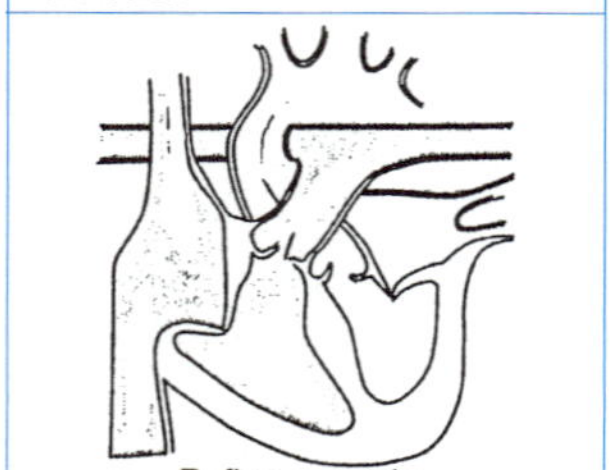

Reflux sanguin.
Quand le cœur se contracte, le sang est chassé des ventricules vers les artères.

ACTIVITÉS D'APPRENTISSAGE

1 • À partir des informations précédentes et du schéma général de la grande circulation, complétez ce schéma en faisant figurer par des flèches le trajet du sang dans l'organisme humain.

2 • Précisez les caractéristiques de chacun des principaux vaisseaux sanguins.

3 • Complétez les deux schémas illustrant le fonctionnement du cœur et qui représentent une coupe des cavités du cœur et des vaisseaux :

- indiquez par des flèches le sens de circulation du sang ;
- nommez les principaux vaisseaux.

L'essentiel

1 LE SANG

	CONSTITUANTS DU SANG	FONCTIONS
55%	**Plasma :** Liquide de couleur jaune contenant • l'eau et les éléments nutritifs → • les déchets tels que l'urée - l'acide urique • les anticorps → • le fibrinogène →	nourrit la cellule débarrasse la cellule lutte contre les maladies aide à la coagulation
	Les plaquettes 300 000 / mm³ de sang  → Plaquettes	empêchent les hémorragies, favorisent la cicatrisation des plaies
2%	**Les leucocytes ou globules blancs** • 7 000 / mm³ de sang • vivent 3 à 4 mois • cellules à noyau de différentes formes →  Neutrophile Basophile Acidophile Polynucléaire Lymphocyte	protègent contre l'infection ; certains absorbent et digèrent les microbes, c'est la phagocytose ; d'autres fabriquent les anticorps qui neutralisent les poisons fabriqués par les microbes.
43%	**Les hématies ou globules rouges** • 4 à 5 000 000 / mm³ de sang • vivent 3 à 4 mois → • cellules sans noyau constituées d'hémoglobine.	transportent l'oxygène et le dioxyde de carbone.

2 LE DON DU SANG

Qui peut donner ?
Toute personne âgée de 18 à 60 ans.
5 fois par an pour les hommes
3 fois par an pour les femmes
(délai minimum de 2 mois entre chaque don)
Donner son sang est pratiquement indolore
Á quoi va servir votre sang ?

Durée de la prise :
6 à 8 minutes.

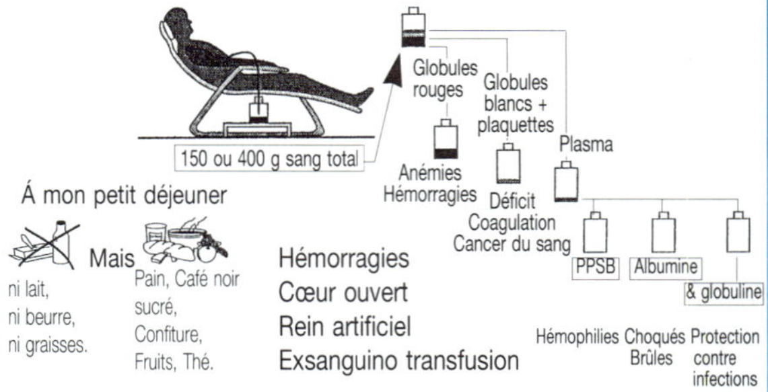

3 LA CIRCULATION SANGUINE

LES PRINCIPAUX VAISSEAUX

NATURE	CARACTÉRISTIQUES	RÔLE
LES ARTÈRES	Parois musclées, épaisses et élastiques ; se dilatent au passage du sang.	Assurent le transport du sang, du cœur aux organes. ex. : artère aorte
LES VEINES	Parois minces, munies de valvules à sens unique. Parallèles aux artères, elles sont cependant plus nombreuses.	Ramènent le sang des organes au cœur. ex. : veines caves
LES CAPILLAIRES	Vaisseaux de la grosseur d'un cheveu, à paroi mince unicellulaire traversée par l'eau, le glucose, les leucocytes.	Assurent la liaison entre veinules et artérioles ; permettent les échanges entre le sang et les tissus.

4 LES ACCIDENTS DU SYSTÈME VASCULAIRE

CONDUITE Á TENIR EN CAS D'HÉMORRAGIE EXTERNE

1er GESTE : AU NIVEAU DE LA PLAIE
- Compression directe sur la plaie
- Appliquer un pansement compressif de fortune

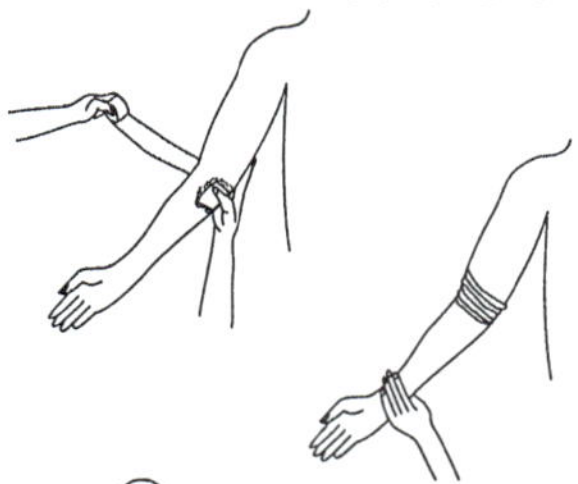

Pansement compressif

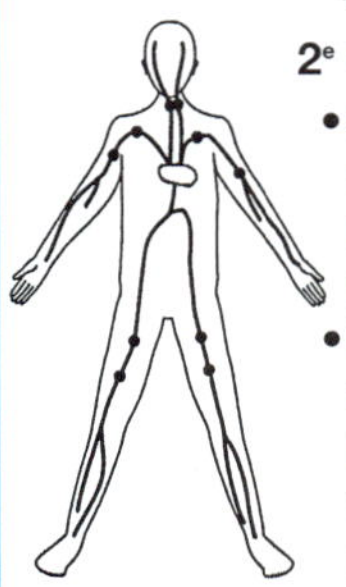

Points de compression des principales artères

2e GESTE : Á DISTANCE DE LA PLAIE
- Si l'hémorragie persiste, malgré la compression, il faut exercer une compression indirecte, à un point de compression situé entre la plaie et le cœur.
- La maintenir jusqu'à l'arrivée des secours.

En raison des graves inconvénients qu'il peut présenter, mieux vaut ne pas poser de garrot, sauf si le membre est sectionné.

Les mots croisés du sang

Á partir des définitions proposées, remplir la grille de mots croisés.

1) Injection lente et continue de sérum
2) Tissu liquide
3) Plasma privé de son fibrinogène
4) Macro-molécule protidique présente dans le sang
5) Aide à colmater les brèches
6) Longtemps pratiquée comme remède à bien des maux
7) Agent efficace de lutte contre l'agresseur
8) Dangereuse quand elle devient trop forte
9) A des problèmes de coagulation
10) Cellule sanguine
11) Peut obturer des vaisseaux
12) Ne permet aucune incompatibilité
13) Célèbre facteur
14) Se déposer en couches
15) Moyen de transport
16) Assure l'arrêt d'une hémorragie
17) Éclatement de globules rouges
18) Agent de transport de l'oxygène
19) Rassembler en masse
20) Rouge ou blanc
21) Permet de stopper une hémorragie
22) Milieu de vie des cellules du sang
23) Aussi fin qu'un cheveu
24) Contribue à former le caillot

(Document CITEDOC. Le sang des hommes. Cité des Sciences et de l'Industrie)

Santé

13 L'ENVIRONNEMENT ET L'HYGIÈNE CORPORELLE

Notre environnement est en constante transformation. Il place l'homme dans des situations nouvelles auxquelles il doit s'adapter. L'habitation, élément important du cadre de vie, n'échappe pas à cette mutation. Aussi, avant de faire un choix, est-il important de s'interroger sur les critères d'hygiène du logement :

– est-il situé près d'une source de bruits (route, voie ferrée, aéroport) ? ou de pollution (usine) ?

– y-a-t-il des commerces à proximité ?

– est-il correctement exposé ? chauffé ? éclairé ? etc.

Il est important d'appliquer dans l'habitation un ensemble de règles touchant à l'esthétique, au confort, au chauffage, à l'éclairage, à l'isolation phonique, afin d'assurer le bien-être de ses occupants.

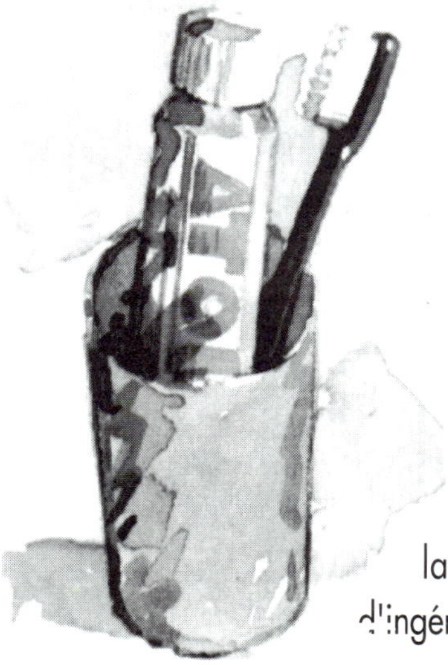

Où il y a de l'hygiène, il y a la santé.

Il est important, chaque jour, de s'occuper de son corps en faisant une toilette soigneuse, en se brossant les dents... De même, il est primordial de se laver les mains avant de manger ou de cuisiner pour éviter d'ingérer des microbes.

(Fondamental, octobre 1992)

COMPÉTENCES

1 - Appréhender une situation dans sa globalité

- Prévoir l'éclairage dans une pièce d'habitation : emplacement, nature et puissance des sources lumineuses.

2 - S'impliquer dans une démarche de prévention

- Après avoir énuméré les sources de bruit de votre logement, trouver des mesures pratiques pour améliorer le confort acoustique.

1 HYGIÈNE DU MILIEU ENVIRONNANT

L'habitation est le lieu où on abrite sa vie personnelle, familiale, où on accueille des amis ; il convient donc que ce soit un cadre agréable et confortable.

La notion de confort, bien que subjective, dépend de plusieurs paramètres, dont notamment la lumière et le bruit.

❶ La lumière

Les milieux médicaux affirment qu'un éclairage suffisant en qualité et en quantité est aussi nécessaire à la santé qu'une bonne nourriture ou un air pur.

a) – Un **bon éclairage naturel**, par la lumière solaire est souhaitable. Il est plus agréable, meilleur pour la vue que l'éclairage artificiel.

b) – Un **éclairage artificiel convenable** est aussi nécessaire. Il doit être adapté à la destination de chaque pièce, aux activités qui y sont exercées.

- Il convient de prévoir des niveaux **d'éclairement** différents dans une même pièce :
  - **un niveau** assurant l'éclairage général du local et permettant des déplacements sans risques de heurts ou de chutes ;
  - **un niveau plus élevé** dans chacune des zones où l'on peut être appelé à se livrer à une activité qui requiert une attention soutenue (lecture, couture, écriture...) ;
  - **un niveau intermédiaire**, en quelques points où l'on désire mettre en valeur un élément du décor.

Les sources de lumière artificielle peuvent être :

- ***des lampes à incandescence*** : la lumière est produite par le passage du courant électrique dans un filament :

standard

L'ampoule est remplie d'un gaz inerte argon ou krypton

les ampoules à halogène

Une ampoule à halogène est une ampoule à incandescence dont le gaz de remplissage contient un halogène (iode, brome). L'ampoule éclaire mieux, ne noircit pas et dure plus longtemps (2000 heures). À utiliser impérativement en éclairage indirect.

les ampoules à halogène basse tension

En 6 ou 12 V, elles sont réservées aux spots, pinceaux lumineux, lampes de chevet ou de bureau ; on peut les utiliser en éclairage direct à condition d'être muni d'un verre de protection.

- ***des tubes fluorescents*** : la lumière provient d'une décharge électrique entre deux électrodes, le tube étant rempli de vapeurs de mercure.

❷ le bruit

a) – la situation actuelle

Si le silence est d'or, le bruit, lui aussi a son prix : 25 milliards de francs en frais de santé c'est le lourd tribut que lui verse chaque année notre société. 70 000 accidents du travail, 1,5 % des journées perdues, 20 % des internements psychiatriques sans compter notre consommation record de tranquillisants sont directement imputables à ses excès.

b) – l'escalade des décibels

Le décibel (dB), unité de mesure du niveau sonore, progresse de manière logarithmique. C'est-à-dire qu'il y a beaucoup plus de différence perceptible entre 60 et 70 dB qu'entre 0 et 40 dB. Chaque dizaine de décibels au-delà de 90 dB multiplie la perception du son par 100. Deux bruits de même valeur en décibels, mais de fréquences différentes, ne seront pas perçus de façon égale. Le décibel pondéré – dB(A) – généralement utilisé, prend en compte ce phénomène.

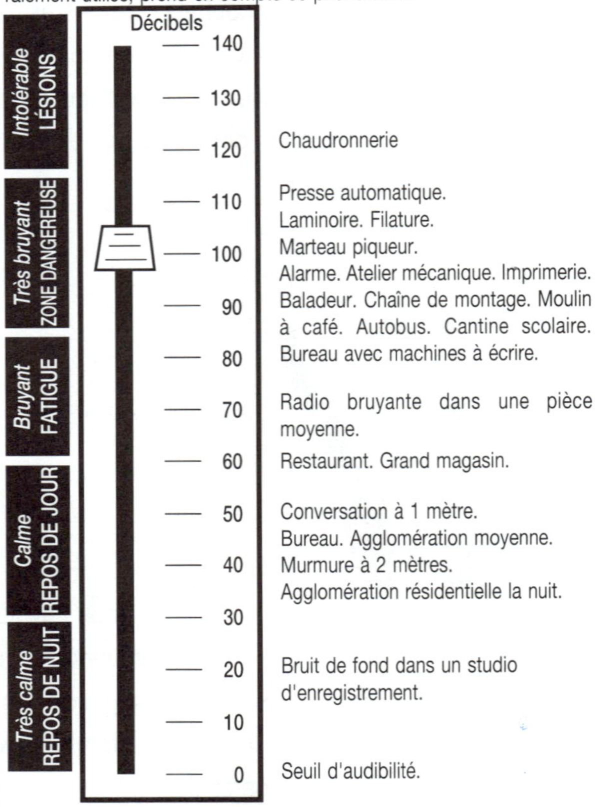

Échelle des bruits

ACTIVITÉS D'APPRENTISSAGE

1 • Dessinez le plan de votre cuisine et de votre chambre et précisez par une croix l'emplacement des sources lumineuses.

2 • Dressez une liste des différents types d'éclairage électrique et précisez leurs particularités.

1 HYGIÈNE DU MILIEU ENVIRONNANT

a) Le bruit au travail

1 salarié sur 3, 1 ouvrier sur 2, se déclarent gênés par le bruit sur leur lieu de travail.
2 milllions de salariés subissent un niveau sonore supérieur ou égal à 85 dB(A) en permanence [pointes à 120 dB(A)].

Le bruit est la cause de :

1 500 surdités professionnelles,
25 % des maladies professionnelles,
50 % du total des indemnisations,
70 000 accidents du travail,
15 % des journées d'absence.

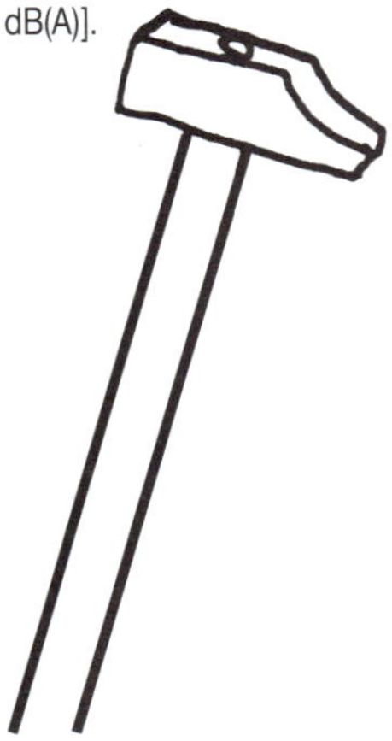

(Extraits de l'Express 22-28 octobre 1992)

b) Enfants

À l'école

- De nombreuses classes ont un niveau sonore égal ou supérieur à 60 dB(A).
- Les cantines scolaires ont un niveau moyen de 85 dB(A).

Loisirs

- Les baladeurs sont trop fréquemment réglés sur 90 dB(A).
- Les discothèques utilisent des dispositifs émettant plus de 110 dB(A).

Conséquences

- Surdité précoce.
- Troubles du langage et de la compréhension.
- Nervosité, violence.

Sur 100 appelés d'un âge moyen de 20 ans, 56 seulement ont une audition normale.

c) La sensibilité du corps

Les 15 000 cellules de l'oreille étant incapables de se régénérer, la surdité peut devenir permanente à la suite d'un bruit très fort – 140 dB(A) – ou après plusieurs années d'exposition à des niveaux de 85 dB(A). Le bruit peut aussi provoquer de l'hypertension artérielle, des troubles gastriques, de l'asthénie ou de graves troubles psychiques (20 % des hospitalisations psychiatriques). Au total, les troubles de santé qu'il cause coûtent environ 25 milliards de francs par an à la collectivité.

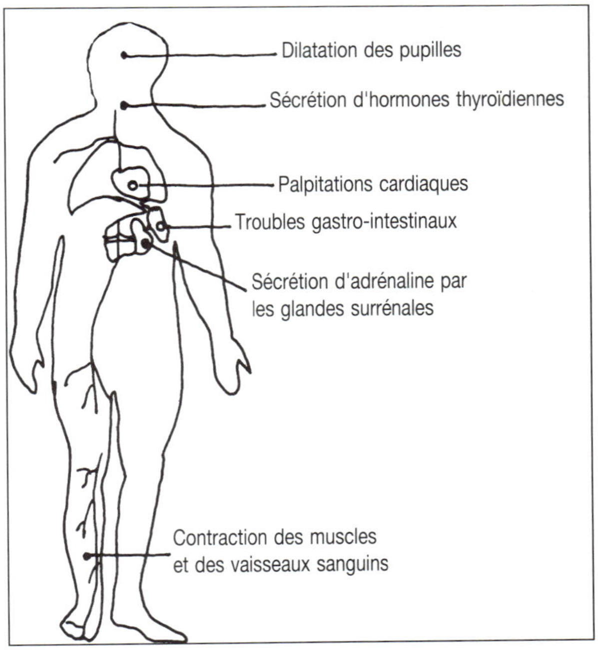

ACTIVITÉS D'APPRENTISSAGE

1 • Énumérez les sources de bruit de votre habitation et de son environnement. Les classer.

2 • Proposez 4 mesures pratiques pour améliorer le confort acoustique de votre logement.

2 HYGIÈNE CORPORELLE

❶ Hygiène de la peau

Trois agressions de la vie quotidienne menacent la peau, qui peuvent hâter son vieillisement et favoriser diverses affections. Il s'agit du soleil, de la pollution et du trio tabac-alcool-stress.

Premièrement, l'excès de soleil : on y est plus ou moins sensible selon la pigmentation de la peau en mélanine, du teint clair au noir, en passant par le teint mat. Cela dit, tout épiderme "mémorise" l'accumulation de rayonnement ultraviolet au long de la vie. Passée une certaine dose, c'est le vieillissement puis parfois la cancérisation (les UV cassent la chaîne d'ADN nécessaire au renouvellement tissulaire et tuent les cellules immunitaires dites "de Langerhans"). Les cancers cutanés sont responsables, en France, de 1 500 décès par an, mais pris à temps, ils sont curables. Les plus graves sont les "mélanomes" qui touchent dix fois plus les populations blanches que les noires. Un bon conseil, donc, mêmes les meilleures crèmes écran (à benzophénone et cinnamates), dont l'indice de protection doit être supérieur à 15, ne dispensent pas de cette précaution élémentaire : éviter le soleil au zénith et la "double exposition". C'est à dire à la fois directe et par réflexion sur l'eau ou la neige. Prudence renforcée pour les moins de quinze ans.

Deuxièmement, pollution aérienne : une récente étude de l'université de Liège constate une augmentation considérable des allergies cutanées, causées par des particules polluantes en suspension dans l'air : solvants (acétone), insecticides, parfums en bombe, mais aussi poussières de nickel et de chrome rejetées par les pots d'échappement. La toxicité de ces métaux lourds – qui peuvent attaquer le noyau cellulaire – a été vérifiée en laboratoire par le Pr Cambar de la faculté de pharmacie de Bordeaux. D'où l'idée de crèmes contenant des "piègeurs" de ces particules.

Troisièmement, enfin, l'alcool et le tabac, entre autres effets nocifs, altèrent les vaisseaux capillaires et augmentent la libération de ce qu'on appelle des "radicaux libres", qui dégradent les cellulles. Le second favorise les rides et donne au visage un teint grisâtre. Quant au stress, dont on connaît mal l'action, il favoriserait la sécrétion sébacée, donc l'apparition d'acné. Une bonne hygiène de la peau peut la rendre plus résistante à toutes ces agressions. Rien ne dit que la consommation tout à fait excessive de produits de beauté – dont les Français(es) sont champions du monde – soit la bonne solution.

(Extrait de la Revue Mutualité N° 198 de mai 1982)

❷ Hygiène dentaire

Comment prévenir...

Vue de l'extérieur, une dent c'est blanc et brillant. Mais sous cet aspect lisse et dur se superposent des couches de tissus qui font qu'une dent est à la fois très résistante et très vulnérable.

En surface on trouve l'émail. C'est le tissu le plus dur de tout notre corps. Sous l'émail translucide, on devine l'ivoire (ou dentine) qui donne sa couleur à la dent. Au centre, la dent est constituée de chair, c'est ce qu'on appelle la pulpe. Traversée de nerfs et de vaisseaux sanguins, la pulpe donne à la dent sa vitalité et cette sensiblilité qui rend la rage de dent si douloureuse. Les dents sont des organes vivants qui s'usent et sont soumis à toutes sortes d'agressions.

La première des agressions provient du milieu buccal lui-même, où des micro-organismes vivent en abondance d'une façon tout à fait normale. Or, si la bouche et les dents ne sont pas entretenues, ces micro-organismes vont proliférer. Peu à peu, ils vont s'associer aux résidus d'aliments mal éliminés pour former un film très fin qui va recouvrir les dents : c'est la plaque dentaire. Elle se forme après chaque repas. Et, si l'on ne vient pas la déloger, elle va assimiler les sucres provenant des aliments pour produire des acides qui attaquent l'émail. Un schéma qui conduit tout droit à la carie.

Brosse à dents : changer tous les 3 mois.

Pour décoller la plaque dentaire, on n'a rien inventé de mieux que la brosse à dents. A utiliser après chaque repas ou au moins deux fois par jour, après le petit déjeuner et avant le coucher. Le brossage du soir est de loin le plus important car, si vous l'oubliez, les bactéries auront toute la nuit pour s'en prendre à vos dents. Pour plus d'efficacité, utilisez de préférence une brosse avec des brins synthétiques. Le poil animal et les soies naturelles sont d'une qualité très variable et trop agressifs pour la gencive. Une brosse a dents à une durée de vie d'environ 3 mois. Quand les poils se cassent, se ramollissent ou se déforment, il faut la changer. Pour le dentifrice, ni trop, ni trop peu.

Toujours du rouge vers le blanc.

En ce qui concerne la méthode de brossage, vous avez le choix entre le mouvement circulaire qui consiste à dessiner des ronds tout au long des dents et la méthode dite "au rouleau" : on incline la brosse à 45° au ras de la gencive et on balaie ainsi la dent ; toujours du rouge vers le blanc et au minimum durant deux minutes. Utilisez toujours une brosse sèche : l'eau ramollit les brins et dilue les principes actifs du dentifrice. Quant aux brosse électriques, leur principal avantage est d'avoir un mouvement toujours identique quelle que soit leur position ou leur localisation dans la bouche. De plus, la tête, toujours petite, permet de nettoyer des zones difficiles à atteindre.

À partir de 30–35 ans, les interstices deviennent plus difficiles à nettoyer. Les chirurgiens-dentistes préconisent alors l'emploi du fil dentaire, en remplacement de l'ancestral cure-dent. vous pouvez également utiliser un hydro-propulseur. Le principe consiste à projeter de minces jets d'eau entre les dents afin de déloger les débris d'aliments et les résidus de plaque dentaire. Cet appareil, particulièrement recommandé aux porteurs de prothèses fixes, améliore aussi la circulation sanguine au niveau gingival.

(Dossier Familial n°192)

ACTIVITÉS D'APPRENTISSAGE

1 • Quelles sont les agressions qui menacent la peau ? Comment peut-on y remédier ?

2 • Comment se forme la plaque dentaire ?

3 • Quel est le rôle du sucre dans les caries ?

L'essentiel

1 HYGIÈNE DU MILIEU ENVIRONNANT

L'éclairage

Pourquoi ?

Permettre toute activité à toute heure de la journée
- sans effort d'accommodation visuelle
- sans fatigue
- dans une ambiance agréable

Comment ?

En respectant les exigences fondamentales :
- niveau d'éclairement suffisant
- éclairage non éblouissant sans zones d'ombres gênantes sur les plans de travail

Le confort acoustique

Pourquoi ?

Le bruit :
- dégrade notre appareil auditif
- perturbe notre sommeil
- provoque des troubles de l'attention
- accroît la fatigue
- développe notre agressivité

Comment ?

- en se protégeant des bruits extérieurs par une isolation phonique dans la construction et l'aménagement du logement
- en s'efforçant dans le mode de vie de réduire les sources de bruit

Le chauffage

Pourquoi ?

Pour donner à l'air :
- une température suffisante ; uniforme
- un taux d'humidité correct

Comment ?

Par un chauffage :
- adapté aux besoins
- aussi économique que possible
- hygiénique
- sans danger

2 HYGIÈNE CORPORELLE

❶ La peau

Elle doit être débarrassée quotidiennement des déchets et des sécrétions

douche / ***bain***

stimulante

• eau à 36-37 °
• savon neutre

relaxant

• Les déodorants suppriment les odeurs de transpiration ou les préviennent ; certains régularisent et freinent la transpiration.

Elle peut faire l'objet de soins particuliers grâce aux produits cosmétiques qui selon leur composition jouent des rôles particuliers :
• assurer l'hydratation de l'épiderme
• maintenir la souplesse
• normaliser les sécrétions excessives
• calmer certaines irritations dues aux agressions extérieures

❷ Les cheveux

Brossés et peignés chaque jour, ils sont lavés régulièrement avec des shampoings non irritants

❸ Les dents

Lavage après chaque repas si possible, au minimum matin et soir

Les bruits de la ville

Il ne faudrait pas croire que rien n'a été entrepris pour améliorer notre environnement sonore. Au contraire, les Pouvoirs publics, par voie de réglementation et la mise en place d'équipements adaptés, se sont attachés à réduire les bruits les plus criants de nos cités modernes :

– routes, voies férrées, aéroports : depuis 1978, les riverains ne doivent pas "encaisser" plus de 65 dB(A). D'où la génération des murs anti-bruits (50 000 m^2 ont été édifiés), le renforcement de l'isolation des façades des immeubles, l'utilisation de revêtements routiers moins sonores ;

– autos, motos, mobylettes : les pots d'échappement doivent obligatoirement être munis d'un silencieux, et conformes à des normes acoustiques précises. Les adeptes de l'échappement libre encourent une amende de 450 F... Si la police arrive à les rattraper ! De même, les systèmes d'alarme obéissent à des règles : pas plus de 110 dB seulement pendant 30 secondes d'affilée. Déclenchements intempestifs : gare à l'amende de 600 à 900 F !

– ateliers, usines, exploitations agricoles : installations classées régies par la loi du 19 juillet 1976, leur activité est soumise à autorisation préfectorale accordée sous réserve, entre autres nuisances, de ne pas troubler la tranquillité des riverains ;

– cafés, restaurants, discothèques : ils n'entrent pas dans la catégorie des établissements classés mais doivent prendre toutes précautions utiles pour ne pas déranger le voisinage, sous peine d'amende de 300 à 600 F, et de 1 200 F en cas de récidive ;

– chantiers : marteaux-piqueurs, bulldozers, excavatrices, camions-bennes... symphonie urbaine bien connue des habitants des quartiers en rénovation. Là aussi il y a des progrès : la plupart des engins de chantier se sont vus imposer des normes de bruit régulièrement contrôlées par les services des DDE et des DDASS. Les horaires de travail sont eux aussi réglementés afin de réduire la gêne pour les riverains ;

– habitat : pour les constructions nouvelles, l'arrêté du 14 juin 1969 fixe les niveaux sonores à ne pas dépasser pour chaque pièce d'un appartement ou d'une maison : 35 dB(A) dans les pièces principales, 38 dB(A) dans les salles d'eau ; quant aux bruits d'impact, ils ne doivent pas excéder 70 dB(A), l'isolation des planchers étant en principe prévue et réalisée en conséquence.

Si les bruits de la ville se font (un peu) moins entendre, restent les bruits de voisinage, ceux que font les autres, qui représentent les trois quarts des plaintes déposées chaque année. Mais les autres, c'est peut-être nous. Sommes-nous sûrs, à un moment ou à un autre, de ne jamais gêner le repos du voisin ? La lutte contre le bruit passe certainement par la nécessité de réapprendre les règles de savoir-vivre et de bon voisinage. La liberté de faire du bruit s'arrête là où commence le respect de la tranquillité d'autrui.

Les armes légales

Le téléviseur du voisin hurle jusqu'à des heures indues, son fils prend des cours de saxophone et son chien ne cesse d'aboyer. Quels sont vos recours ?

• Troubles de voisinage.

Avant toute autre démarche, essayez de résoudre le problème à l'amiable, avec diplomatie. Impossible de rétablir l'entente cordiale ? Relisez les dispositions du décret du 5 mai 1988 (J.O. du 9 juillet). Elles permettent de réprimer à la fois l'usage abusif de la chaine hi-fi, l'utilisation d'une tondeuse à gazon non homologuée en dehors des horaires autorisés, les aboiements intempestifs. Adressez-vous en priorité à la mairie. La police, la gendarmerie, les services de DDASS sont habilités à effectuer des contrôles à l'aide de sonomètres pour constater le niveau d'émergence du bruit (différence entre les bruits émis et les bruits ambiants). Le fautif sera mis en demeure de rétablir, l'affaire se traitera en justice.

• Tapage nocturne.

Sont ainsi qualifiées les atteintes à la tranquillité publique provenant, de nuit, de la voie publique ou des appartements voisins (pas forcément après 22 h !). Alertez la police ou la gendarmerie.

• Contrôle de l'isolation phonique.

Propriétaire d'un logement construit après 1970, demandez à un laboratoire agréé par la DDE (Direction Départementale de l'Équipement) d'en vérifier la conformité aux normes acoustiques définies par l'arrêté du 14 juin 1969. Si ce n'est pas le cas, vous avez 6 mois pour vous retourner contre le promoteur. Le locataire peut aussi sommer son propriétaire de procéder aux travaux d'insonorisation nécessaires afin de lui garantir une jouissance paisible du logement, conformément à l'article 1179 du Code civil. Son refus peut justifier la résiliation du bail.

(Le Particulier Pratique n°156)

Santé

14 LA PROTECTION SOCIALE

Maladie, accident, perte d'emploi ; cela n'arrive pas qu'aux autres. Nous sommes tous exposés, au cours de notre existence, à un certain nombre de risques ou d'événements qui peuvent réduire considérablement nos ressources et accroître nos dépenses.

Ces risques peuvent être couverts par une assurance, mais ne pourront l'être convenablement que par les assurés ayant les moyens de payer des cotisations élevées.

C'est pourquoi les Pouvoirs publics ont instauré des régimes de protection sociale basés sur ***la solidarité***.

Tout le monde connaît ***la Sécurité Sociale***. Créée en 1945, elle avait pour mission, à l'origine, de garantir les travailleurs et leurs familles contre les risques sociaux.

Elle a été généralisée en 1978 à l'ensemble des citoyens, mais il existe de nombreux régimes différents : le régime général applicable aux salariés du secteur privé, les régimes spéciaux (agriculteurs, pêcheurs, militaires, etc.) et les régimes particuliers (fonctionnaires, étudiants, etc.).

La Sécurité Sociale couvre les risques de maladie, d'accidents du travail, la famille (prestations familiales) et la retraite (assurance vieillesse).

Le risque chômage est un régime financé par les employeurs et les salariés, avec une participation de l'État.

COMPÉTENCES

1 - Effectuer des démarches

- Remplir une feuille d'assurance maladie.
- S'inscrire à l'A.N.P.E.

2 - S'impliquer dans une démarche de prévention

- dresser un inventaire des divers régimes de protection sociale.

1 L'AFFILIATION À LA SÉCURITÉ SOCIALE

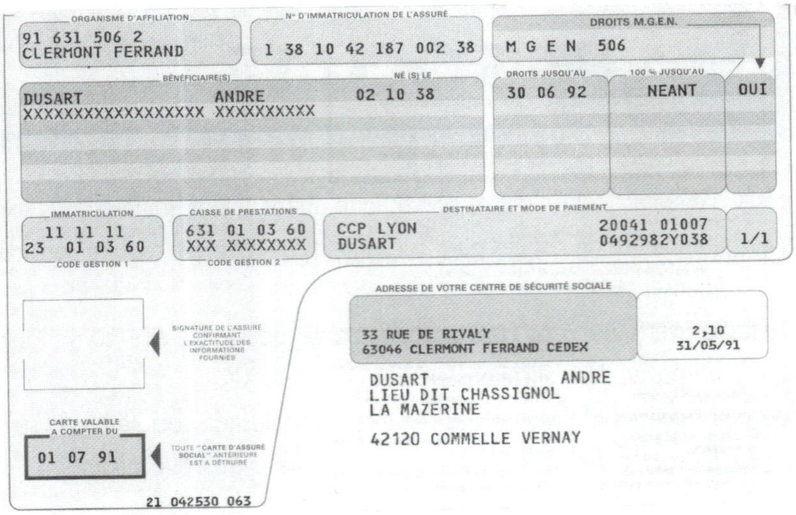

ORGANISME D'AFFILIATION
91 631 506 2
CLERMONT FERRAND

N° D'IMMATRICULATION DE L'ASSURÉ
1 38 10 42 187 002 38

DROITS M.G.E.N.
M G E N 506

BÉNÉFICIAIRE(S) — NÉ (S) LE
DUSART ANDRE 02 10 38
XXXXXXXXXXXXXXXXXX XXXXXXXXXX

DROITS JUSQU'AU: 30 06 92
100 % JUSQU'AU: NEANT
OUI

IMMATRICULATION
11 11 11
23 01 03 60
CODE GESTION 1

CAISSE DE PRESTATIONS
631 01 03 60
XXX XXXXXXXX
CODE GESTION 2

DESTINATAIRE ET MODE DE PAIEMENT
CCP LYON 20041 01007
DUSART 0492982Y038
1/1

ADRESSE DE VOTRE CENTRE DE SÉCURITÉ SOCIALE
33 RUE DE RIVALY
63046 CLERMONT FERRAND CEDEX
2,10
31/05/91

SIGNATURE DE L'ASSURÉ CONFIRMANT L'EXACTITUDE DES INFORMATIONS FOURNIES

DUSART ANDRE
LIEU DIT CHASSIGNOL
LA MAZERINE
42120 COMMELLE VERNAY

CARTE VALABLE A COMPTER DU
01 07 91

TOUTE "CARTE D'ASSURÉ SOCIAL" ANTÉRIEURE EST A DÉTRUIRE

21 042530 063

Décomposition du numéro d'immatriculation de l'assuré

Homme / Femme	1 / 2	Année de naissance	Mois de naissance	Département de naissance	N° de la commune	N° d'ordre d'inscription

Le n° 187 correspond à la commune : "ROANNE"

La carte d'assuré social

Ce document comporte toutes les informations nécessaires à votre identification et à celle de vos ayants-droit, à la justification de vos droits ainsi que les numéros et adresse du centre de paiement auquel vous devez adresser toutes vos demandes de remboursement de soins.

Sur présentation de votre carte d'assuré social vous pouvez, dans certaines situations, être dispensé d'avoir à faire l'avance des frais, dans le cadre d'accords passés entre votre caisse d'assurance maladie et les établissements de soins (publics ou privés), les pharmaciens, les ambulanciers...

Aussi, il est indispensable que vous soyez toujours en possession de votre carte d'assuré social afin de pouvoir la présenter automatiquement lorsque, en cas de maladie, elle vous est réclamée.

La durée de la validité de la carte d'assuré social est précisée sur le document. En tout état de cause, elle est renouvelée lors de chaque modification de votre situation familiale ou personnelle ayant une incidence sur vos droits aux prestations.

Lorsque vous recevez une nouvelle carte d'assuré social, vous devez détruire la précédente ; seule la plus récente doit être conservée.

ACTIVITÉS D'APPRENTISSAGE

1 • Quelle est l'utilité de la carte d'assuré social ? Avez-vous ce document ?

2 • Reconstituez votre propre numéro de sécurité sociale.

3 • Êtes-vous pris en charge par la sécurité sociale ? À quel titre ?

2 LES PRESTATIONS DE LA SÉCURITÉ SOCIALE

LES PRESTATIONS DE LA SÉCURITÉ SOCIALE

(C.N.A.M.T.S.)

Pour chaque risque, les bénéficiaires de l'Assurance sociale peuvent (sous certaines conditions) recevoir des prestations en nature ou en espèces. Nous avons rassemblé ici les plus courantes (votre centre de Sécurité sociale se tient à votre disposition pour tout renseignement).

LA MALADIE

Pour les ***prestations en nature***, le ticket modérateur est variable, selon la nature des prestations :

MALADIE exemples de remboursements		
	Taux de remboursement	*Ticket modérateur*
Honoraires médicaux	75 %	25 %
Médicaments vignette bleue	40 %	60 %
Médicaments spécialisés coûteux	100 %	0 %
Médicaments vignettes blanches	70 %	30 %

L'assurance maladie donne également le droit à des ***prestations en espèces***. Il s'agit de l'indemnité journalière égale à 50 % du gain journalier, qui est, comme un salaire, soumise à l'impôt sur le revenu. Durée maximum de versement : 3 ans. Elle est versée au seul assuré et due pour chaque jour de la semaine.

LA MATERNITÉ

Prestations en nature

Prise en charge à 100 % des honoraires et frais médicaux et de la pharmacie (liés à l'accouchement), frais de séjour, examens pré et post-nataux pour la mère et l'enfant.

Prestations en espèces

Indemnités journalières, réservées à l'assurée : 84 % du gain journalier de base.

Congé de maternité : 6 semaines avant et 10 semaines après l'accouchement.

Renseignez-vous (Certaines conventions collectives accordent des congés de maternité plus importants).

L'INVALIDITÉ

Prestations en espèces

Il s'agit d'une pension qui varie selon la catégorie. Elle est cumulable avec l'allocation chômage.

- 1e catégorie (inaptitude à exercer un travail) : 30 % du salaire annuel moyen.
- 2e catégorie (incapacité d'exercer une profession) : 50 % du salaire annuel moyen.
- 3e catégorie (obligation d'avoir recours à une tierce personne) : 50 % + majoration pour tierce personne

Prestations en nature

Droit aux prestations en nature de l'assurance maladie (sans limitation de durée) et de l'assurance maternité.

ACCIDENTS DU TRAVAIL

Prestations en nature

Prise en charge à 100 %, pas d'avance de frais, pas de forfait hospitalier.

Prestations en espèces

Indemnités journalières : 50 % du gain journalier pendant 28 jours, 2/3 après. En cas d'incapacité, versement d'une rente calculée en fonction du taux d'incapacité et des salaires des 12 mois ayant précédé l'arrêt de travail.

LE CAPITAL DÉCÈS

Cette assurance décès garantit aux proches de l'assuré le versement d'une indemnité. Le montant du capital décès est égal à 90 fois le gain journalier de base. Il ne peut être inférieur à un minimum égal à 1 % du plafond annuel de la Sécurité Sociale (soit 1 296 F), ni supérieur à un maximum égal au quart de ce plafond (soit 32 400 F). Il correspond en règle générale aux 3 derniers salaires mensuels.

De nombreuses mutuelles prennent en charge une partie du ticket modérateur et offrent à leurs membres des prestations complémentaires.

ACTIVITÉS D'APPRENTISSAGE

1 • Quelle est la différence fondamentale entre une prestation en nature et une prestation en espèces ? Donnez des exemples concrets.

2 • Pourquoi y-a-t-il un ticket modérateur ? Comment peut on y remédier ?

3 L'INDEMNISATION DU CHÔMAGE

Depuis le 1er avril 1984, on distingue :
- Le régime d'assurance chômage financé par la cotisation des entreprises et des salariés.
- Le régime de la solidarité nationale qui prend en charge les chômeurs ne remplissant pas les conditions pour bénéficier de l'assurance chômage. L'ensemble des allocations est versé par un guichet unique : les A.S.S.E.D.I.C.

Quelles sont les aides accordées par l'assurance chômage ?

L'assurance chômage attribue 2 allocations : l'allocation de base et l'allocation de fin de droits.
Celles-ci s'adressent :
- aux salariés licenciés,
- aux salariés arrivés au terme d'un contrat de travail à durée déterminée,
- aux salariés démissionnaires pour un motif légitime, à condition qu'ils aient travaillé au moins pendant trois mois avant la mise au chômage.

Quelles sont les aides accordées par le régime de la solidarité nationale ?

Le régime de la solidarité nationale indemnise :
- les personnes sortant de prison : allocation d'insertion,
- les chômeurs de longue durée n'ayant plus droit aux allocations de l'assurance chômage : allocation de solidarité.

Les bénéficiaires de l'une de ces allocations peuvent cumuler l'exercice d'une activité professionnelle réduite avec le versement de leur indemnité chômage, tant qu'ils n'ont pas travaillé plus de 750 heures au total, depuis le versement de leur allocation.
Toutefois, cette limite peut être dépassée pour les chômeurs inscrits à l'A.N.P.E. depuis plus de 3 ans et les chômeurs âgés de 50 ans ou plus ou bénéficiaires du R.M.I. inscrits à l'A.N.P.E. pendant au moins 12 mois dans les 18 mois précédant le cumul.
L'allocation de chômage sera réduite de la moitié du salaire perçu.

Combien de temps un chômeur peut-il être indemnisé par l'assurance chômage ?

L'assurance chômage fixe une durée maximum d'indemnisation (toutes allocations confondues) qui dépend de l'âge du chômeur au moment de la rupture du contrat de travail et de la durée de travail effectué auparavant.
- 3 mois de travail : 3 mois d'indemnisation,
- 6 mois de travail (moins de 50 ans) : 1 an et 3 mois,
- 6 mois de travail (plus de 50 ans) : 1 an et 9 mois,
- 1 an de travail (moins de 50 ans) : 2 ans et 6 mois,
- 1 an de travail (plus de 50 ans) : 3 ans et 9 mois,
- 2 ans de travail (plus de 55 ans) : 5 ans.

Certains chômeurs ayant épuisé leur droit à l'assurance chômage, peuvent bénéficier de l'allocation de solidarité.

Bon à savoir

Les chômeurs âgés de 58 ans 1/2, peuvent dépasser ces limites et toucher leur allocation jusqu'à l'âge de la retraite à condition :
- d'être au chômage depuis plus d'un an,
- d'avoir cotisé pendant au moins 12 ans à la Sécurité Sociale,
- de justifier d'1 année continue (ou 2 années discontinues) d'appartenance au régime de l'assurance chômage au cours des 5 années précédant la mise au chômage.

Quels sont les motifs de démission considérés comme légitimes par l'A.S.S.E.D.I.C. ?

Il appartient au directeur de l'A.S.S.E.D.I.C. ou, si la cas mérite discussion, à une commission spéciale (composée d'employeurs et d'employés) de décider si le motif peut être ou non considéré comme légitime.
Sont toujours considérés comme légitimes :
- le mariage entraînant un déménagement (le conjoint habitant une autre région),
- la mutation du conjoint ou concubin.

Sont généralement reconnus comme légitimes :
- une maladie de longue durée,
- le départ effectué pour suivre à l'extérieur une formation professionnelle qui a été refusée par l'entreprise,
- la déqualification professionnelle : changement de poste, diminution du salaire, etc.

Peuvent être reconnues légitimes après enquête :
- les démissions pour cause de litige entre l'employeur et l'employé (généralement il s'agit d'incompatibilité de caractères).

Où s'adresser ?

À l'A.S.S.E.D.I.C. qui dessert le domicile (adresse donnée à l'A.N.P.E.).

(Documentation A.N.P.E.)

ACTIVITÉS D'APPRENTISSAGE

1 • À qui faut-t-il s'adresser pour percevoir les allocations de chômage ?

2 • Établissez un inventaire des aides versées au titre de l'indemnisation du chômage, en distinguant le régime de l'assurance et celui de la solidarité.

L'essentiel

1 LA SÉCURITÉ SOCIALE

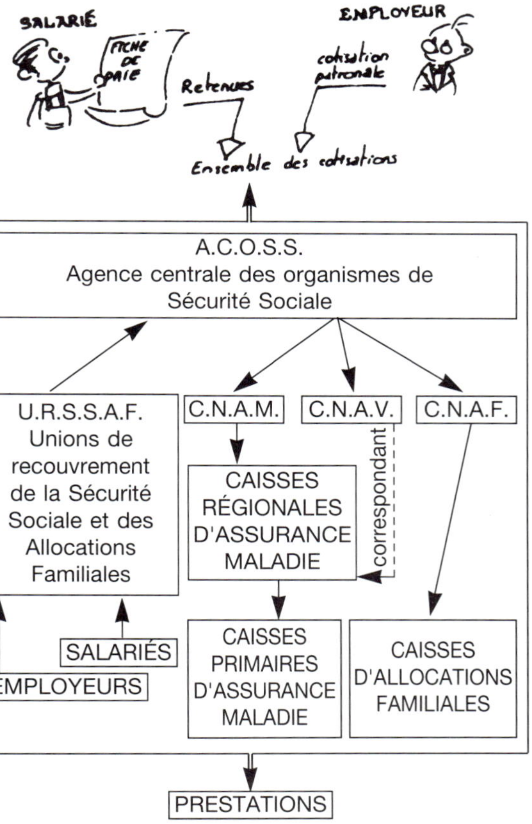

L'assurance maladie

- Elle couvre les dépenses de maladie, de maternité, d'accidents du travail, d'invalidité et du décès.
- Elle verse des prestations en nature (remboursement des frais médicaux) et des prestations en espèces (indemnités journalières et rentes).

Les allocations familiales

- Viennent en aide aux familles auxquelles elles accordent des compléments de ressources.
- Les allocations versées comprennent les prestations familiales, les aides au logement, les allocations postnatales, les aides diverses.

L'assurance vieillesse

- Assure une pension de retraite aux salariés ayant cessé leur activité professionnelle.
- L'assurance vieillesse est le plus souvent complétée par les régimes de retraites complémentaires.

L'employeur doit faire immatriculer à la caisse primaire d'assurance maladie dont il dépend tout salarié non encore immatriculé et déclarer toute embauche nouvelle dans les 8 jours.

Une carte d'immatriculation est alors adressée au salarié, revêtu de son numéro d'immatriculation qui sera définitif.

2 L'AIDE AUX CHÔMEURS

Deux régimes distincts :

a) Le régime d'assurance chômage

Il s'applique à toutes les entreprises du secteur privé. Le régime est financé par des cotisations à la charge des employeurs et des salariés.

Pour percevoir des prestations, il faut être à la recherche d'un emploi et avoir cotisé un certain temps au régime d'assurance chômage. Il faut aussi demander son inscription à l'A.N.P.E. comme demandeur d'emploi et ne pas avoir atteint l'âge de 60 ans.

Deux allocations distinctes et successives sont versées par les A.S.S.E.D.I.C. :

- ***L'allocation de base*** pour ceux qui remplissent les conditions d'indemnisation.
- ***L'allocation de fin de droit*** lorsque l'allocation de base ne peut plus être servie.

Pour les chômeurs bénéficiaires de l'A.S.S.E.D.I.C. à partir de juillet 1992, ces deux allocations sont remplacées par une ***allocation unique dégressive***. Cette allocation diminue progressivement par paliers de 4 mois. La durée d'indemnisation est fonction de la durée d'affiliation (temps de travail) et de l'âge de l'allocataire.

b) Le régime de solidarité

Il est financé par l'État et prend en charge les demandeurs d'emploi dont l'indemnisation ne relève pas du régime d'assurance chômage.

L'assurance complémentaire maladie

Face aux désengagements de la Sécurité sociale dans le domaine des remboursements des frais médicaux, l'utilité de l'assurance complémentaire n'est plus à prouver.
Les systèmes de prévoyance existent depuis longtemps en France et se sont beaucoup développés au cours des 10 dernières années. Différents types d'organismes proposent de la prévoyance :
– les compagnies d'assurances : ces entreprises appliquent le Code des assurances ;
– les mutuelles : elles relèvent du Code de la mutualité ;
– les institutions de prévoyance : elles sont gérées paritairement par les syndicats et le patronat et appliquent soit le Code de la Sécurité sociale, soit le Code rural.
Cette garantie complémentaire n'est en principe pas obligatoire. Toutefois, elle peut le devenir pour les salariés par le biais du droit du travail. En effet, beaucoup d'entre eux sont garantis par un contrat collectif obligatoire souscrit au niveau de l'entreprise.
Ce type de contrat est souvent intéressant financièrement : pour un contrat de groupe, les tarifs sont, d'une part, plus attractifs et, d'autre part, les employeurs prennent en charge, dans la majorité des cas, la totalité ou une partie de la cotisation.
Lorsque le contrat est rendu obligatoire par convention ou accord collectif, par référendum dans l'entreprise, vous n'avez pas la possibilité de refuser l'adhésion même si vous êtes couvert par ailleurs.
Si le contrat est rendu obligatoire par décision unilatérale de l'employeur, vous pouvez refuser d'y adhérer seulement dans le cas où vous êtes salarié de l'entreprise au moment de la mise en place du dispositif ; mais tout nouvel embauché y est soumis.
Ce type de contrat est, par ailleurs, très protecteur, puisque vous bénéficiez des garanties "frais de soins" à vie en tant qu'ancien salarié, retraité, invalide ou privé d'emploi. Ainsi, vous ne vous retrouvez plus privé brutalement de toute couverture complémentaire maladie à la suite d'une rupture du contrat de travail. En revanche, vous devez, après la rupture du contrat de travail, prendre en charge la totalité de la cotisation d'assurance (l'employeur ne participe plus au financement).
Si vous ne bénéficiez pas d'un tel dispositif, vous pouvez toujours adhérer à un contrat facultatif individuel ou collectif (contrat proposé à un groupe de travailleurs indépendants, par exemple).
Pour adhérer à ces contrats facultatifs, vous devez passer l'épreuve de la sélection médicale obligatoire. Après une période probatoire de 2 ans, l'assureur ne peut plus, même en cas de consommation médicale excessive, ni rompre le contrat (sauf pour fausse déclaration au moment de la souscription ou du non-paiement des cotisations), ni réduire les garanties, ni encore augmenter le montant de la cotisation en raison de votre état de santé.
Si l'assureur souhaite augmenter son tarif, la hausse doit être uniforme pour l'ensemble des assurés ou pour une même catégorie d'entre eux. Vous gardez bien sûr votre faculté de résiliation selon les modalités prévues au contrat.
Si, dans le cadre des contrats collectifs obligatoires, vous n'avez pas le choix de vos garanties, il en va tout autrement des contrats à adhésion facultative : soyez vigilant et déterminez le plus sérieusement possible vos besoins en couverture supplémentaire.
Il existe en fait, malgré la multitude des produits proposés, deux grandes catégories de garanties :
– la garantie de base : elle se limite au remboursement par l'assureur du ticket modérateur pour les frais médicaux, chirurgicaux et d'hospitalisation et prend en charge généralement le forfait hospitalier et les médicaments à vignette bleue ;
– la garantie maximale "ticket modérateur plus dépassement" : elle est destinée à couvrir plus amplement les frais insuffisamment remboursés par la Sécurité sociale (notamment prothèses dentaires, lunettes...) ou les frais non pris en charge par la Sécurité sociale (supplément pour chambre seule...) ; elle assure également le remboursement des dépassements d'honoraires pratiqués par certains médecins.
Il va sans dire que cette garantie – plus ou moins complète en fonction des contrats – se paie très cher !

(Le Particulier, Mars 1992).

Environnement 15

L'ENVIRONNEMENT SOCIAL

La ville présente l'avantage d'offrir une gamme d'équipements collectifs répondant aussi aux besoins de la population. La nature de ces équipements dépend en partie de l'importance de la ville, mais aussi des ressources communales et du dynamisme des élus locaux.

ph. © Marc Verhille/Witness

nouveau restaurant scolaire des peupliers

ph. © Catherine Thiebault/Witness

la piscine d'hiver

• **Sur le plan social,** le maire d'une commune a le devoir de se préoccuper de tous les aspects du bien-être de ses administrés : crèches, garderies, aides aux personnes âgées, etc.

• **Sur le plan économique,** les communes créent des structures destinées à aider les citoyens dans leurs démarches de fonction, d'orientation, de création d'entreprises, etc.

• **Dans le domaine des loisirs,** les communes subventionnent les associations sportives, les sociétés musicales, les clubs de danse, etc.

COMPÉTENCES

1 - Effectuer des démarches

- Recueillir des informations sur les structures de loisirs, les possibilités de garde d'en fants, les aides aux personnes âgées.

2 - Appréhender une situation dans sa globalité

- Connaître le rôle des organisations suivantes : A.N.P.E., A.F.P.A., G.R.E.T.A., C.I.O.

1 INFRASTRUCTURE SOCIALE

L'infrastructure sociale doit permettre, par sa diversité, de répondre aux problèmes rencontrés aux différents âges de la vie : garde des jeunes enfants, scolarité et loisirs, logement, aide aux personnes âgées.

Faire garder son enfant

La grande majorité des communes offrent différents types de structures à leurs administrés, permettant de choisir, théoriquement en tous cas, entre un système de garde collectif et individuel. Dans la pratique, le manque de places limite très largement les possibilités de choix.

Vous préférez un mode de garde collectif ?

Inscrivez votre enfant, uniquement si vous travaillez, dans une crèche collective (enfants de trois mois à deux ans et demi), une crèche parentale, s'il en existe une (une crèche collective créée à l'initiative de parents qui assurent sa gestion et son fonctionnement). Si vous ne travaillez pas, mais désirez disposer d'un moment de liberté, une halte-garderie (enfants de moins de six ans) pourra accueillir votre petit.

Vous optez plutôt pour un mode de garde individualisé ?

Adressez-vous à une assistante maternelle indépendante (nourrice), agréée par les services de la Protection Maternelle et Infantile du Conseil général, qui accueillera chez elle votre enfant (de trois mois à trois ans). Intermédiaire entre la crèche collective et la garde à domicile : la crèche familiale. Votre enfant est gardé au domicilie d'une assistante maternelle employée par la crèche, tout en bénéficiant régulièrement d'activités d'eveil de groupe dans les locaux de l'établissement.

Bien vivre sa vieillesse

Aujourd'hui, les pouvoirs publics tentent de favoriser le maintien à domicile des anciens, moins coûteux et moins traumatisant.
Aussi, pour les personnes de 65 ans ou de plus de 60 ans reconnues inaptes au travail, et vivant de façon isolée, les municipalités proposent-elles souvent différents services et aides, favorisant leur maintien à domicile :

L'aide ménagère

Elle concerne les courses ou travaux domestiques. Elle est la plus importante. Il s'agit d'une aide sociale légale.

Portage des repas à domicile

Vous pouvez aussi demander un portage des repas à domicile ou aller manger dans un foyer-restaurant, s'il en existe un près de chez vous.

Le foyer du 3e Age

Son but : Regrouper les personnes âgées, retraitées ou en pré-retraite, organiser des loisirs, travaux d'occupation, lutter contre l'isolement des personnes âgées, les aider à bénéficier de leurs droits.
Pour faire partie de l'association, une obligation : avoir cessé toute activité professionnelle.

Le service de soins à domicile

L'association a pour but d'aider les personnes âgées à vivre chez elles. Pourquoi hospitaliser lorsqu'une aide quotidienne peut être apportée : avec médecin, avec aide ménagère et association ?

Organiser ses loisirs

Le Centre Social des Vertes Feuilles

Au centre, vous trouverez l'activité que vous recherchez :

- Alphabétisation cours de français
- Artisanat
- Bibliothèque
- Coupe et couture
- Ludothèque
- Ping-Pong
- Tricot et crochet

La M.J.C. Maison pour tous

En dehors des activités traditionnelles telles que :

- Couture
- Gymnastique d'entretien
- Aérobic gym rythmique
- Yoga
- Guitare
- Judo
- Jeux de simulation
- Peinture sur soie
- Poterie
- Photo
- Modern'Jazz
- Échecs (C.A.J.E.)
- Marche en campagne

Pour les enfants

Un centre de loisirs le mercredi et pendant les petites vacances

- Danse rythmique
- Théâtre
- Judo

Bibliothèque

avec plus de 4 000 livres

Ludothèque

Location de jeux
La bibliothèque et la ludothèque sont ouvertes les mercredis de 14 h 00 à 18 h 30 et le samedi de 14 h 30 à 17 h 30

Une solution pour se loger :

Le foyer des jeunes travailleurs

Il accueille les travailleurs les plus jeunes, placés hors de la famille à leur entré dans la vie active. En plus du logement et de la restauration, il leur propose des actions socio-éducatives destinées à favoriser leur épanouissement personnel et leur bonne insertion dans la vie sociale.

ACTIVITÉS D'APPRENTISSAGE

Vos plus proches voisins viennent d'emménager dans votre ville. Ils travaillent tous les deux à temps complet et ont trois enfants.

1 • Quelles possibilités précises leur offre votre commune ou votre quartier pour faire garder leur fils de 2 ans et leur fille de 5 ans ?

2 • Quelles structures pour les loisirs peuvent être proposées aux deux aînés âgés de 5 ans et de 12 ans ?

2 INFRASTRUCTURE ÉCOMOMIQUE

Elle doit permettre d'aider, de conseiller et d'orienter lors d'une recherche d'emploi ou d'une création d'entreprise.

Objectif emploi

Depuis quelques années et face à la montée du chômage en France, particulièrement dans certaines régions, les municipalités ont hérité de nouvelles missions : organiser la formation professionnelle pour tous et l'insertion des jeunes.

Les Permanences d'accueil, d'information et d'orientation (PAIO) ont été instaurées dans les communes à la suite de l'ordonnance du 26 mars 1982 relative aux mesures destinées à assurer aux jeunes de seize à dix-huit ans une qualification professionnelle et à faciliter leur insertion sociale.

Les jeunes peuvent y trouver un personnel d'accueil qualifié qui peut les informer sur les formations existantes et les guide vers les organismes ou programmes de formation qui leur conviennent le mieux. Les PAIO ont aussi pour mission de promouvoir des stages d'orientation pour les jeunes qui ne sont pas en mesure de suivre dans l'immédiat une formation véritablement qualifiante, mais qui ont davantage besoin de déterminer leurs choix et désirs professionnels.

Dans les quartiers où les problèmes d'insertion sont particulièrement aigus, ont été mises en place des missions locales. Présidées par le maire de la commune où elles résident et constituées (sous forme d'associations) des représentants des organismes publics (ANPE, GRETA, AFPA...), des partenaires sociaux et des associations spécialisées, elle ont pour fonction de se préoccuper comme les PAIO d'ailleurs, de l'insertion professionnelle des jeunes de seize ans et plus, qui ont quitté l'école et qui ne sont pas titulaires d'un contrat de travail. Elles proposent donc à chaque jeune, désireux de s'insérer, des stages et formations qualifiantes.

Mais, à la différence des PAIO, elles jouent aussi un rôle en matière d'insertion sociale, leur rôle s'entendant au-delà des seules questions professionnelles : logement, loisirs, santé, etc.

Autre structure plus connue de tous : l'Agence locale pour l'emploi (ALE), complétée par des antennes dans les quartiers périphériques des grandes villes et les petites communes avoisinantes.L'ALE est un établissement public mis en place par l'Etat, dans lequel les communes et un particulier les élus ne jouent aucun rôle, si ce n'est de travailler généralement en concertation avec lui.

(Dossier Familial, Mai 1992)

3 INFRASTRUCTURE ASSOCIATIVE

Les associations sont présentes partout dans la vie d'une cité : secteur social, culturel, sportif, commercial, environnement, etc.

La loi du 1er juillet 1901 fixe le cadre juridique des associations déclarées, et les definit :

" L'association est une convention par laquelle deux ou plusieurs personnes mettent en commun, d'une façon permanente, leurs connaissances ou leurs activités dans un but autre que de partager des bénéfices. "

L'association est d'essence contractuelle.

Aucune limite n'est fixée au nombre des associés.

Un intérêt commun et non lucratif lie nécessairement les contractants. le but poursuivi par les membres de l'association doit être précisé dans les statuts. Le bénéfice, dans son principe, n'est pas exclu de l'association. Cependant les bénéfices doivent obligatoirement être affectés aux buts poursuivis par l'association, ainsi les excédents en fin d'exercice sont automatiquement réinvestis dans les activités de l'association.

ACTIVITÉS D'APPRENTISSAGE

1 • Précisez le rôle des différents organismes qui interviennent dans la recherche d'une formation et d'un emploi.

2 • Etablissez une liste d'associations de votre commune dans les différents secteurs de la vie sociale : sports, culture, loisirs, santé, troisième âge, etc.

3 • Citez quelques associations caritatives de renommée nationale et précisez leur but.

L'essentiel

LES RELATIONS SOCIALES

Les relations sociales d'un individu sont multiples.

Les relations du troisième âge
Clubs du troisième âge, foyers, maisons de retraite.

Les jeunes à l'école
Foyers socio-éducatifs, délégués de classe, activités sportives.

Les groupements de jeunes
Maisons des jeunes, bandes, associations culturelles.

La vie associative
Associations culturelles, sportives, caritatives, etc.

Les relations professionnelles
Délégués du personnel, comités d'entreprise, syndicats.

La vie politique
Participation aux élections locales et nationales et exercice des mandats électifs.

Cette diversité permet de disposer d'un équipement social, économique et associatif très dense.

dans le domaine social

- *pour l'accueil des moins de 6 ans :*
  - la halte garderie
  - la crèche collective
  - la crèche parentale
  - la crèche familiale
  - l'assistante maternelle
  - la garde à domicile par une employée
- *pour l'accueil péri-scolaire de 3 à 6 ans :*
  - la garderie péri-scolaire
  - les centres de loisirs
- *pour l'accueil des jeunes :*
  - les foyers de l'enfance, de jeunes.
  - les foyers des jeunes travailleurs
- *pour les adultes*
  - les centres sociaux
- *pour l'accueil des personnes âgées :*
  - les maisons de retraite
  - les foyers logement
  - le maintien à domicile avec : aide ménagère, portage des repas

dans le domaine de l'éducation

- les écoles primaires
- les colléges
- les lycées
- les universités

dans le domaine des loisirs et de la culture

- les installations sportives
- les clubs
- les centres de vacances
- les centres d'animation culturelle
- les théâtres
- les cinémas
- les bibliohèques
- les ludothèques
- les discothèques

dans le domaine des transports

- *les transports collectifs :*
  - bus • tramway • métro • train

dans le domaine économique

- *les services administratifs :*
  - Sécurité Sociale
  - Service du téléphone
  - E.D.F. et G.D.F.
- *les services pour l'emploi :*
  - PAIO
  - ANPE
  - GRETA
  - AFPA

dans le domaine de la santé

- centre hospitalier
- centre de santé

Environnement

16 LE GROUPE FAMILIAL

Faut-il se marier aujourd'hui ? Depuis 20 ans, le nombre de mariages baisse régulièrement, malgré une légère remontée en 1990 et 1991 : 471 000 mariages en 1972, 288 000 en 1990 ; 43 % des premiers enfants naissent hors mariage.

En fait, ce sont les habitudes sociales qui changent ; de nombreux couples cohabitent avant de se marier (80 % en 1992), le premier enfant venant consolider l'union.

LES FRANÇAIS ET LE MARIAGE

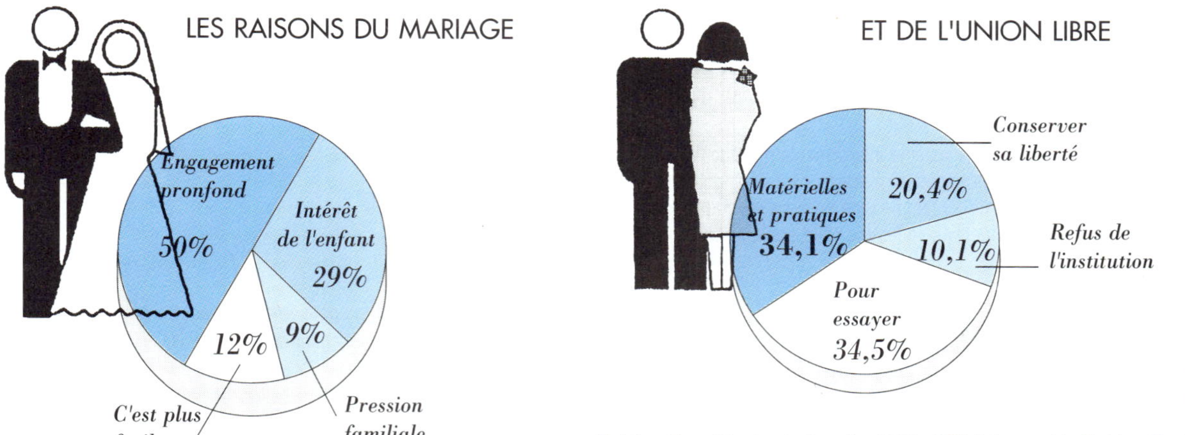

source : Crédoc Enquête Aspiration fin 1989 AFP infographie Patrice Deré

Le concubinage est défini par les tribunaux comme l'état d'un homme et d'une femme qui vivent ensemble sans être mariés ; il ne donne pas cependant les mêmes droits qu'aux époux et les règles de rupture sont totalement différentes.

Cependant, malgré l'évolution des mentalités, la famille reste, dans les sociétés occidentales, le groupe social le plus solide.

L'arrivée d'un enfant au foyer pose le problème de l'autorité parentale ; c'est l'ensemble des droits et des devoirs des parents à l'égard de leurs enfants mineurs.

COMPÉTENCES

1 - Effectuer des démarches

- Se renseigner sur les formalités de mariage.
- Connaître les règles de reconnaissance du concubinage.

2 - Effectuer des choix raisonnés

- Savoir choisir son contrat de mariage.
- Comparer le mariage et l'union libre.

1 LES FORMALITÉS DU MARIAGE

Le mariage civil

Ces formalités étant très bien indiquées dans les mairies, on souligne surtout ici les délais qu'il est prudent d'observer.

■ Où s'adresser ?

A la mairie soit :
• du domicile habituel de l'un ou l'autre des futurs mariés,
• de la nouvelle résidence de l'un des deux si elle date d'au moins 1 mois.
Certaines mairies acceptent que le mariage ait lieu dans la commune de la résidence secondaire des parents.
Pour les mineurs, le domicile dont il est tenu compte est celui des parents.

■ Qui peut se marier suivant la loi française ?

• Toutes personne, de nationalité française ou non, remplissant certaines conditions :
• d'âge : 18 ans pour les hommes, 15 ans pour les femmes. Une dispense peut être obtenue dans certains cas (grossesse, en particulier) : il faut s'adresser au Procureur de la République (joindre un certificat de grossesse).
• de filiation : certains liens de parenté interdisent le mariage
• de situation : s'il y a eu un précédent mariage, ce dernier doit être dissous, depuis 300 jours, pour les femmes (ce délai peut être abrégé par un certificat médical attestant que la femme n'est pas enceinte).

A signaler

Les étrangers peuvent demander un élargissement de la loi française, si celui-ci correspond à la loi de leur pays.

■ Que faut-il faire ?

3 mois avant :

• Se rendre à l'adresse sus-indiquée pour fixer la date du mariage.
• Se renseigner sur les pièces à fournir pour le dossier, en mentionnant les cas particuliers où peuvent se trouver les futurs époux (seuls les cas généraux sont indiqués dans les paragraphes suivants).

1 mois avant :

• Passer une visite médicale (examen prénuptial) chez le médecin de son choix, ou dans un dispensaire. Les résultats de cette visite sont strictement confidentiels et ne sont communiqués qu'à l'intéressé.
• Éventuellement, faire dresser un contrat de mariage devant notaire.

20 jours avant :

• Faire publier les bans.
Pour cela il suffit de donner les 2 certificats médicaux à la mairie choisie pour le lieu de mariage. La mairie se charge elle-même de faire publier les bans dans la mairie du domicile de l'autre futur marié et d'obtenir le certificat de non-opposition.
• En même temps (il n'est pas obligatoire, mais recommandé, de le faire à ce moment-là) :
• Présenter une pièce justificative d'identité (carte d'identité de préférence, à défaut, passeport, permis de conduire ou livret de famille des parents).
• Produire un extrait d'acte de naissance avec filiation. Il doit dater de moins de 3 mois, 6 mois pour les pays d'Outre-mer. Pas de limite d'ancienneté pour l'étranger. Bien spécifier lors de la demande qu'il s'agit d'un mariage.
L'extrait d'acte de naissance n'est pas exigé pour qui est né dans la commune du lieu de mariage.
• Fournir une justification de domicile.
• Donner le certificat du notaire si un contrat de mariage a été dressé.
• Indiquer les noms, prénoms, adresses, professions des témoins choisis (un ou deux par futur marié). Ils peuvent être étrangers, ou parents (y compris le père ou la mère si les futurs mariés sont majeurs). Au cas où les futurs mariés seraient dans l'impossibilité de trouver des témoins, il appartient au maire de se les procurer.

Le concubinage

Qu'est-ce que le certificat de concubinage ?

■ A quoi sert-il ?

Le certificat de concubinage peut être utile pour les organismes de sécurité sociale ou les administrations comme la S.N.C.F., les P & T (carte famille...)
Il peut également servir en matière de location (maintien dans les lieux) pour prouver le caractère notoire du concubinage.

■ Comment l'obtenir ?

Un certificat de concubinage peut être obtenu à la mairie du domicile des concubins en présence de deux témoins.
Ces deux témoins doivent être majeurs, non parents entre eux et non apparentés avec les intéressés.
Il faut fournir d'autre part une pièce d'identité et un justificatif de domicile (bail ou facture EDF/GDF ou téléphone).

■ La déclaration sur l'honneur

Pour certains organismes, il n'est demandé aux concubins qu'une simple déclaration sur l'honneur.
Cette déclaration remplace le certificat de concubinage et suppose la bonne foi des déclarants.

(Guide des Démarches et des formalités, éditions PRAT EUROPA)

ACTIVITÉS D'APPRENTISSAGE

1 • A quelle mairie faut-il s'adresser pour accomplir les formalités du mariage?

2 • Dans quels cas est-il interdit de se marier ?

3 • Quelles sont les pièces à fournir à la mairie qui célèbre le mariage ?

4 • A quoi sert un certificat de concubinage ?

2 L'AUTORITE DES PARENTS

L'autorité parentale

L'autorité parentale que l'on appelait avant 1970 “la puissance paternelle” est l'ensemble des droits et des devoirs des parents à l'égard de leurs enfants mineurs dans le but de les élever et de les protéger physiquement et normalement.

■ Qui détient l'autorité parentale ?

Conjointement, le père et la mère.
En cas de désaccord : on peut saisir le juge des tutelles ; celui-ci tente une conciliation entre les parents avant de rendre un jugement.
En cas de divorce : en principe, le parent chez lequel les enfants ont leur résidence habituelle.
Depuis juillet 1987, le juge des tutelles peut décider que l'autorité parentale soit exercée en commun par les deux parents.
En cas d'enfant naturel : le parent qui l'a reconnu. Si les 2 parents l'ont reconnu : la mère, mais sur simple déclaration conjointe devant le juge des tutelles, l'autorité peut être exercée par les 2 parents.

■ L'autorité parentale et l'administration

En principe, pour toutes les démarches administratives (autorisation, représentations, signatures) la volonté d'un seul époux suffit car il est supposé agir en accord avec l'autre.
En pratique, il arrive que l'administration “exige” la signature du père plutôt que de la mère, pour certaines autorisations décernées à un mineur. La mère de famille peut toujours opposer à cette exigence de l'administration son bon droit. Il suffira de rédiger sur papier libre la formule suivante :
“je soussignée (nom, prénoms), atteste sur l'honneur n'être ni séparée de corps ni divorcée, et en accord avec mon époux autorise mon fils (ou ma fille), etc.”
(Date et signature.)

Bon à savoir

Les père et mère ne peuvent, sauf motif grave, faire obstacle aux relations personnelles de l'enfant avec ses grands-parents.

L'émancipation

■ Quels sont les avantages ?

L'émancipation permet aux jeunes âgés de 16 ans d'acquérir une majorité anticipée.
L'émancipation donne à celui qui en bénéficie la capacité d'effectuer, sans aucune tutelle, tous les actes de la vie comme s'il était majeur.
Toutefois, l'autorisation des parents reste nécessaire pour se marier ou se faire adopter. Un mineur émancipé ne peut être commerçant.
Concrètement, il devient possible de signer un contrat, fixer librement son domicile, rédiger un testament, disposer d'une succession et, le cas échéant, engager une procédure juridique pour retrouver son véritable père.
Le mineur émancipé n'est plus sous l'autorité parentale.

■ Qui peut l'obtenir ?

Les mineurs de 16 à 18 ans.

■ Que faut-il faire ?

L'émancipation se fait :

– Soit de plein droit par le mariage ;
– Soit, après 16 ans et pour de justes motifs, par une décision du juge des tutelles rendue à la demande des parents ou de l'un d'entre eux (dans le cas, le juge entend l'autre).

■ Où s'adresser ?

La demande doit être faite par le père et la mère du mineur, auprès du juge des tutelles du tribunal d'instance du domicile.

■ Que se passe-t-il ensuite ?

Le juge effectue une enquête auprès des parents de l'enfant ou de toute personne susceptible de l'éclairer. Il décide ensuite d'accorder ou non l'émancipation.
On peut constester sa décision auprès du tribunal de grande instance dans un délai de 15 jours.

Guide des Démarches et des formalités Ed. PRAT EUROPA

ACTIVITÉS D'APPRENTISSAGE

1 • Si vous êtes mineur, qui exerce dans votre famille l'autorité parentale ?
Comment se manifeste-t-elle dans les actes de la vie courante ?

2 • Que se passerait-il en cas de désaccord entre le père et la mère ou en cas de divorce ?

3 • Avez-vous pensé à l'émancipation, Quels en sont les avantages pratiques pour le mineur ?

L'essentiel

1 LE MARIAGE CIVIL

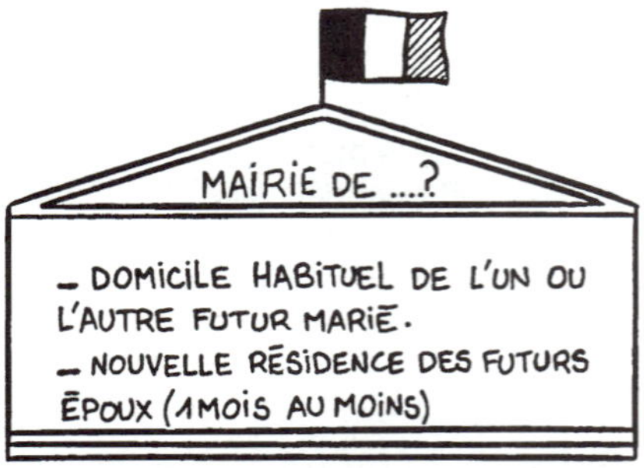

2 LES RÉGIMES MATRIMONIAUX

• A défaut de contrat de mariage, les époux se trouvent automatiquement placés sous un régime de communauté : pour les époux mariés après le 1er février 1966, c'est la communauté réduite aux acquêts, qui est le régime légal, c'est-à-dire s'appliquant à défaut de contrat de mariage.

• Quel que soit le régime matrimonial, légal ou conventionnel, un certain nombre de dispositions s'appliquent impérativement. Parmi celles-ci : la solidarité entre les époux, pour les dettes contractées pour l'entretien du ménage ou de l'éducation des enfants ; ou l'impossibilité de disposer sans le consentement du conjoint, du logement familial et de ses meubles (même si ceux-ci appartiennent personnellement à l'époux qui veut vendre).

Trois grands types de régimes

1. La communauté
Elle peut comprendre tous les biens des époux (communauté universelle) ou être limitée à certains biens, par exemple ceux qui ont été acquis pendant le mariage (communauté légale ou communauté d'acquêts).

2. La séparation de biens
Dans ce régime, il n'existe pas de masse commune : les époux ont chacun leur patrimoine personnel dont ils ont la libre administration et disposition à titre exclusif.

3. La participation aux acquêts :
Ce régime qui n'est apparu qu'en 1966, est encore peu répandu.
• Pendant le fonctionnement du régime, chaque époux reste propriétaire de ses biens personnels.
• A la dissolution du mariage, on ne partage que l'enrichissement net du ménage.

3 L'AUTORITE PARENTALE

17 LES NUISANCES ET LES POLLUTIONS

Un sondage récent démontre que près de 2/3 des Français estiment qu'après le chômage, ce sont les problèmes qui touchent à la protection de l'environnement qui doivent être traités en priorité.

LA POLLUTION ATTAQUE

La pollution atmosphérique n'épargne rien ni personne, en ville comme ailleurs. L'homme tout comme les monuments et la nature est agressée par l'action des polluants contenus dans l'air.

POLLUTION

Décharge industrielle à la ferme

1 500 fûts de produits nocifs ont été stockés en toute illégalité dans une exploitation agricole abandonnée de l'Ome.

ENVIRONNEMENT

Ségolène Royal ferme les frontières françaises aux déchets ménagers

Le décret interdisant l'importation de déchets ménagers entre en vigueur cette nuit. Une initiative française qui bouscule les accords européens en vigueur sur la circulation des détritus.

POLLUTION

300 tonnes de solvants découverts abandonnés

DÉCHETS ALLEMANDS

Le cargo estonien Heltermaa en mer du Nord

Entre la disparition des espèces, partout sur la planète, le réchauffement de l'atmosphère, la destruction de la couche d'ozone, les pollutions de l'eau, de l'air, des sols, le stockage des déchets dangereux, chacun se sent menacé dans sa vie personnelle et craint le pire pour les prochaines années. D'où le succès des listes écologistes dans les diverses consultations politiques des pays occidentaux.

Au-delà de ces priorités, il faut prendre en compte toutes les nuisances liées au bruit, à l'urbanisation, à la circulation des véhicules automobiles, au développement des banlieues, etc.

COMPÉTENCES

1 - Effectuer des démarches

- Rechercher les agents responsables des principales pollutions, leurs origines et les conséquences sur la santé.

2 - Effectuer des choix raisonnés

- Proposer des solutions pour améliorer l'environnement.

3 - S'impliquer dans une démarche de prévention

- Conduire une enquête sur le devenir des déchets ménagers.

1 LES DIFFÉRENTES NUISANCES ET POLLUTIONS

La pollution de l'air

Oxydes d'azote (NOx).

Gaz résultant de la réaction de l'oxygène et de l'azote de l'air sous l'effet de la température du moteur. Peuvent être à l'origine de troubles respiratoires chroniques.

Oxyde de soufre (SO_2).

Gaz polluant caractéristique des agglomérations urbaines et des zones industrialisées. Il provient de la combustion des fiouls et des combustibles solides essentiellement. Il peut être à l'origine de maladies respiratoires.

Ozone

Indispensable en altitude pour protéger la vie sur terre du rayonnement solaire, l'ozone à basse altitude peut s'avérer toxique. Sa production est favorisée par les rejets automobiles d'hydrocarbures et d'oxydes d'azote.

Plomb (Pb).

Polluant nocif, particulièrement chez l'enfant. Nécessaire encore au fonctionnement d'un certain nombre de moteurs existants, il est présent dans l'essence ordinaire et le super.

Fumées noires

Constituées notamment de particules de carbone et d'hydrocarbures, elles sont caractéristiques des échappements des moteurs diesels et particulièrement visibles lorsque ces moteurs sont mal réglés.

Dioxyde de carbone (CO_2).

Produits naturel de toute combustion carbonée. Il est responsable d'environ 50% de l'effet de serre.

Hydrocarbures (HC).

Produit organiques issus d'une combustion incomplète des carburants. Certains d'entre eux seraient cancérigènes.

Monoxyde de carbone (CO).

Gaz incolore et inodore généré par des combustions incomplètes. Présent à doses élevées, par exemple dans les embouteillages, il peut entraîner des troubles sensoriels.

La pollution de l'eau

1,49 million de tonnes d'***hydrocarbures*** sont rejetées annuellement en mer par les bateaux du monde entier, quelque fois accidentellement.
L'industrie contribue également à la pollution des lacs et des rivières par le rejet de plomb, mercure, cadmiun, arsenic, etc. Une prise de conscience a déjà permis de grands progrès.

La plupart des ***activités ménagères*** consomment de l'eau prope et rejettent des eaux polluées. En France, seules 40% des eaux domestiques sont épurées. Les ***phosphates*** présents dans certaines lessives, nécessitent des traitements spéciaux de déphosphatation. Peu de villes sont équipées d'installations adaptées. Ils rejoignent donc directement les plans d'eau, où ils provoquent ***l'eutrophisation :*** devant un apport important en phosphates, les algues planctoniques s'en nourrissent et forment un épais tapis vert à la surface de l'eau. Elles privent les autres habitants des rivières de la lumière et de l'oxygène. L'eau est asphyxiée.
Les nitrates proviennent surtout des engrais agricoles et des déjections animales. Entraînés par les pluies, ils polluent les rivières puis les nappes phréatiques. Certains ***pesticides,*** longs à se dégrader, contaminent également l'eau potable.

Le bruit

43 % des Français se déclarent gênés par le bruit.
Principale accusée : la circulation. Essentiellemnt la voiture, puis les 2 roues et les poids lourds.

Juste après le trafic, les voisins ! Surtout dans les logements collectifs.

Problèmes auditifs, troubles du sommeil, insomnie, dépression, problèmes cardio-vasculaires, troubles de l'appareil digestif... Les effets du bruit sur l'organisme sont nombreux.

ACTIVITÉS D'APPRENTISSAGE

A partir des documents ci-dessus qui présentent les principales nuisances et pollutions, vous rechercherez successivement :

1 • Les agents spécifiques responsables de chacune des pollutions.

2 • Leurs origines.

3 • Les conséquences sur la santé des individus.

Ce travail pourrait être présenté sous forme de tableau.

2 LES CONSÉQUENCES SUR L'ENVIRONNEMENT

1 – L'effet des serre

Processus naturel d'échauffement de l'atmosphère par des gaz qui ont la propriété de piéger la chaleur rayonnée par la surface du globe. Depuis un siècle, le développement des activités humaines conduit à une augmentation de la teneur des gaz à effet de serre dans l'air. Un réchauffement de l'atmosphère et des changements climatiques importants pourraient en résulter. Parmi les gaz contribuant à l'effet de serre : le dioxyde de carbone, le méthane, les CFC*, le protoxyde d'azote, le monoxyde de carbone, l'ozone troposphérique et ses précurseurs hydrocarbures et oxydes d'azote.

* CFC : chlorofluorocarbures.

(Doc. Agence de l'environnement)

2 - La destruction de la couche d'ozone

La couche d'ozone entoure notre planète, dans la stratosphère, à une altitude de 10 à 50 km ; sa concentration maximale se trouve à environ 20 km. Elle est formée de molécules d'ozone (O_3) qui se composent et se décomposent naturellement sous l'effet des rayons ultraviolets (UV) émis par le soleil.

La couche d'ozone protège la terre contre ces rayons en les absorbant.

➤ ***Les substances détruisant la couche d'ozone***

Le chlore et le brome contenus dans des substances chimiques produites par l'homme sont à l'origine du "trou" dans la couche d'ozone. Ces substances sont essentiellement les chlorofluorocarbures (CFC), les halons, le tétrachlorure de carbone et le 1, 1, 1, -trichloroéthane (chloroforme de méthyle).

1) Les CFC sont utilisés :
Comme gaz propulseur dans les aérosols ;
Comme réfrigérants dans les équipements et installations frigorifiques (réfrigérateur, climatisation, etc.) ;
comme agents de gonflement dans la fabrication de mousses plastiques ;
comme solvants et détergents, essentiellement dans l'industrie électronique.

2) Les ***halons*** sont utilisés principalement dans les extincteurs et les autres équipements anti-feu (par exemple les sprinklers).

3) Le ***tétrachlorure*** de carbone sert essentiellement de matière première pour la production des CFC.

4) Le ***1, 1, 1, -trichloroéthane*** est utilisé comme solvant.

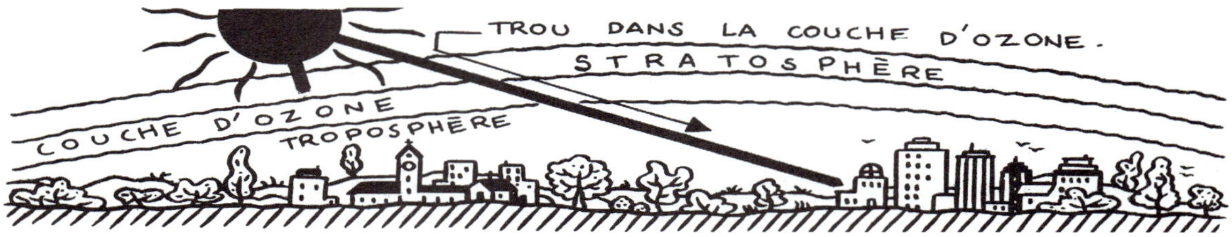

3 – Les pluies acides

Les oxydes de soufre et d'azote sont responsable des pluies acides. Ils acidifient les sols, les eaux et font périr les forêts. Ils peuvent provoquer des dégâts très loin de leur lieu d'émission, puisque ces gaz sont transportés par les vents.

ACTIVITÉS D'APPRENTISSAGE

Proposez des solutions pour améliorer l'atmosphère :

1 • Au niveau des gestes quotidiens.

2 • Au niveau du choix et de l'entretien des appareils et des véhicules.

3 LES DÉCHETS

LES DECHETS EN FRANCE

(répartition en millions de tonnes, en 1990)

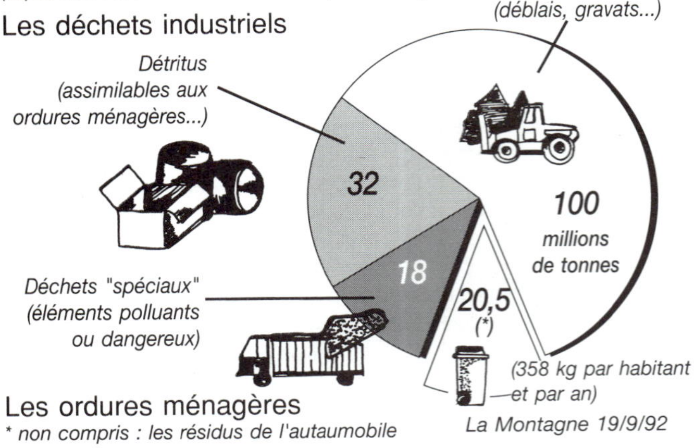

En France, l'industrie produit chaque année une quantité importante de déchets : 150 millions de tonnes.

- **Soit 100 millions de tonnes de déchets inertes** comme les gravats, déblais et mâchefers,
- **32 millions de tonnes de déchets "banals"** (bois, papier, plastiques...),
- **18 millions de déchets dangereux** (hydrocarbures, solvants, déchets minéraux...) dont **2 millions de tonnes de déchets toxiques** (arsenic, mercure...).

Parallèlement, chaque Français produit environ **358 kilos de déchets ménagers par an** soit l'équivalent de 20,5 millions de tonnes auxquels il faut ajouter 400 millions de tonnes de déchets générés ou recyclés dans l'agriculture et les industries agro-alimentaires.

Les ordures ménagères

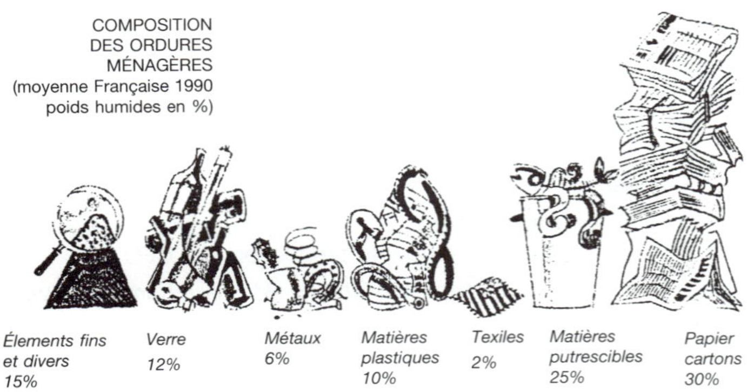

Aujourd'hui, parmi les ordures traitées :

- **60,5 % partent vers une décharge,**
- **33,5 % sont incinérés.**
- **6 % sont compostés,** c'est-à-dire transformés en engrais agricoles.
- **1 % trié puis recyclé.**

Reste une part mal évaluée de **déchets déversés illégalement** n'importe où, ou sur des décharges sauvages qui ne satisfont pas aux règles.

Quelles décharges ?

Les décharges, en France, sont actuellement classées en trois catégories, selon les déchets que l'on y entrepose.

La classe 3 : pour stocker les gravats inertes.

La classe 2 : pour les déchets ménagers et industriels non toxiques.
Le ministère de l'Environnement recense 1 200 décharges autorisées de classe 2, 6 000 décharges "brutes" exploitées sans autorisation par les communes et 2 500 décharges "sauvages".
Compte tenu de la toxicité croissante des ordures ménagères, ces décharges devraient être redéfinies.

La classe 1 : pour les déchets toxiques.
Il y en a 11 en France. Elles reçoivent 400 000 tonnes par an. Aucune n'a été ouverte dans le pays depuis quatre ans.
On estime à 1 000 000 de tonnes la production de déchets ultimes d'ici cinq ans.

ACTIVITÉS D'APPRENTISSAGE

1 • Conduisez une enquête pour connaître le devenir des déchets ménagers dans votre ville.

2 • Quelles sont les solutions à envisager pour éviter de créer des déchets ?

3 • Comment peuvent être récupérés les divers types de déchets ?

L'essentiel

1 LA POLLUTION DE L'AIR

Les activités de l'homme libèrent de grandes quantités de gaz nocifs pour la santé et l'environnement, responsables de la diminution de la couche d'ozone, du réchauffement de l'atmosphère (effet de serre), des pluies acides.

Des mesures à prendre

– Arrêter la déforestation.

– Économiser l'énergie.

– Remplacer les CFC.

– Maîtriser les transports.

ADEME - Brochure Pollution Automobile : la mobilisation

2 LA POLLUTION DE L'EAU

Seul 0,3 % de la quantité d'eau sur la planète est disponible pour l'homme. Deux menaces pèsent sur elle : sa répartition et sa pollution.

- En France sa consommation a doublé en 15 ans. IL FAUT ÉCONOMISER L'EAU.
- Outre les hydrocarbures responsables des marées noires, les fleuves, les rivières, les lacs sont pollués par les industries et les eaux usées non traitées.

Des mesures à prendre

– Ne jetez pas les produits toxiques dans votre évier. La plupart des eaux ne sont pas épurées.

– Diminuez les doses de lessive pour le linge et la vaisselle.

– Les lessives avec phosphates participent au phénomène d'eutrophisation. Préférez les lessives sans phosphates

3 LES DÉCHETS

Un Français produit en moyenne 1 kg de déchets par jour dont 50 % fournis par les emballages :

Que deviennent les déchets ?

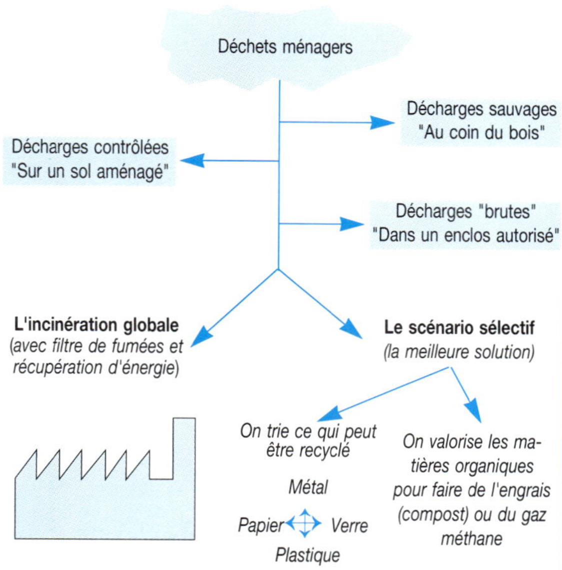

Des mesures à prendre

- Pour se débarrasser de vos déchets.
- Profiter des collectes municipales.
- Utiliser les conteneurs déposés sur la voie publique (verres, papiers...).
- Apporter les déchets spéciaux dans les déchetteries (300 existent déjà).
- Utiliser la 2e poubelle.

4 LE CADRE DE VIE

Depuis 50 ans l'urbanisation a consommé des terres agricoles et des espaces naturels. L'extension des banlieues a considérablement modifié le paysage urbain. En 20 ans, la longueur des autoroutes a été multiplié par quatre, le parc automobile, par 2. Les populations urbaines ont doublé.

Des mesures à prendre

– Ne jetez pas n'importe où ce qui vous embarrasse (papiers, mégots...).

– Surveillez la propreté des animaux familiers.

– Respectez les espaces verts.

– Ne détruisez pas les paysages et leurs productions (champignons, fruits, fleurs...).

– Respectez votre voisinage. Évitez les bruits inutiles à l'intérieur (musique, TV, ..., travaux bruyants.)

A l'extérieur : tondeuses à gazon.

– Motos, baladeurs....

Politique de la communauté européenne en matière d'environnement

La commission des communautés européennes vient d'éditer le "livre vert" sur l'environnement urbain. Ce document de 82 pages s'oriente en deux parties. La première analyse les problèmes urbains et leurs causes en tentant de dépasser la logique sectorielle pour aborder la problématique dans son ensemble et sa complexité. La seconde trace les lignes d'actions communautaires possibles.

En matière de "déchets" le Livre Vert sur l'environnement urbain fait un rapide constat (chapitres 1et 2, articles 2.2.4 et 5.8). L'article 2.2.4 plus explicite stipule :

A l'instar des autres types de pollution, les problèmes urbains liés aux déchets résultent de la combinaison de deux facteurs : densité de la population et large gamme d'activités économiques (hôpitaux, petits et grands marchés, débris de démolition et emballages jetés par les transporteurs, les détaillants, les commerçants, notamment).

Les autorités locales doivent s'attaquer aux trois tâches indépendantes suivantes :

- le nettoyage des rues ;
- la collecte des déchets ;
- l'élimination des déchets.

L'élimination d'énormes volumes de déchets ménagers et industriels, qui augmentent d'année en année, pose un énorme problème aux responsables des villes d'Europe. Le simple déversage, même dans des conditions contrôlées, devient de plus en plus difficile dans de nombreuses villes, soit par manque de terrains disponibles à une distance raisonnable de la ville, soit en raison de l'opposition des résidents des zones avoisinantes

L'incinération commence à poser des problèmes. Il est difficile de trouver des sites appropriés et, compte tenu des émissions partiellement toxiques, la communauté a prévu des limites d'émission pour les installations d'incinération municipales. Certains Etats membres ont réussi à réduire la production de déchets et à la recycler – la République fédérale d'Allemagne et les Pays-Bas notamment –, mais même dans le meilleur des cas, on estime à 30 % la réduction maximale pouvant être obtenue.

La Commission vient de publier sa stratégie en matière de gestion des déchets, qui fixe deux priorités : la prévention et le recyclage. La prévention concerne avant tout l'industrie. Par exemple, des modifications au niveau de l'emballage pourraient faciliter le nettoyage des villes et résoudre une partie des problèmes liés à la gestion des déchets. Pour les autorités municipales, le recyclage est un choix important. Il faut trier à la source (donc avoir les conteneurs nécessaires) et organiser des services de ramassage spécialisés. Les futurs plans d'immeubles à appartements ou immeubles de bureaux pourraient également comporter des installations de triage des déchets en vue du recyclage.

Comment devenir un consommateur actif ?

Il faut certes "trier" et jeter "intelligent" mais il est aussi important d'agir en amont et rendre les possibilités de créer des déchets.

Aussi il suffit :

- de diminuer sa production de déchets en prolongeant au maximum la vie de nos objets ;
- d'acheter "futé" en privilégiant les produits à recharge souple, les conditionnements les plus modestes ou ceux qui sont recyclables ou biodégradables ;
- d'éviter les petites portions emballées et les objets jetables ;
- de ne pas hésiter à utiliser des produits recyclés.

Attention !

Pour l'instant, les produits verts lancés par les grandes chaînes de distribution n'arborent qu'un label commercial car le label "environnement" est encore à l'étude.

En consommant différemment, on peut, sans trop d'effort, participer à la bonne gestion de nos déchets. Savez-vous, par exemple, qu'en 1988, un Français achetait en moyenne 63 kg de pain et qu'il en jetait 9,5 kg. Ce sont, en fait, plus de 385 000 tonnes de pain qui passent directement du four du boulanger à la benne des éboueurs.

Mutualité Aviation - Mutualité française n° 78.
MNPCA - 6 - Alain Chartier - 75015 Paris.

Quelques Labels
"ENVIRONNEMENT"

PRÉSERVE LA COUCHE D'OZONE

NF ENVIRONNEMENT

18 L'IMPORTANCE DE L'EAU

L'eau joue un rôle essentiel dans le développement de la vie humaine, animale et végétale. Il n'y a pas de vie sans eau : dans les déserts le manque d'eau empêche l'épanouissement de toute vie.
L'eau est de plus en plus rare dans les pays industrialisés, en raison de l'accroissement de la consommation (150 litres par jour et par personne en France) et de la pollution des nappes phréatiques.

La station d'épuration de Valenton, en région parisienne, traite 300 000 m³ d'eaux usées par jour.

Quand vous ouvrez votre robinet, pouvez-vous imaginer comment cette eau claire et potable a été captée, traitée, distribuée et contrôlée ?
L'essor démographique et le développement économique entraînent des besoins sans cesse croissants. Or, les réserves d'eau ne sont pas inépuisables.
D'autre part, toute eau utilisée devient une eau usée, qu'il faut épurer avant de la rejeter dans le milieu naturel. Il s'agit d'un problème important auquel sont confrontées les collectivités locales.

COMPÉTENCES

1 - Effectuer des démarches

- S'informer sur le circuit de l'eau que vous utilisez chez vous : lieu de captage, traitement, distribution, épuration.

2 - S'impliquer dans une démarche de prévention

- Proposer quelques mesures pratiques pour limiter le gaspillage de l'eau à usage domestique.

1 L'ALIMENTATION EN EAU POTABLE

L'eau potable

Définition

Toute eau livrée à la consommation humaine doit être potable. Cela veut dire essentiellement que l'eau ne contient :
- ni agents pathogènes (bactéries, virus, parasites),
- ni éléments chimiques indésirables ou toxiques susceptibles de causer chez les consommateurs des troubles à plus ou moins long terme.

L'eau doit avoir de plus les qualités requises pour la rendre agréable à l'œil et au goût.

Les paramètres

D'après les Normes Françaises, 62 paramètres permettent de définir l'eau potable :

A) **Paramètres organoleptiques**
Couleur - Turbidité - Odeur - Saveur.

B) **Paramètres physico-chimiques**
Exemples : Température - PH - Oxygène dissous - Dioxide de carbone libre - Calcium - Magnésium.

C) **Substances indésirables**
Exemples : Nitrates - Fer - Nitrites - Manganèse - Détergents organiques.

D) **Substances toxiques**
Exemples : Chrome - Plomb - Mercure - Arsenic.

E) **Paramètres microbiologiques**
Exemples : Coliformes - Streptocoques.

F) **Pesticides**
Exemple : Hexachlorobenzène.

Etc.

Le traitement de l'eau

L'eau servant à l'alimentation des centres urbains provient des sources, fleuves et rivières, lacs, nappes souterraines.
Les caractéristiques physico-chimiques ou bactériologiques de ces eaux à l'état naturel ne sont pas toujours conformes aux normes de potabilité ; aussi, doivent-elles subir certains traitements.
Les procédés mis en œuvre pour le traitement des eaux potables sont très divers :
- La filtration a pour but de clarifier l'eau et ainsi débarrasser l'eau brute des particules colloïdales et des matières en suspension qu'elle contient.
- La neutralisation permet de réduire le caractère agressif d'une eau trop acide voir même parfois trop basique (alcaline).
- L'adoucissement permet de réduire la dureté excessive d'une eau contenant trop de calcaire ou de sels de magnésium
- La déferrisation ou la démanganisation permet de traiter les eaux qui contiennent une teneur élevée en fer ou en manganèse.
- La désinfection permet, à l'aide de produits oxydants (chlore ou eau de Javel, ozone, etc.), de détruire les germes et ainsi de rendre l'eau bactériologiquement saine.

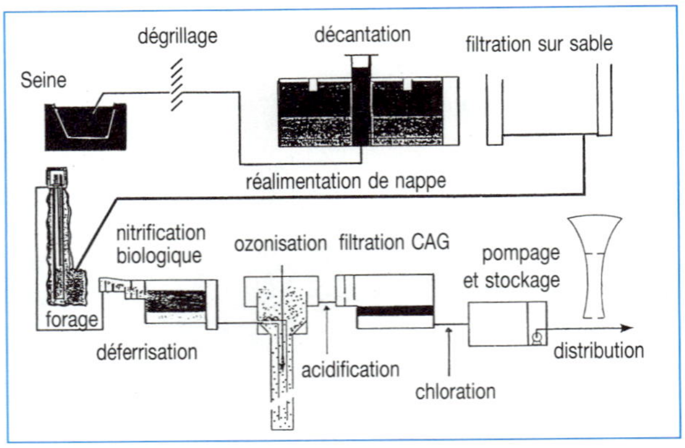

L'usine de Pecq-Croissy
L'eau clarifiée et envoyée dans des bassins, d'une surface totale de quinze hectares, où elle s'infiltre lentement à travers des sables et des graviers, ce qui a pour effet d'éliminer germes et bactéries pathogènes et une partie des substances organiques dissoutes. Après repompage dans les forages, l'eau subit un traitement de déferrisation par aération et de nitrification biologique puis un traitement d'affinage par le couplage ozone-charbon actif en grain (CAG) dont le principal but est d'éliminer les molécules organiques responsables de goûts et d'odeurs indésirables.

ACTIVITÉS D'APPRENTISSAGE

1 • Pour vous, qu'est-ce qu'une eau potable ?

2 • Renseignez-vous sur le mode de traitement de l'eau que vous consommez chez vous.

3 • Où est captée l'eau que vous utilisez quotidiennement ?

2 LA GESTION DE L'EAU

L'eau représente aujourd'hui l'une des ressources naturelles les plus menacées, tant au plan qualitatif en raison des innombrables pollutions que quantitatif à cause des besoins accrus.

Principales causes de pollution des eaux

Type de pollution	Nature chimique	Source ou agent causal
I - **Physique**		
Pollution thermique	Rejets d'eaux chaudes	Centrales électriques
Pollution radioactive	Radioisotopes	Installations nucléaires
II - **Chimique**		
Pollution par les fertilisants	Nitrates Phosphates	Agriculture (lessives)
Pollution par des métaux et métalloïdes toxiques	Mercure, cadmium, plomb, aluminium, arsenic, etc.	Industrie, agriculture, pluies acides
Pollution par les insecticides produits pesticides	Herbicides Fongicides	Agriculture (industrie)
Pollution par les détersifs	Agents tensioactifs	Effluents domestiques
Pollution par les hydrocarbures	Pétrole brut et ses dérivés (carburant p.e.)	Industrie pétrolière transports
Pollution par les composés organochlorés	PCB, chlorophénols, solvants chlorés	Industries
Pollution par les autres composés organiques de synthèse	Très nombreuses molécules (plus de 70.000 !)	Industries divers usages dispersifs pour certaines
III - **Organique**		
Matières organiques fermentescibles	Glucides, lipides, protides	Effluents agricoles domestiques, d'industries agroalimentaires, du bois, papeteries
IV - **Pollution microbiologique**	Bactéries, Virus entériques, champignons	Effluents urbains, élevage, secteur agroalimentaire

Extrait de la revue "Après demain" n° 341/342 - Février/Mars 1992.

La consommation d'eau des ménages

Le chiffre moyen français de 200 litres recouvre évidemment de très fortes disparités puisqu'on estime à 80 litres par jour la consommaton par personne vivant en logement collectif social et à plus de 300 litres pour l'habitat pavillonnaire en zone résidentielle. L'évolution des formes d'habitat est évidemment un élément clé des besoins futurs domestiques.

Actuellement, le chiffre moyen français de consommation est estimé à près de 200 litres par jour et par personne (plan national pour l'environnement).

D'un autre côté, l'augmentation des quantités utilisées n'est pas une fatalité. Ainsi, on a vu que les toilettes étaient l'appareil le plus important consommateur d'eau. On estime, en France, qu'à chaque usage une chasse d'eau absorbe 11 litres. Les réservoirs classiques à robinet aux Etats-Unis et au Canada en contiennent quant à eux 20 à 25 litres.

A l'inverse, la réglementation adoptée il y a quelques années en Angleterre et au Pays-de-Galles prévoit que tout nouvel appareil ne doit pas utiliser plus de 6,5 litres. Toujours en France, on retient comme consommation par lave-linge 120 litres et par lave-vaisselle 80 litres. Mais aujourd'hui il existe des machines plus économes. Il en va de même pour les robinets.

En conclusion, on peut penser que la demande domestique française en eau pourrait continuer à croître dans les années à venir, mais à un rythme modéré et connaître d'ici à la fin de la décennie un palier. La formidable augmentation passée qui a vu la consommation d'eau potable multipliée par 4,5 entre 1957 et 1987 devrait tendre vers zéro dans les années à venir.

(Problèmes Economiques n° 2236)

ACTIVITÉS D'APPRENTISSAGE

1 • Recherchez quelles sont les mesures prises ces dernières années pour lutter contre la pollution de l'eau.

2 • La consommation de l'eau en France est évaluée à 200 litres par habitant et par jour. Quelles sont les utilisations domestiques les plus gourmandes en eau ? Comment peut-on limiter le gaspillage ?

3 L'ÉVACUATION DES EAUX USÉES

Dans toutes les villes, mais aussi dans de nombreuses agglomérations moins importantes, un réseau de "tout-à-l'égoût" collecte les eaux usées provenant des habitations.

Le tout-à-l'égoût

Canalisation généralement souterraine ayant pour mission de collecter les eaux pluviales et les eaux usées, et de les évacuer hors des cités en des points où elles pourront, sans danger, être restituées à la nature après un traitement approprié de préférence.

Il y a deux origines distinctes des eaux à évacuer, d'ailleurs de degrés de pollution très différents : d'une part, les eaux pluviales ou météoriques, généralement peu souillées, sauf au début d'une pluie ; d'autre part, les eaux usées, plus nocives et désagréables. Celles-ci sont de trois sortes : les eaux ménagères (détritus de cuisine, eaux d'évier, eaux de lavage [matières grasses, savons, détergents]) ; les eaux-vannes, provenant des W.C., des urinoirs, et, dans les bourgades rurales, les eaux du fumier chargées de purin, issues des écuries, des étables et des porcheries ; enfin les eaux industrielles, provenant des ateliers et des fabriques, ainsi que des abattoirs, des tanneries, des laiteries, des fromageries, des sucrerires, des cidreries, des installations chimiques, etc.

Les systèmes de canalisation

- *Système unitaire.*
  Celui-ci comporte un seul réseau d'égouts où les eaux pluviales et les eaux usées se trouvent mélangées. Il présente des avantages certains : il est plus simple et plus économique. Mais, en cas de grosses pluies, celui-ci risque d'être engorgé par des sables de voirie d'où la nécessité de curages fréquents.
- *Système séparatif.*
  Il se compose d'un double réseau. Les eaux de pluie ont leur système particulier de canalisations souterraines. Les eaux usées (eaux ménagères, effluents des fosses septiques et, souvent encore, eaux-vannes non traitées) sont dirigées, par canalisations souterraines, directement dans un second réseau d'égoût.

Rejet des eaux usées dans le milieu naturel

Les eaux usées ne peuvent être rejetées dans le milieu naturel qu'après avoir subi un traitement d'épuration. En cas de rejet en rivière, aucune substance nuisible aux poissons ou aux animaux venant s'y abreuver ne doit s'y trouver.

D'autre part, on a longtemps admis que le rejet en mer des eaux usées constituait la solution idéale, l'eau de mer ayant une certaine action antiseptique et la dilution étant infinie : en outre, le mouvement des vagues facilite l'oxygénation.

En réalité, la solution n'est pas admissible en raison de la pollution des plages et des stations balnéaires ainsi que de celle des parcs à huîtres et à moules ; de plus, des bacilles pathogènes, tel le bacille typhique d'Eberth, vivent très bien dans l'eau de mer.

(Encyclopédie Larousse)

En l'absence de "tout-à-l'égoût" (petites communes rurales, habitations isolées), un puisard peut recueillir les eaux ménagères qui seront filtrées dans le sol. Une fosse septique est le meilleur système pour les eaux provenant des W.-C. (les matières organiques sont détruites par des bactéries avant l'infiltration) mais il faut pour cela une installation d'eau courante à défaut de laquelle il faut une fosse fixe avec vidanges périodiques.

Schéma d'une fosse septique avec fibre bactérien

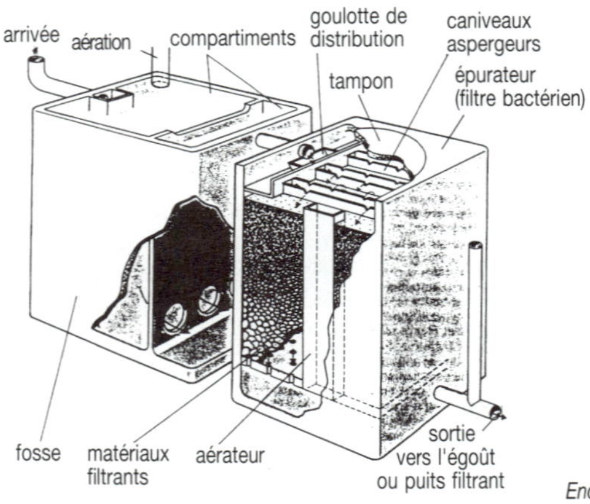

Encyclopédie Française en 19 volumes Larousse

ACTIVITÉS D'APPRENTISSAGE

1 • Votre logement est-il relié au "tout-à-l'égoût" ? S'agit-il d'un système unitaire ou d'un système séparatif ? Comment peut-on le vérifier ?

2 • Il est interdit de verser de l'eau de Javel dans une cuvette de W.-C. reliée à une fosse septique. Pourquoi ?

L'essentiel

1 L'ALIMENTATION EN EAU POTABLE

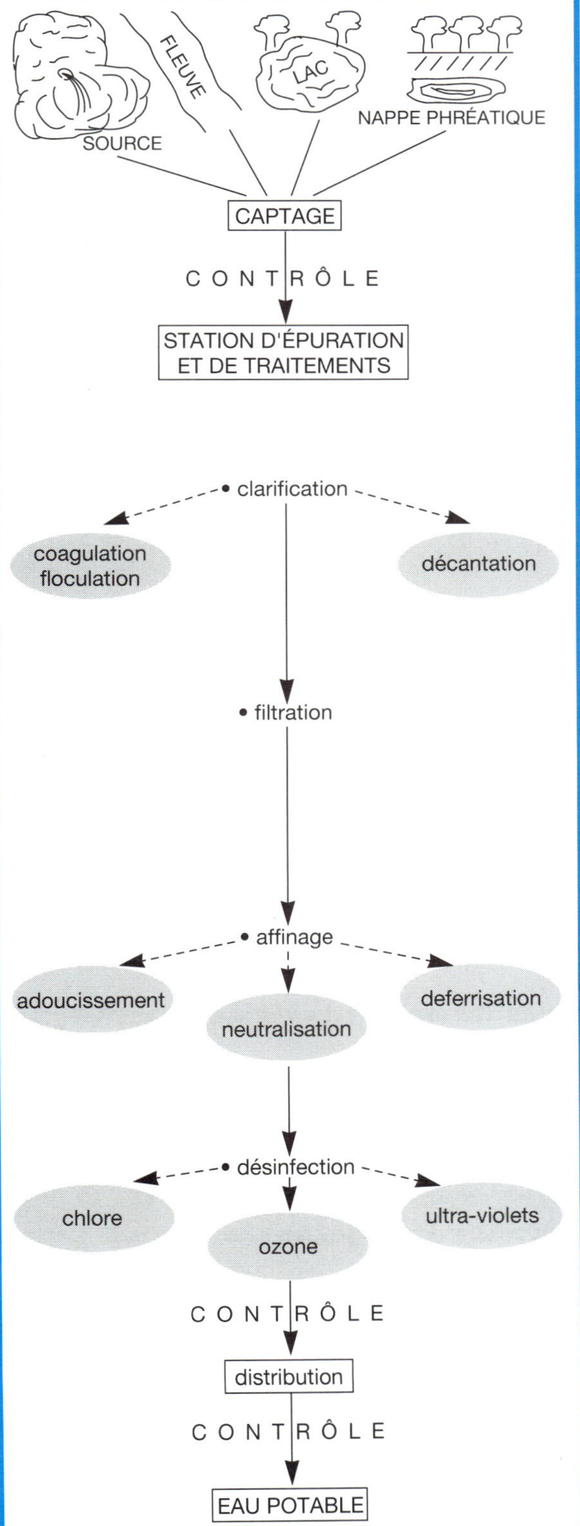

2 L'ÉVACUATION DES EAUX USÉES

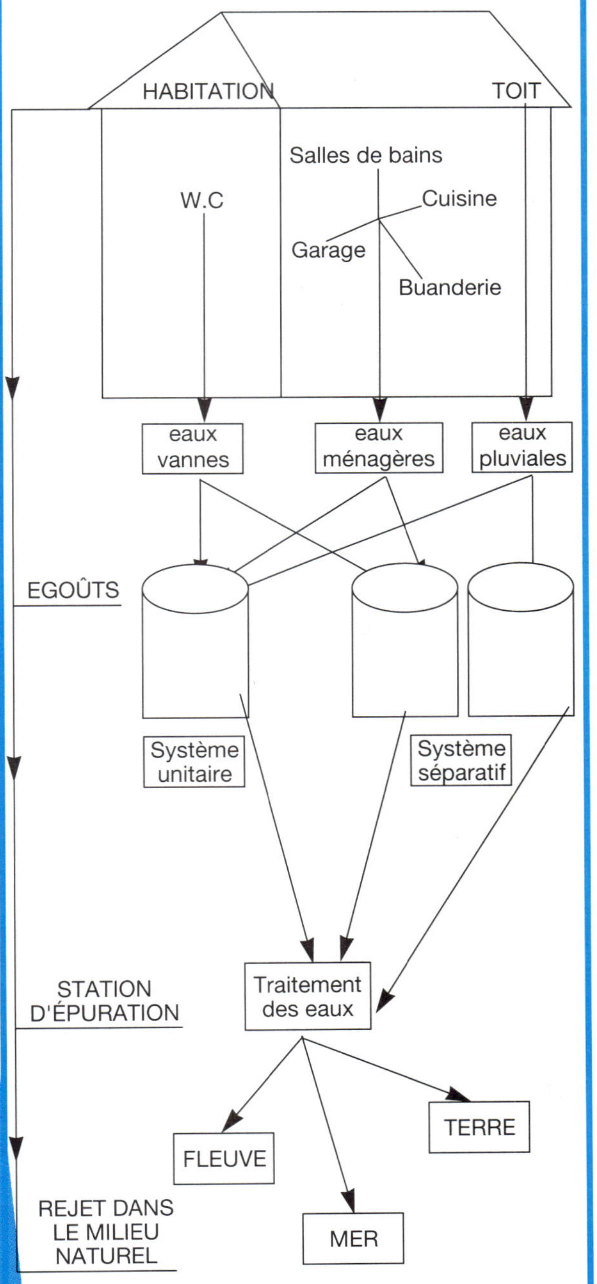

Comment lire votre facture d'eau ?

Syndicat des Eaux
d'Ile de France

FACTURE

Compagnie Générale des Eaux

RÉGISSEUR

S.A. AU CAPITAL DE 2494880200 F - 52 RUE D'ANJOU - 75384 PARIS CEDEX 08 SIRET 780.129.961.00014

ATTENTION
NOUVELLE ADRESSE D'ENVOI DES PAIEMENTS :

COMPAGNIE GENERALE DES EAUX
92533 LEVALLOIS PERRET CEDEX

POUR TOUT AUTRE RENSEIGNEMENT ET TOUTE RECLAMATION
VEUILLEZ VOUS ADRESSER A NOTRE AGENCE :
36-38 RUE DE FONTENAY 92320 CHATILLON
RENSEIGNEMENTS ADMINISTRATIFS.....TEL: 46.54.43.00
DEPANNAGES.......................TEL: 46.54.17.90

VOIR AU VERSO LES INFORMATIONS GÉNÉRALES SUR VOTRE FACTURE ET LES MODES DE PAIEMENT

NOM DE L'ABONNÉ ET ADRESSE DE LA PROPRIÉTÉ

BUSTILLOS M
4 R DES POTIERS
92260 FONTENAY AUX R

RÉFÉRENCES POUR TOUTE CORRESPONDANCE

N° PAYEUR	N° CLIENT	N° FACTURE
610 02	1352658 94	93 012 1 11

CALCUL DU VOLUME À FACTURER

	DATE D'ARRÊTÉ DE CONSOMMATION	N° DE COMPTEUR	INDEX PRÉCÉDENT	NOUVEL INDEX	VOLUME À FACTURER
I	12 01 93	000206596	34	52	18

02202445
FOLIO : 1
DATE D'ÉMISSION 13 01 93
06 10 92
VOLUME TOTAL M³ 18

DÉSIGNATION DES FACTURATIONS	VOLUME	PRIX UNITAIRE HORS TAXES	MONTANTS HORS TAXES PERÇUS POUR SYNDICAT DES EAUX	AUTRES ORGANISMES	T.V.A. ACQUITTÉE SUR DÉBIT %	MONTANTS
EAU	18	7,243	130,37		5,50	7,17
PRIME FIXE			14,33		5,50	0,79
LOCATION COMPTEUR 1 TRIM 93			12,99		5,50	0,71
FNDAE	18	0,105		1,89	5,50	0,10
POLLUTION	18	1,690		30,42	0,00	0,00
TAXE V.NGBLES FRANCE	18	0,023		0,41	5,50	0,02
ASSAINISSEMENT.COEF. 01,00						
PART COMMUNALE	18	0,432		7,77	0,00	0,00
PART INTER DEPARTEM	18	1,780		32,04	5,50	1,76
PART DEPARTEMENTALE	18	1,570		28,26	5,50	1,55
TOTAL			157,69	100,79		12,10

LA LIGNE EAU COMPREND POUR 1993 0,249 F/M3 REVERSE A L'AGENCE DE L'EAU

AVOIR | NET À PAYER EN F

A REGLER SOUS HUITAINE 270,58

D'un distributeur à l'autre, les factures d'eau ne se ressemblent pas. Pour vous aider à vous y retrouver, voici les intitulés les plus fréquemment mentionnés :

- ***Abonnement (Partie fixe) :*** c'est la partie de la facture redevable quel que soit le volume d'eau consommé.
- ***Redevance assainissement :*** elle sert à financer l'amortissement et les dépenses d'entretien de la station d'épuration.
- ***Redevance pollution :*** nommée également redevance d'agence de bassin (il y a six agences de bassin en France). Elle est destinée au traitement des eaux usées et à l'aménagement des ressources en eau (barrages...).
- ***Location entretien compteur et branchement :*** c'est la rémunération versée au fermier qui loue le compteur à l'abonné.
- ***Redevance Fonds national :*** le Fonds national d'adduction d'eaux (FNDAE), organisme public, finance l'extension du réseau d'eau potable dans les communes rurales.
- ***Redevance prélèvement :*** versée également aux agences de bassin, son montant dépend de la rareté de l'eau dans la région où elle est prélevée.
- ***Surtaxe communale :*** en cas d'affermage, la commune confie l'exploitation et l'entretien du réseau à une société privée qui lui reverse la surtaxe. La commune peut ainsi rembourser ses emprunts et investir. Lorsque la commune appartient à un groupement des collectivités, on parle de surtaxe syndicale.

(50 Millions de consommateurs n° 253).

19 LA MAÎTRISE DE L'ÉNERGIE

Le pétrole n'est pas éternel et les experts estiment que, dans moins d'un demi-siècle, nous aurons épuisé les ressources connues aujourd'hui.

S'il a été détrôné par le nucléaire pour l'électricité, il est irremplaçable pour les transports et la pétrochimie.

Les pays industrialisés ont conscience de l'impérieuse nécessité d'énergie et de la fragilité des équilibres dans ce domaine qui régit tous les autres.

On s'est aperçu qu'il n'existait pas de véritable gestion des ressources énergétiques et que les lois économiques n'avaient pas de rôle régulateur.

Les pratiques économiques actuelles engendrent le gaspillage des ressources et favorisent les difficultés annexes (pollutions, nuisances).

Les solutions préconisées portent d'une part sur le recours aux énergies douces, d'autre part sur une politique d'économies d'énergie.

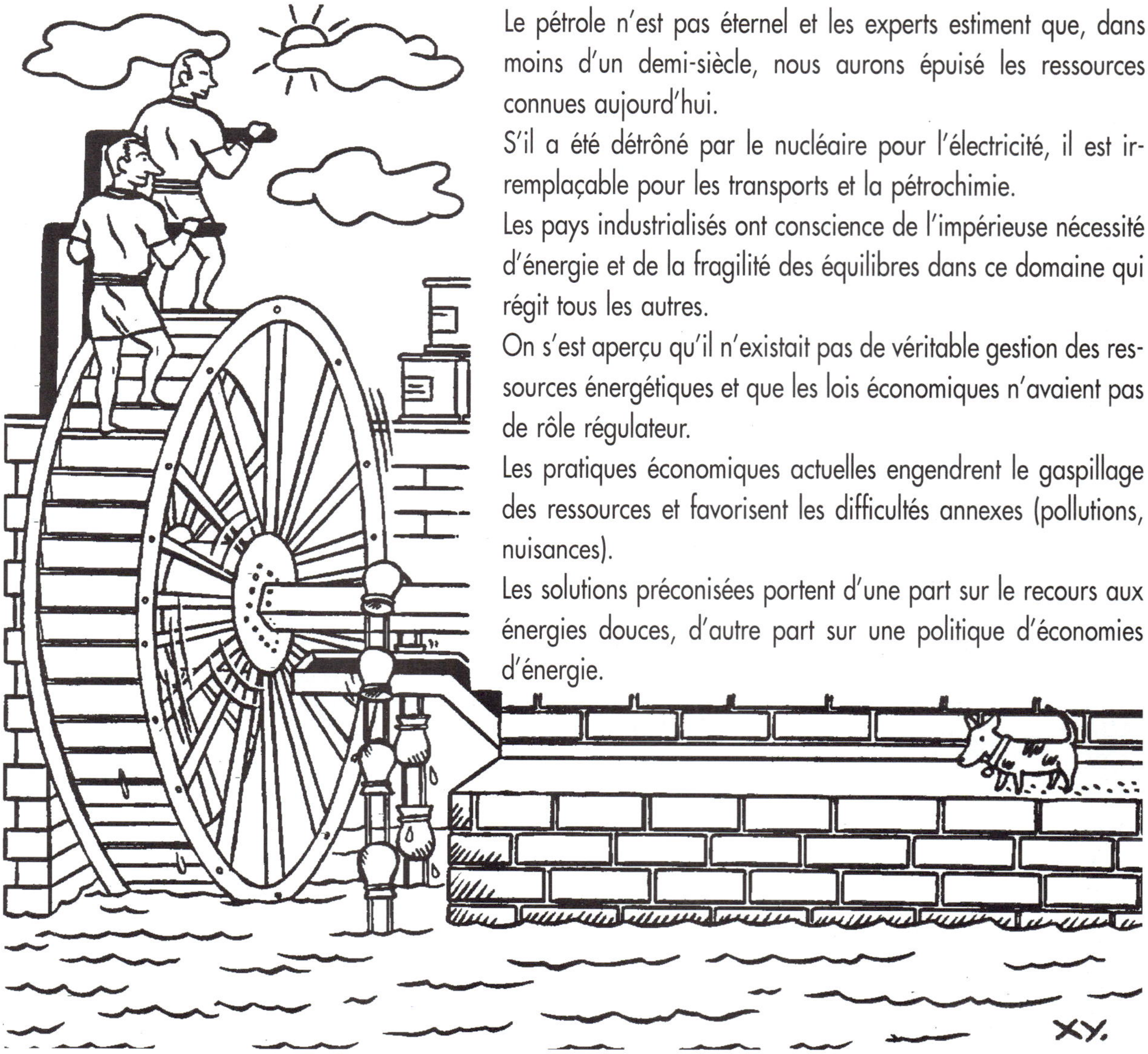

COMPÉTENCES

1 - Effectuer des démarches
- Rechercher les produits usuels tirés du pétrole.
- Indiquer les différentes régions et lieux géographiques d'implantation des centrales produisant de l'électricité.

2 - Effectuer des choix raisonnés
- Classer les différentes énergies naturelles.

3 - Appréhender une situation dans sa globalité
- Proposer des solutions pour économiser l'énergie domestique.

1 LES ÉNERGIES NATURELLES

Les caractéristiques fondamentales permettent de distinguer trois types d'énergies :

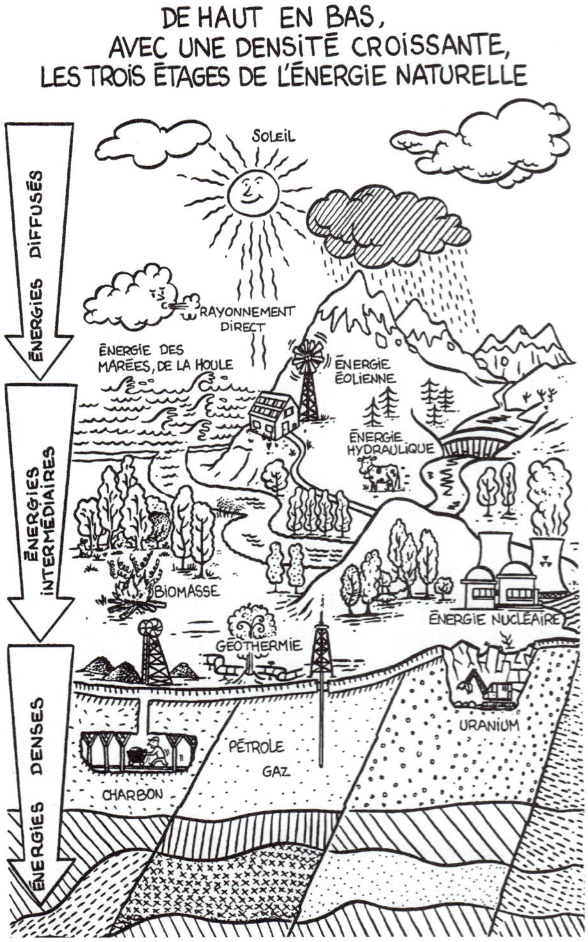

De haut en bas, avec une densité croissante, les trois étages de l'énergie naturelle

- ***Les énergies de flux diffuses ou intermittentes :***
dans l'atmosphère, à la surface de la terre, il y a les énergies de flux (rayonnement solaire direct, vent, vagues, etc.) ; elles sont diffuses, c'est-à-dire peu denses.
Elles sont aussi cycliques et irrégulières, donc difficiles à utiliser. En revanche, elles ont un avantage, celui de se renouveler en permanence.

- ***Les énergies semi-denses ou intermédiaires :***
on les trouve à la surface de la terre (biomasse, énergie hydraulique, géothermie).
Elles sont plus denses, beaucoup plus régulières et se renouvellent à une vitesse moyenne.

- ***Les énergies denses et stockées :***
on les rencontre à l'intérieur de l'écorce terrestre. Ce sont des matières primitivement organiques qui se sont concentrées ou minéralisées au cours des temps géologiques pour former des gisements. Ces énergies fossiles sont denses, stockables, donc directement et facilement utilisables. Elles ne sont pas renouvelables.
Une seconde catégorie d'énergie dense est formée de corps très lourds comme l'uranium et le thorium. Leur densité énergétique est très grande environ des milliers de fois plus que les énergies fossiles.
ex : 10 g d'uranium peuvent produire dans une centrale nucléaire autant d'énergie que 100 kg de pétrole.

ACTIVITÉS D'APPRENTISSAGE

1 • Classez les différentes énergies en deux catégories distinctes : les énergies renouvelables et les énergies non renouvelables.

2 • En tenant compte de la sauvegarde de l'environnement, citez des utilisations possibles des énergies renouvelables.

2 L'ÉNERGIE DOMESTIQUE

L'électricité

L'électricité ne nous est pas offerte directement ; elle est obtenue à partir d'une source primaire.

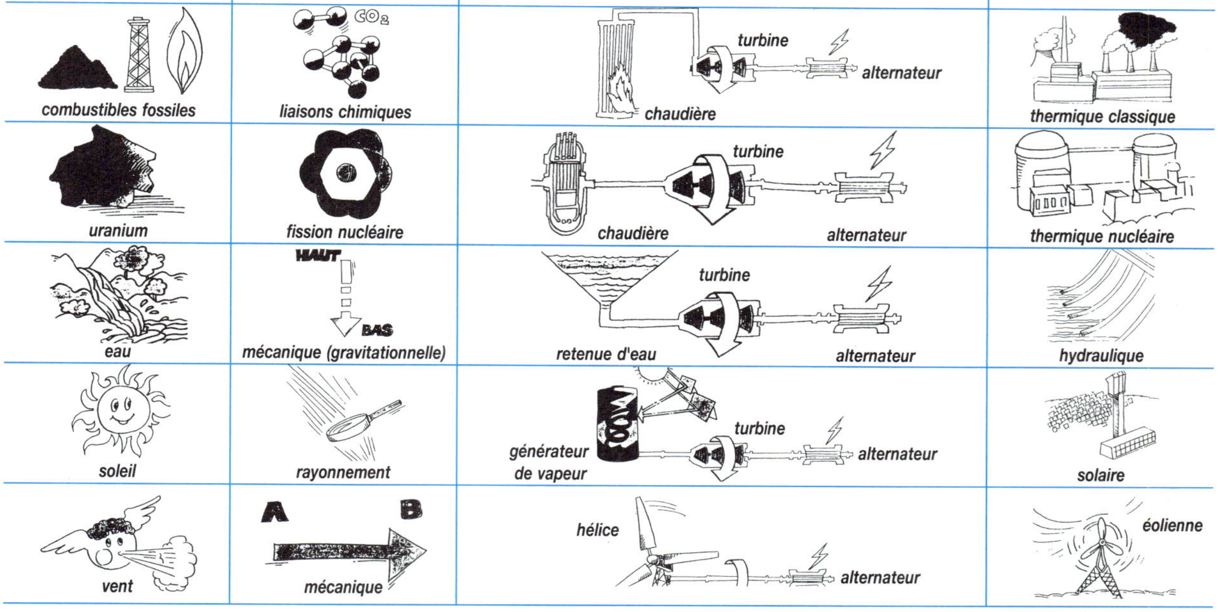

SOURCE	NATURE	CONVERTISSEUR :	TYPE
combustibles fossiles	liaisons chimiques (CO_2)	chaudière – turbine – alternateur	thermique classique
uranium	fission nucléaire	chaudière – turbine – alternateur	thermique nucléaire
eau	mécanique (gravitationnelle) (HAUT → BAS)	retenue d'eau – turbine – alternateur	hydraulique
soleil	rayonnement	générateur de vapeur – turbine – alternateur	solaire
vent	mécanique (A → B)	hélice – alternateur	éolienne

L'énergie c'est quoi - Doc EDF

Le pétrole

Que fait-on avec 1 000 tonnes de brut ?

836 tonnes sont brûlées comme combustible :

- Essence pour véhicules à moteur : 241.
- Fioul domestique pour chauffage central 230.
- Gazole (fioul léger) pour moteurs diesel : 195.
- Fioul lourd pour centrales et industries : 88.
- Carburéacteur (kérosène) : 46.
- Gaz liquéfiés (propane, butane) : 36.

164 tonnes sont utilisées comme matière première:

- Matières plastiques et pétrochimie : 108.
- Bitumes (revêtements routiers) : 37.
- Divers (cires, paraffines, brais, coke : 5.
- Essences spéciales (white-spirit) : 2.
- Lubrifiants (machines-outils et moteurs) : 12.

L'énergie au quotidien

Globalement, ces différents types d'énergie nous servent à différents usages :

- au chauffage (c'est la plus forte dépense),
- à la cuisine (cuisson des aliments),
- à la production d'eau chaude (se laver; laver le linge, la vaisselle, les sols),
- à l'éclairage,
- au fonctionnement des appareils électro-ménagers (réfrigérateur, congélateur, mixeur, ...),
- au fonctionnement des appareils audio-visuels (cinéma, chaînes Hi-Fi, tourne-disques, magnétophones, ...),
- à celui des appareils de ventilation ou de climatisation.

ACTIVITÉS D'APPRENTISSAGE

1 • Recherchez l'origine de l'électricité utilisée dans votre région.

2 • Indiquez l'implantation géographique des centrales électriques.

3 • Retrouvez les appareils ou machines qui utilisent des produits issus du raffinage du brut. Vous insisterez plus particulièrement sur ceux à usage domestique.

4 • Proposez des solutions pratiques pour limiter la consommation d'énergie.

L'essentiel

1 LES RESSOURCES EN ÉNERGIE

Le développement industriel s'est produit à partir de l'exploitation d'énergies fossiles non renouvelables : charbon, pétrole, gaz, minerais fossiles.

Ainsi, une énergie abondante et bon marché a généré diverses formes de gaspillage et certains inconvénients sur l'environnement (pollutions, nuisances).

Les effets de la crise énergétique ont entraîné le recours aux énergies renouvelables, essentiellement à partir **d'éléments climatiques** tels que :

- le vent, avec les éoliennes et les aérogénérateurs ;
- le soleil, avec les photopiles ;
- la force des eaux ;
- la biomasse et la géothermie.

2 LES USAGES QUOTIDIENS DE L'ÉNERGIE

Les vecteurs énergétiques sont principalement l'électricité, le fioul, le charbon, le bois.

Ils posent à l'usager des problèmes de stockage, sauf l'électricité et le gaz distribués par le réseau.

Ces différents types d'énergie servent :

- au chauffage des locaux ;
- à la cuisine ;
- à la production d'eau chaude ;
- à l'éclairage ;
- au fonctionnement des appareils électro-ménagers ;
- à la climatisation et à la ventilation.

3 LES ÉCONOMIES D'ÉNERGIE

Les économies d'énergie peuvent porter à la fois sur les consommations directes et sur les consommations indirectes.

Chacun peut maîtriser ses propres consommations d'énergie qui apparaissent au niveau des factures de gaz et d'électricité.

Mais il faut aussi tenir compte de l'énergie nécessaire pour fabriquer les automobiles, les produits industriels, les ponts, les routes, les bâtiments, etc.

Les pouvoirs publics doivent mener des campagnes de sensibilisation du public aux économies d'énergie, notamment par l'intermédiaire de l'ADEME (Agence De l'Environnement et de la Maîtrise de l'Énergie).

4 L'ÉNERGIE ET LES TRANSPORTS

Une voiture sur deux démarre pour faire moins de 3 kilomètres. Les déplacements en zone urbaine ont presque doublé en 15 ans.

Prendre une voiture en ville devient plus contraignant, plus stressant, plus polluant.

La solution passe par le développement des transports en commun. Le bus est en effet :

- **économe d'espace** car il n'utilise que 4 % de la voirie urbaine pour assurer 30 % des déplacements de surface ;
- **économe d'énergie** ; lorsqu'il est complet, il remplace 50 voitures ;
- **protecteur de l'environnement** ; chaque déplacement en bus produit 25 fois moins d'oxyde de carbone qu'une voiture.

Consommation 20

LES CIRCUITS ÉCONOMIQUES

L'économie fonctionne comme un circuit : les ménages travaillent dans les entreprises ; celles-ci leur versent des salaires en contrepartie ; ces salaires permettent d'acheter des produits fabriqués par les entreprises.

Le marché permet de confronter l'offre et la demande. Elles doivent s'ajuster en fonction des prix des produits vendus. Ainsi, un particulier qui veut vendre son automobile se basera sur la cote de l'argus, qu'il augmentera s'il y a beaucoup d'acheteurs ou diminuera si son véhicule n'a pas de succès.

L'offre des produits et des services est assurée par des producteurs. L'acheminement des biens vers les consommateurs peut se faire par différents circuits plus ou moins longs.

PRODUCTEUR → Grossiste → Détaillant → **CONSOMMATEUR**

PRODUCTEUR → Centrale d'achat → Grandes surfaces → **CONSOMMATEUR**

PRODUCTEUR → Vente par correspondance ou à domicile → **CONSOMMATEUR**

Le consommateur choisit la formule qui lui convient en fonction de nombreux critères : prix, service après-vente, proximité, qualité, etc.

COMPÉTENCES

1 - Effectuer des démarches
- Analyse du circuit économique des produits de consommation courante.
- Identification des prix et les services rendus.

2 - Effectuer des choix raisonnés
- Choix de la bonne forme de vente.
- Choix des meilleures conditions de vente.

1 LES CIRCUITS DE DISTRIBUTION

PRODUCTEURS

COMMERCES DE GROS (au 1.1.90)

152 285	établissements, dont :
45 802	alimentaires
49 686	non alimentaires
56 797	produits industriels

COMMERCES DE DÉTAIL (au 1.1.90)

552 945	établissements, dont :
8 000	grandes surfaces alimentaires
166 573	alimentaires de proximité
3 881	non alimentaires
374 491	spécialisés

Les centrales d'achat

Elles centralisent les commandes des magasins affiliés. Les sociétés succursalistes, qui regroupent les achats des magasins qu'elles exploitent, sont des centrales de fait : Auchan, Carrefour, Euromarché, Leclerc...

Les chaînes volontaires

Ce sont des groupements d'achat de grossistes dont les clients détaillants sont liés au grossiste régional par contrat d'approvisionnement.

Ex. : SPAR, CODEC

Les franchisés

Ce sont des commerçants qui utilisent une enseigne ou une raison sociale d'une entreprise disposant d'un savoir-faire dans un domaine particulier, moyennant une redevance.

Ex. : Rodier, Pronuptia, Yves Rocher

Les coopératives de consommateurs

Les bénéfices distribuables sont répartis, sous forme de ristourne annuelle, entre les membres.

Ex. : CAMIF

ACTIVITÉS D'APPRENTISSAGE

1 • Quelles différences fondamentales faites-vous entre les commerces de gros et les commerces de détail ?

2 • Donnez des exemples de commerces de gros de produits industriels.

3 • Quels sont les différents types de grandes surfaces alimentaires ? Donnez des exemples.

4 • Qu'entend-on par commerces de proximité ?

5 • A quoi correspondent les commerces de détail spécialisés ?

pratique mais risqué

Un foyer sur deux achète par correspondance.
Pas de déplacement, choix en toute tranquillité...
On peut presque tout acheter de cette façon, non sans risques : retards de livraison, articles non conformes...

Certaines des entreprises de vente par correspondance ont une existence éphémère (et disparaissent souvent avec l'argent des consommateurs) d'où l'utilité de s'adresser à une société adhérente au Syndicat des entreprises de vente par correspondance et à distance (SEVPCD), ainsi engagée à respecter un code de bonne conduite professionnelle (1). Premier devoir pour les entreprises : fournir des informations précises sur les produits et les conditions générales de vente, indiquer les prix, toutes taxes comprises.

Le bon de commande est un contrat entre l'entreprise et le consommateur ; le lire attentivement et en garder une photocopie.

Il est toujours préférable de payer à la livraison. En cas de difficulté, le consommateur n'attend pas son remboursement (ne jamais envoyer un chèque, ni un numéro de carte de crédit, à une entreprise ayant son siège à l'étranger).

La livraison

Dans tous les cas et dans tous les modes de vente à distance, la loi donne un délai de 7 jours à compter du lendemain de la livraison de la marchandise pour retourner celle-ci (en recommandé) à l'expéditeur. L'entreprise est obligée de la changer ou de la rembourser. Les frais de réexpédition restent à la charge du consommateur. Si la date de livraison n'est pas respectée, le consommateur doit mettre l'entreprise "en demeure de livrer". Si l'article est épuisé, le consommateur doit être remboursé des sommes avancées et peut demander des intérêts légaux si le paiement a été effectué depuis plus de trois mois. Avant de signer le bon de livraison, il faut vérifier la marchandise. Un article peut être abîmé ou non conforme. Si tel est le cas, il faut le refuser. Si la vérification à la réception n'est pas possible, retourner l'article en recommandé avec accusé de réception (dans les trois jours), en demandant l'échange ou le remboursement.

Il peut arriver que l'on reçoive des articles non commandés avec facture correspondante. Il s'agit d'un envoi forcé, c'est une infraction dans tous les cas. Pour éviter les frais de réexpédition, faites savoir à la société expéditrice (par lettre recommandée avec accusé de réception) que vous tenez sa marchandise à sa disposition. Ne pas se laisser impressionner par les relances.

Que faire en cas de litige ?

D'abord tenter une négociation à l'amiable avec l'aide d'une association de consommateurs ou du SEVPCD. En cas d'échec, prendre contact avec la direction de la Concurrence, de la Consommation et de la Répression des fraudes de son département. On peut saisir le tribunal de grande instance en cas d'envoi forcé ou de tout autre infraction.

Chrystie Lipani

(1) SEVPCD, 60 rue la Boétie, 75008 Paris

Vendredi n° 115 du 27 septembre 1991

RÉPARTITION DE LA CLIENTÈLE (1990)
(1 foyer sur 2 achète par correspondance)

– Répartition par âges	
• de 15 à 24 ans	48,4 %
• de 25 à 34 ans	57,3 %
• de 35 à 49 ans	53,4 %
• de 50 à 65 ans	52,2 %
• plus de 65 ans	41,8 %
– Répartition professionnelle	
• cadres supérieurs	58,8 %
• cadres moyens	56,2 %
• employés	54,8 %
• artisans, commerçants	52,7 %
• agriculteurs	47,8 %
• ouvriers	44,8 %
• non actifs	54,7 %

ACTIVITÉS D'APPRENTISSAGE

1 • Quelles sont les entreprises de vente par correspondance que vous connaissez ?

2 • Quels types de produits achète-t-on le plus couramment par correspondance ?

3 • Quels sont les avantages et inconvénients de cette forme de vente ?

4 • Comment la loi protège-t-elle les acheteurs ?

5 • Caractérisez le type d'acheteur le plus important par correspondance.

3 LA COMMANDE

L'ADRESSE DE LIVRAISON
Indiquez toujours précisément où vous voulez être livré.

LA QUANTITÉ
Pour les articles vendus par lots, indiquez le nombre de lots que vous souhaitez.

LA TAILLE OU LE CODE-TAILLE
Selon les cas, c'est une taille, une stature, un code-taille, ou un simple numéro.

RÉDUCTION OU "ACHAT FUTÉ"
Calculez les réductions proposées dans ce catalogue sur la dernière ligne de votre bon de commande.
Elles seront automatiquement prises en compte si vous commandez par téléphone, Minitel ou Redoutel.
Sur votre facture, la réduction apparaît au niveau de chaque article en proportion de son prix. Au cas où une partie de l'ensemble ne serait plus disponible, la réduction s'applique au prorata du prix des articles livrés.

VOTRE COMMANDE POINT PAR POINT

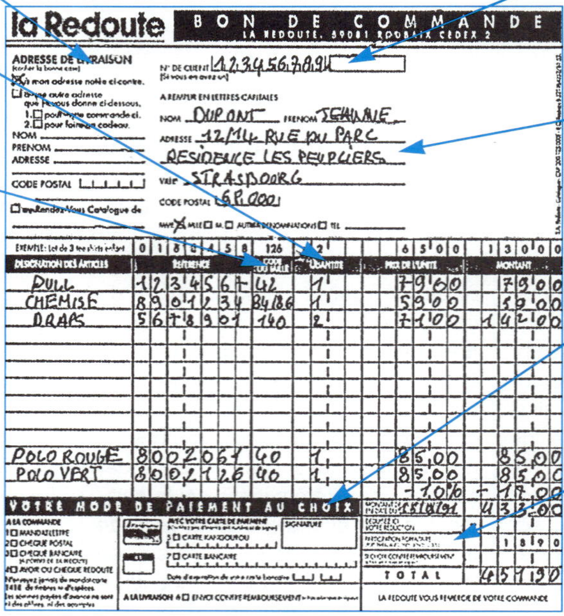

VOTRE NUMÉRO DE CLIENT
(si vous en avez un)
Il est très important pour traiter rapidement votre commande.

VOTRE ADRESSE
Indiquez votre adresse avec beaucoup de précision (bâtiment, étage,...). Pensez au livreur : pourra-t-il vous trouver facilement avec l'adresse que vous donnez ?

LE PAIEMENT
Vous avez le choix : payer à la commande ou à la livraison, par Carte Kangourou ou Carte Bancaire.

LA PARTICIPATION FORFAITAIRE AUX FRAIS D'ENVOI
Votre participation aux frais de port, d'emballage, de confection du colis est de 18,90F, quelle que soit la taille du colis.

Votre commande sur Minitel

Minitel :
• Vous explique tout sur votre commande et l'enregistre immédiatement.
• Vous renseigne sur la disponibilité des articles et des délais de livraison.
• Vous permet de bénéficier d'une livraison "48 Heures Chrono" dans votre Rendez-Vous Catalogue ou votre Relais La Redoute.
• Vous propose plusieurs moyens de paiement : Carte Kangourou, Carte Bancaire, paiement à la livraison.
• Vous ouvre tous les choix de livraison : à domicile, dans votre Rendez-Vous Catalogue, votre Relais La Redoute... ou à toute adresse que vous indiquerez.
• Vous permet de profiter des promotions que vous recevrez de la Redoute.

Votre commande par téléphone

Votre hôtesse :
• Vous conseille et enregistre directement vos commandes.
• Vous renseigne sur la disponibilité des articles et vous dit quand vous serez livré.
• Vous propose la livraison "48 Heures Chrono" dans votre Rendez-Vous catalogue ou votre Relais La Redoute.
• Vous laisse le choix pour payer : par Carte Kangourou, Carte Bancaire ou contre-remboursement.
• Vous fait livrer où vous le voulez : chez vous, dans votre Rendez-Vous Catalogue ou votre Relais La Redoute ou à toute autre adresse que vous lui indiquerez.
• Enregistre votre participation aux promotions que vous recevrez de La Redoute
Votre hôtesse est à l'écoute du lundi au samedi. Le soir et le dimanche, nous vous conseillons de brancher votre Minitel ou d'essayer Redoutel.

ACTIVITÉS D'APPRENTISSAGE

1 • Quels sont les différents moyens de passer une commande ?

2 • Quelle est la formule la plus utilisée pour passer une commande ? Pourquoi ?

3 • Énumérez les mentions essentielles du bon de commande.

4 • Quels sont les avantages et les inconvénients de la commande par Minitel ?

5 • Comment le paiement d'une commande peut-il être opéré ? Dans quels cas ?

L'essentiel

1 LES CIRCUITS DE DISTRIBUTION

2 LE DÉMARCHAGE À DOMICILE

Le vendeur s'adresse directement au consommateur par l'intermédiaire de démarcheurs à domicile munis d'une carte professionnelle.

RÉGLEMENTATION

RESTRICTIONS	BON DE COMMANDE	DÉLAI DE RÉFLEXION	PAIEMENT
• Démarcharge interdit en matière d'enseignement • Démarcharge soumis à règles spéciales pour valeurs mobilières	Remise obligatoire d'un bon de commande daté et signé par le client, indiquant avec précision le détail de la com-	• Délai de renonciation de 7 jours laissé au client. • Un formulaire détachable doit faciliter cette	Aucun paiement ne peut être exigé pendant le délai de renonciation.

3 LA VENTE À DISTANCE

Concerne la vente par correspondance, la vente par téléphone, la vente par minitel et toutes les modalités de vente audiovisuelles (notamment le télé-achat).

RÈGLES DU TÉLÉ-ACHAT

- le prix du produit doit être proposé en francs français, toutes taxes comprises.
- si l'article commandé n'est pas livré, l'acheteur peut demander le remboursement de la somme versée, ainsi que les intérêts légaux.
- l'acheteur dispose d'un délai de 7 jours à compter de la livraison pour retourner le produit.

VENTE À DISTANCE

bien connaître les règles du jeu

De nouvelles méthodes d'achat se développent. Pour éviter les mauvaises surprises, il faut être vigilant avant de signer.

Plusieurs entreprises proposent de véritables catalogues télématiques, permettant de passer commande par Minitel et de savoir aussitôt si le produit est disponible. Pour minimiser les risques, payez à la livraison.

Le démarchage par téléphone

La loi fait obligation au démarcheur de confirmer son offre par écrit. C'est la signature du client qui l'engage. Il doit être informé des prix avant la signature du contrat. Si la marchandise lui parvient sans acceptation préalable, il s'agit d'un envoi forcé, pratique totalement illégale. Les démarchages téléphoniques doivent être effectués pendant les jours ouvrables et à des heures respectant la vie privée.

Le télé-achat

Entre le "Télé-shopping" sur TF1, "M6 Boutique", le club du "Télé-achat" sur la 5... comment résister à l'objet télévisuel ? C'est très attractif et l'on peut acheter par téléphone, Minitel ou passer une commande par écrit. Le télé-achat a aussi ses règles (loi du 6 janvier 1988). Les émissions ne peuvent dépasser 15 minutes chacune et pas plus de 90 minutes par semaine. Elles doivent être diffusées entre 8 h 30 et 11 h 30 ou la nuit et jamais le dimanche. Ni le nom du fabricant, ni celui du distributeur ne doivent être précisés à l'écran. Les conditions de prix et de commande ne doivent laisser place à aucune équivoque. Le non-respect de ces dispositions expose à de sérieuses amendes. L'Institut national de la consommation dans une enquête publiée dans son mensuel "50 millions de consommateurs," de mars 1991, montre les pièges de cette technique. Aucune information sur le produit n'est donnée spontanément par les opératrices qui prennent la commande ; les délais de livraison sont assez longs (25 jours en moyenne) alors qu'il faut commander le jour même.

La vente à domicile

On vient vous proposer à votre porte tel ou tel produit. Cette vente est réglementée par la loi du 22 décembre 1972. Sont interdits : contrats d'enseignement par correspondance, consultations juridiques, médicaments, or, bourses étrangères. D'autres secteurs sont soumis à des dispositions particulières (assurances vie,) d'autres encore sont libres (réunion Tupperware...). Avant de signer le bon de commande, vérifiez que le démarcheur possède une carte accréditive, que la date figurant sur le bon est bien celle du jour où vous signez, que le contrat est bien rédigé. En cas de doute, renseignez-vous auprès du Syndicat national de la vente et du service à domicile, 42 rue Laugier 75017 Paris, tél. : 42.67.40.76. En cas de litige, si la négociation à l'amiable échoue, vous pouvez saisir le tribunal de grande instance de votre domicile. Pour tous renseignements, adressez-vous aux associations de consommateurs, à la direction de la Concurrence, de la Consommation et de la Répression des Fraudes de votre département et consultez sur Minitel le 36.14 Consom, la rubrique "prix, les règles du jeu".

Chrystie Lipani

Vendredi n° 117 du 11 octobre 1991

21 LES DOCUMENTS INFORMATIFS

L'étiquette du produit est à la fois un support d'information et un agent publicitaire.

L'étiquetage des produits alimentaires relève d'une réglementation européenne et est soumis au contrôle de la ***Direction Générale de la Consommation, de la Concurrence et de la Répression des Fraudes*** (D.G.C.C.R.F.)

La publicité des prix est obligatoire. Mais les mensonges par omission ou excès d'informations fantaisistes sont nombreux. Il faut donc se méfier et bien lire les étiquettes.

Il faut aussi connaître les différents signes distinctifs utilisés : les marques, les labels, les appellations contrôlées, les normes, les additifs ou la transcription des dates limites d'utilisation des produits alimentaires.

Selon la catégorie de produit, il faut accorder une importance plus ou moins grande à tel ou tel renseignement (composition, poids, prix) et à la qualité garantie (norme, label).

Il faut donc acheter en toute connaissance de cause.

COMPÉTENCES

1 - Effectuer des choix raisonnés
- Choisir un produit après analyse de plusieurs documents informatifs.
- Connaître les règles de sécurité pour utilisation des produits.

2 - S'impliquer dans une démarche de prévention
- Savoir analyser l'utilisation des additifs dans un produit alimentaire.
- Prévenir les risques signalés par l'étiquetage des produits dangereux.

1 L'ÉTIQUETAGE DES PRODUITS

Une information minimale fixée par décret doit obligatoirement figurer sur certains produits alimentaires préemballés.
La dénomination du produit, le nom ou la raison sociale et l'adresse de la personne responsable de la fabrication, du conditionnement ou de la commercialisation. Le poids net et le volume net, la composition du produit (y compris les additifs), la date limite d'utilisation si ce produit est altérable, et la date limite d'utilisation optimale pour les produits non altérables. Le mode d'emploi, si celui-ci est indispensable pour une bonne utilisation du produit. L'étiquette doit renseigner avec clarté, être rédigée en français et être accessible, c'est-à-dire visible au moment de l'achat.

Les textiles

En plus du pourcentage de composition, doivent être mentionnés le nom des fibres naturelles et le nom des fibres synthétiques ou leur famille d'appartenance.

Meubles

Les meubles neufs doivent porter une étiquette mentionnant les principales matières ou essences qui les composent, ainsi que le mode de fabrication (meubles massifs, ou en bois de placage). Si diverses essences ont été utilisées, l'étiquette doit le préciser. Quand un bois a été teinté pour imiter une autre essence, cela doit également être précisé.

Produits cosmétiques et d'hygiène

Obligatoirement, la dénomination du produit, le nom ou la raison sociale et l'adresse du fabricant ou du responsable de la mise sur le marché, l'indication du pays d'origine pour les pays n'appartenant pas à la C.E.E., le poids et le volume net, la date limite d'utilisation pour les produits dont la durée de stabilité est inférieure à trois ans, le numéro du lot, l'énonciation qualitative et quantitative des substances dont la présence est annoncée dans la présentation, ainsi que les précautions particulières d'emploi.

Les produits diététiques

Ils doivent comporter un étiquetage particulier comprenant notamment leur teneur en glucides, lipides, protides pour 100 g.

SIGNIFICATION DES PICTOGRAMMES

PRODUITS DANGEREUX

E - Explosif
O - Comburant
Xn - Nocif
Xl - Irritant
T - Toxique
T+ - Très toxique
C - Corrosif
F - Facilement inflammable
F+ - Extrêmement inflammable

MEDICAMENTS

A CONSERVER A L'ABRI DE LA CHALEUR
A CONSERVER A L'ABRI DE L'HUMIDITÉ
A CONSERVER A L'ABRI DE LA LUMIÈRE
A CONSERVER A L'ABRI D'UNE FLAMME
A CONSERVER ENTRE 2° ET 8° AU REFRIGÉRATEUR

Produit cosmétique

Composition : Extrait titré de quinquina 1 %. Vitamine B_6 0,1 %. Base lavante douce. Polymère coiffant. Parfum testé hypoallergénique*. Conservateur.
*Elaboré pour minimiser tout risque de réaction allergique.

Conseils d'utilisation : Lavez vos cheveux aussi souvent que nécessaire, mais en n'effectuant qu'une seule application de shampooing. Rincez très soigneusement votre chevelure (un bon rinçage dure trois minutes).
Pour renforcer l'action du shampooing, utilisez le Baume revitalisant à la Quinine.

200 ml ℮
Laboratoires KLORANE
PIERRE FABRE COSMETIQUE
45, place Abel-Gance, 92100 Boulogne

Produit diététique

Dans chaque fromage frais Taillefine, il y a toutes les qualités nutritionnelles d'un fromage blanc classique ; toutes, sauf celles que vous souhaitez le moins, les matières grasses.

Valeur nutritive moyenne pour 100 g	**TAILLEFINE FROMAGE BLANC NATURE**	DANONE JOCKEY 20 %
Protides (g) Lipides (g) Glucides (g)4,1	8 traces 4	7,4 3,2
Valeur énergétique moyenne	**48 kcal** 200 kj	75 kcal 315 kj
Vitamines dont Calcium (mg) Magnésium (mg) Phosphore (mg)	B1, B2, B5, B9, B12, PP 115 10 118	B1, B2, B5, B9, B12, PP 98 10 118

GERVAIS DANONE FRANCE - 92302 LEVALLOIS

Textile

LA COUVERTURE
UNICOLORE TOISON D'OR
EN 350 G/M² COURTELLE
Fibre acrylique 85 % Courtelle, 15 % autres fibres. Bordée sur les 4 côtés d'un ruban polyamide de 9,4 cm. Pouvoir adiathermique : 53 %. Lavable en machine à 40°.

ACTIVITÉS D'APPRENTISSAGE

1 • Examinez les étiquettes reproduites ci-dessus et indiquez, pour chaque produit, si les règles d'étiquetage sont respectées. Justifiez votre réponse.

2 • Recherchez des étiquettes pour des produits analogues et faites le même travail d'analyse.

3 • Que pensez-vous des pictogrammes ? Pourquoi est-il utile d'employer, dans chaque cas, des dessins significatifs ?

4 • Donnez des exemples de produits domestiques qui comportent des pictogrammes.

2 L'ÉTIQUETAGE PARTICULIER DES PRODUITS ALIMENTAIRES

Les additifs

Ce sont des substances ajoutées aux aliments pour améliorer leur qualité et qui comprennent essentiellement des colorants (E100 à E180) et des conservateurs (E200 à 249).

Tableau des colorants autorisés (1)

COULEUR	NUMEROTATION DE LA C.E.E.	DENOMINATION USUELLE
1. Matières colorantes pour la coloration dans la masse et en surface		
JAUNE	E 100	Curcumine
	E 101	Lactoflavine (Riboflavine)
	E 102	Tartrazine
	E 104	Jaune de quinoléine
ORANGE	E 110	Jaune Orangé S
ROUGE	E 120	Cochenille, acide carminique
	E 122	Azorubine
	E 124	Rouge cochenille A
	E 127	Erythrosine
BLEU	E 131	Bleu patenté V
	E 132	Indigotine (carmin d'indigo)
VERT	E 140	Chlorophylles
	E 141	Complexes cuivriques des chlorophylles et des chlorophyllines
	E 142	Vert acide brillant BS (vert lissamine)

COULEUR	NUMEROTATION DE LA C.E.E.	DENOMINATION USUELLE
BRUN	E 150	Caramel
NOIR	E 151	Noir brillant BN
	E 153	Carbo medicinalis vegetalis
NUANCES DIVERSES	E 160	Caroténoïdes
	E 161	Xantophylles
	E 162	Rouge de betteraves. Bétarine
	E 163	Anthocyanes
	E 171	Bioxyde de titane
	E 172	Oxydes et hydroxydes de fer
2. Matières colorantes pour la coloration dans la masse et en surface seulement		
	E 170	Carbonate de calcium
	E 173	Aluminium
	E 174	Argent
	E 175	Or
3. Matières colorantes pour certains usages seulement		
	E 180	Pigment rubis

(1) Code européen des colorants autorisés dans les pays de la C.E.E.

Les dates limites de vente

A CONSOMMER JUSQU'AU :
080CT
A CONSERVER A +6° MAX

A conserver au réfrigérateur et à consommer de préférence avant le:
161092
225

Denrées périssables (produits laitiers, viande, poisson...)

- *Date limite de consommation* indiquée en clair.
- Accompagnée des conditions de conservation.
- Produit retiré de la vente le jour de la date limite.

Denrées non périssables (épicerie, boissons, conserves...)

- *Date limite d'utilisation optimale* indiquée en clair.
- Passé ce délai, le produit commence à perdre ses qualités gustatives mais n'est pas impropre à la consommation.

Ingrédients : Sucre - Gomme de base - Sirop de glucose - Arômes naturels - Stabilisants : E 420, E 422 - Emulsifiant : E 322 - Antioxygène : E 320 - Colorant : E 141.
Ingredients: Sugar - Gum base - Glucose syrup - Natural flavourings - Stabilizers: E 420, E 422 - Emulsifier: E 322 - Antioxidant: E 320 - Colour: E 141.
EMB 86221 **31 g** de chewing gum
Fabriqué en France par Kraft General Foods France 92500 Rueil-Malmaison

BISCUITS - INGRÉDIENTS
Farine de froment - Sucre - Graisse végétale - Œufs - Lait écrémé en poudre - Sel - Poudre à lever : bicarbonate de sodium.
Poids net : 225 g ℮
COMMERCIALISÉ PAR :
L'ALSACIENNE - 6 rue Édouard-Vaillant
91201 ATHIS-MONS - FRANCE
MADE IN BELGIUM B.2750

3 017760 856188
A CONSOMMER DE PRÉFÉRENCE AVANT FIN:
02 . 93 / 0 + U

ACTIVITÉS D'APPRENTISSAGE

1 • Examinez l'étiquette de droite ci-dessus et vérifiez si les règles d'étiquetage sont respectées. Quelles informations en retirez-vous ?

2 • Examinez l'étiquette rectangulaire ci-dessus et faites l'inventaire des additifs utilisés. Précisez le type de colorant.

3 • Faites un travail identique avec d'autres étiquettes de produits alimentaires.

3 LES NORMES ET LABELS

Les Normes Françaises N.F.

La norme est un document technique officiel élaboré par l'AFNOR (Association Française de Normalisation), en concertation avec les professionnels, les pouvoirs publics et les consommateurs.
Les normes s'appliquent à tous les secteurs de l'activité économique. Elles ne sont pas obligatoires mais elles améliorent la qualité et la sécurité des produits.

LA MARQUE NF

La référence NF assure que le produit est conforme à la norme. Ce qui entraîne :
- un contrôle réalisé dans un laboratoire indépendant pour vérifier, grâce à des méthodes normalisées, si le produit est conforme à la norme ;
- une surveillance continue, tant au niveau de la fabrication que du commerce, exercée par un comité responsable sous l'autorité de l'AFNOR et dans le cadre d'un statut officiel ;
- un signe distinctif apposé sur le produit : le monogramme NF. Exemple : en ameublement, l'estampille NF doit se trouver sous le plateau des tables, sous l'assise des chaises...

NF = un plus pour le consommateur

Un appareil NF fournit un certain nombre de garanties, qu'on ne peut pas contrôler soi-même, sur le plan :
- **de la sécurité** (la marque NF atteste que l'appareil est conforme aux règles de sécurité exigées par la norme) ;
- **de l'aptitude à l'emploi** (l'appareil a subi des essais afin de déterminer s'il remplit bien la fonction pour laquelle il est conçu) ;
- **du recours** (en cas de litige opposant un consommateur et un fabricant à propos d'un appareil NF, le consommateur peut s'adresser à l'AFNOR).

Étiquetage informatif

Tous les produits grand public qui ont la marque NF possèdent un étiquetage d'information qui porte sur les performances des appareils. Cet étiquetage permet aux consommateurs de comparer les caractéristiques des différents appareils entre eux, car ces informations sont certifiées.

GAZ

FROID

Les labels

Un label est un certificat de qualité délivré par un organisme indépendant qui n'assure pas lui-même la vente des produits concernés.

Label rouge

Agriculture biologique

Appellation d'origine contrôlée

Produits de montagne

ACTIVITÉS D'APPRENTISSAGE

1 • Donnez des exemples de produits normalisés de la vie courante.

2 • Vous achetez un congélateur portant la marque "NF Froid" ; quelles sont les garanties attestées par un tel étiquetage ?

3 • Recherchez un produit portant la marque "NF" et retrouvez sur l'étiquette les informations apportées à l'acquéreur.

4 • Établissez une liste de produits bénéficiant des différents labels ci-dessus.

5 • Quelles sont les garanties apportées par un label ?

L'essentiel

1 L'ÉTIQUETAGE INFORMATIF

• **Les certificats de qualification**

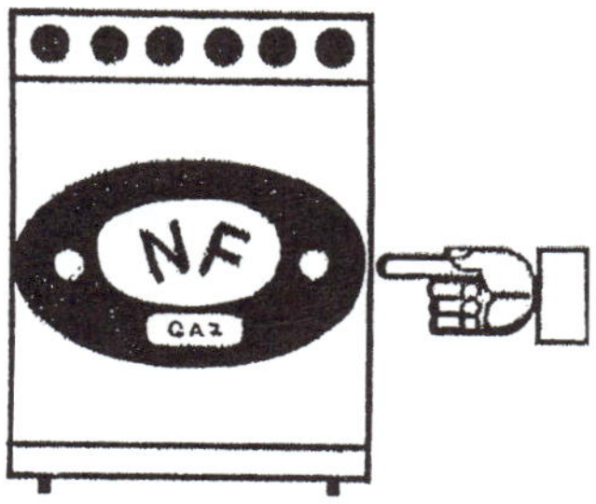

Etiquette informative indiquant les principales caractéristiques des produits contrôlés par des organismes certificateurs indépendants du fabricant. L'estampille N.F. atteste sa conformité aux normes françaises officielles.

• **Les contrats pour l'amélioration de la qualité**

Ce sont des contrats conclus pour deux ans maximum entre des entreprises volontaires et des organisations nationales de consommateurs agréées.
Ils portent sur la fabrication, les conditions de vente, les garanties, le service après-vente de certains produits : meubles, appareils ménagers, etc.

• **Les labels**

Les labels agricoles sont délivrés par les syndicats professionnels de producteurs : poulet de Bresse, tome de Savoie, fromage d'Auvergne.

Les labels reconnus sont des marques collectives contrôlées et reconnues par les pouvoirs publics (Service de la Répression des Fraudes).
Ex. : Woolmark, Belle Literie.

• **Les appellations d'origine**

Dénomination autorisée par décret pour des produits dont la qualité ou les caractères résultent du milieu géographique : vins, fromages, etc.

2 LA PUBLICITÉ DES PRIX

– Affichage obligatoire pour les produits exposés
– Prix lisibles à l'intérieur et à l'extérieur
– Pour les lots : prix du lot
– Pour les produits vendus au poids : prix de l'unité de mesure
– Pour les prestations de service, affichage dans les lieux où la prestation est proposée au public

Réduction de prix

hors lieu de vente

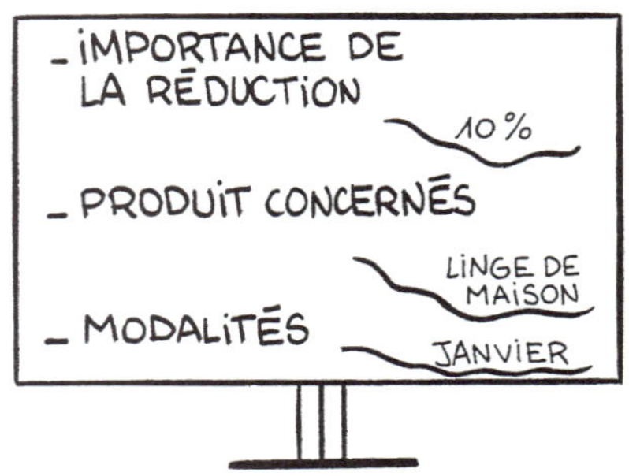

sur le lieu de vente

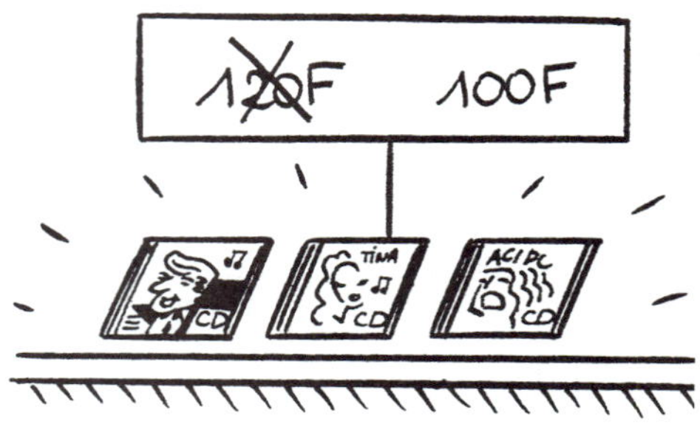

double étiquetage obligatoire

L'étiquetage sous haute surveillance

Pour les gourmets, les fêtes évoquent avant tout les joies du palais. L'occasion de déguster, en famille ou entre amis, une bonne bouteille ou un foie gras, un grand saumon ou du caviar. Mais attention ! Tout fabricant de denrées alimentaires est soumis à une législation sévère (loi de 1984, modifiée par un arrêté de 1991). L'étiquetage est le reflet de l'application de cette loi. Et... votre meilleure garantie !

La carte d'identité du produit

L'étiquetage (sur bague, emballage, collerette...) est obligatoire. L'étiquette, rédigée en français, ne doit pas semer la confusion chez le consommateur. Elle est tenue d'indiquer :

La dénomination de vente, pour permettre de connaître la nature du produit. Elle précise aussi l'état de la denrée en question ou les traitements qu'elle a subis : en poudre, lyophilisé, surgelé, congelé...

La liste des ingrédients. Sont indiquées, par ordre décroissant de poids : toutes substances, y compris les additifs utilisés dans la fabrication ou la préparation d'une denrée alimentaire, et encore présents dans le produit fini.

En sont dispensés :

- les fruits et légumes frais ;
- les eaux gazéifiées ;
- les vinaigres de fermentation provenant d'un seul produit de base et sans adjonction ;
- les fromages, beurres, laits et crèmes fermentés si ces denrées n'ont pas subi d'adjonction ;
- les produits constitués d'un seul ingrédient ;
- les agents d'aromatisation dont les supports et les additifs devront être indiqués.

La quantité nette de denrée préemballée. Cette mention n'est obligatoire que pour les produits dont la quantité nette est supérieure à 5 g ou 5 ml, excepté les épices et les plantes aromatiques. Si une denrée est présentée dans un liquide (vinaigre, sirop), son poids net égoutté est indiqué.

La date. Tout produit, à l'exception des fruits et légumes frais, coquillages vivants, sucre, sel, vinaigre et quelques autres, doit porter une date. Voire deux.

La date limite de consommation. Les denrées périssables (les yaourts par exemple) portent une date limite de consommation ou "DLC". Indiquée en clair, sous forme de jour et de mois, elle est accompagnée des indications de conservation du produit (température...).

Les œufs frais et extra-frais ne portent pas de date limite de consommation, mais leur date d'emballage. Pour le beurre, c'est la date de conditionnement qui est mentionnée par un chiffre entre 1 et 366 correspondant au jour de l'année où le produit est conditionné.

– La date limite d'utilisation optimale. Elle est portée sur les produits non périssables.

Elle est obligatoirement précédée de "A consommer de préférence avant le ..." ou "A consommer de préférence avant fin...". Et dans certains cas : "A consommer de préférence dans un délai de... après la date figurant".

Pour les conserves et semi-conserves, la date peut être indiquée sous diverses formes : soit sous un groupe de 5 chiffres, les deux premiers étant les derniers chiffres de l'année de fabrication, les 3 autres le jour de fabrication dans l'année. Exemple: 89-120; soit par une lettre codéterminée chaque année, suivie du jour de fabrication dans l'année.

Exemple : H 120.

Lettres codes de ces dernières années :

	87	88	89	90	91
Conserves	S	A	H	P	T
Semi-conserves	D	R	C	N	U

Le nom ou la raison sociale.

Le lieu d'origine.

Le mode d'emploi.

Les mentions obligatoires spécifiques de chaque produit.

Le titre alcoométrique volumique acquis pour les boissons de plus de 1,2 % d'alcool en volume.

L'indication du lot de fabrication.

Astrid Le Mintier

Chaque code-barres comprend 13 chiffres :

3 048283 661744

Favre-Félix/Jerrican

• les 2 premiers sont un préfixe qui indique le pays de codification du produit. Il s'agit du pays dans lequel la société propriétaire de la marque commerciale est référencée et non systématiquement du pays de fabrication ou de distribution du produit. Pour la France, ce chiffre va de 30 à 37 ;

• les 5 chiffres suivants représentent le propriétaire de la marque : Gervais, Skip, Pampers...

• les 5 chiffres suivants reflètent le code du produit qui est référencé dans le catalogue du fournisseur. Ainsi, pour une marque et une matière identiques, un pot de confiture d'abricots de 450 g n'aura pas le même code que son homologue d'1 kg ;

• le dernier chiffre est une clef de contrôle qui sert à fiabiliser la lecture optique.

(Mieux Vivre 1991)

Consommation

22 LA PROTECTION ET LA SÉCURITÉ

Pour être en sécurité, il faut tout simplement se protéger.

En effet, les consommateurs doivent se prémunir contre un certain nombre de déconvenues : matériel neuf en panne, réparations coûteuses, utilisation dangereuse d'un bien, mauvaise interprétation d'un texte ou signature hâtive.

Il faut donc lire avec attention les clauses des contrats avant de s'engager. Un certain nombre de points doivent toujours être vérifiés de façon précise : description du produit ou du service, date de livraison, mode de paiement, garantie accordée, service après-vente, etc.

En cas de litige, il faut savoir qu'il existe des organismes publics ou privés d'aide aux consommateurs qui seront présentés dans le chapitre suivant.

La commission de sécurité des consommateurs joue un rôle important dans la prévention des risques liés à l'utilisation des produits et services.
La loi du 21 juillet 1983 a instauré une obligation générale de sécurité pour les professionnels.

COMPÉTENCES

1 - Appréhender une situation dans sa globalité
- Repérer des informations sur un contrat avant de s'engager.
- Évaluer les conséquences des engagements prévus dans le contrat.

2 - S'impliquer dans une démarche de prévention
- Recenser les facteurs de risques dans l'exécution du contrat.
- Prendre les mesures nécessaires pour faire face à ces risques.

1 LE CONTRAT DE VENTE

Tout contrat doit faire l'objet d'un examen attentif. En particulier, l'achat d'un véhicule neuf représente un investissement élevé soumis à des conditions particulières.

CONDITIONS GÉNÉRALES DE VENTE ET DE GARANTIE DES VÉHICULES CITROËN (Extraits)

Article II - COMMANDES ET LIVRAISONS

Le modèle de véhicule commandé est défini par sa dénomination commerciale et la mention de l'année-modèle choisie.

L'acheteur qui subordonne son engagement à certaines caractéristiques du véhicule, doit le mentionner sur le bon de commande. Le vendeur est libre de ne pas accepter cette commande s'il ne peut garantir la livraison du véhicule avec ces caractéristiques.

La livraison d'un véhicule d'un modèle ou d'une année-modèle est garantie dans la limite des disponibilités connues par le vendeur au moment de la commande.

Le transfert de propriété des véhicules est suspendu jusqu'à leur paiement intégral, conformément aux dispositions de la loi du 12 mai 1980 sur la réserve de propriété. L'acheteur assume en tout état les risques relatifs aux véhicules dès leur livraison.

Le présent bon de commande n'engage les parties qu'à la condition qu'il comporte la signature du client et le cachet commercial du Concessionnaire sur chaque exemplaire.

Article III - PRIX

Le prix du véhicule faisant l'objet de la commande est celui du tarif en vigueur au jour de celle-ci, pour toute livraison stipulée ou effectuée dans un délai de trois mois, sauf variation de prix résultant de modifications techniques ou fiscales imposées par les Pouvoirs Publics.

Pour toute livraison stipulée dans un délai de trois mois, la garantie de prix de trois mois est prolongée jusqu'à la mise à disposition du véhicule, dans le cas de retard de livraison non imputable à l'acheteur, à moins que ce retard ne résulte d'un cas de force majeure ainsi que de cas d'incendie, inondation, conflit collectif du travail, chez le Constructeur, ses fournisseurs ou ses sous-traitants, ainsi que chez le vendeur.

Si la livraison intervient sur la demande ou du fait de l'acheteur, plus de trois mois après la commande, le prix sera celui du tarif en vigueur au jour de la livraison.

Article IV - COMMANDES ACCOMPAGNÉES D'UN CRÉDIT OU LOCATIONS AVEC PROMESSE DE VENTE

Toute commande réglée partiellement au moyen d'un crédit ou toute location avec promesse de vente ne devient définitive, d'une part qu'après expiration du délai de réflexion de sept jours faisant suite à l'acceptation par l'emprunteur de l'offre préalable de crédit du prêteur, et d'autre part qu'après l'agrément par le prêteur de la personne de l'emprunteur. Toutefois, en application de l'article 3 de la loi n° 78-22 du 10 janvier 1978, les commandes passées par les personnes morales de droit public ou pour les besoins d'une activité professionnelle ne bénéficient pas du délai de réflexion de sept jours.

Tant que le contrat de prêt n'est pas définitif, le vendeur n'est pas obligé de livrer le véhicule.

Article V - DATE DE LIVRAISON

Si le véhicule n'est pas mis à la disposition de l'acheteur à la date de livraison prévue sur le bon de commande, celui-ci ne peut résilier sa commande que si le véhicule n'est pas mis à sa disposition dans un délai de quinze jours après mise en demeure de livrer, adressée à l'établissement vendeur par lettre recommandée, et demeurée sans effet.

Ce délai pourra être prorogé en cas de force majeure, ainsi que dans les cas d'incendie, inondation, conflit du travail, chez le vendeur, le Constructeur, ses fournisseurs ou ses sous-traitants.

Article IX - GARANTIE

Les véhicules sont garantis contractuellement contre toute défectuosité pendant une durée d'un an, à partir de la date de première mise en circulation.

Cette garantie ne se substitue pas à la garantie légale des vices cachés résultant de l'application des articles 1641 à 1648 du Code Civil dont tout acquéreur bénéficie. Une carte de garantie est remise à l'acheteur à la livraison du véhicule ; la présentation de cette carte et du talon de la première visite d'entretien 1 500-2 500 km revêtu de l'attestation du représentant qui l'a effectuée est exigée pour toute réclamation invoquant le bénéfice de la garantie contractuelle.

Cette garantie comprend : la remise en état ou l'échange de pièces reconnues défectueuses, la main-d'œuvre nécessaire à cette remise en état ou à cet échange.

Les frais éventuels de dépannage sur place ou de remorquage du lieu de l'incident à l'atelier officiel de la marque le plus proche, sont également pris en charge par la garantie en EUROPE OCCIDENTALE.

Les travaux exécutés sous garantie doivent être effectués par un représentant officiel de la marque.

Les pièces faisant l'objet d'une demande de garantie sont adressées au Constructeur pour examen technique. Si la garantie est acceptée, la pièce défectueuse devient la propriété du Constructeur ; si la garantie est refusée, la pièce peut être restituée au client s'il en a fait la demande préalable.

L'échange d'une pièce ou sa remise en état ne prolonge pas la durée de la garantie du véhicule.

La garantie ne saurait couvrir :

- *les vérifications et opérations d'entretien usuelles ;*
- *les conséquences d'un usage anormal du véhicule, d'une faute ou d'une négligence ;*
- *les conséquences du montage sur le véhicule de pièces non agréées par le Constructeur ;*
- *les conséquences de réparations, de transformations ou de modifications réalisées par des entreprises non agréées par le Constructeur ;*
- *les dégâts consécutifs à des phénomènes naturels ou à des accidents ;*
- *les véhicules circulant aux U.S.A. et au CANADA.*

ACTIVITES D'APPRENTISSAGE

Vous devez signer un bon de commande pour un véhicule neuf Citroën. Vous analysez les conditions générales de vente et vous vous interrogez sur les problèmes qui en découlent.

1 • **L'année-modèle :** le véhicule est livré le 30 juin 1993 ; quelle est son année-modèle ? Est-ce important de le savoir ? Pourquoi ?

2 • **La livraison :** à quel moment deviendrez-vous propriétaire du véhicule ?

3 • **Le prix :** le prix est-il fixé ? Peut-il être modifié ?

4 • **Le crédit :** vous demandez un crédit ; quelles sont les modalités ? Le délai de réflexion peut-il être raccourci ?

5 • **Le retard de livraison :** que se passe-t-il en cas de retard de livraison ?

6 • **La garantie :** votre véhicule est-il garanti ? Dans quelles conditions ?

2 LE CONTRAT DE LOCATION

Entre les soussignés,
M ....
demeurant à ....

désigné(s) ci-après "le bailleur"

né(s) savoir ....
et M ....
demeurant à ....

désigné(s) ci-après "le preneur"

né(s) savoir ....

Il a été dit et convenu ce qui suit :

Par ces présentes, M .... loue(nt) et donne(nt) à bail à M .... qui accepte(nt) conjointement et solidairement) les lieux ci-après désignés faisant partie d'un immeuble sis à .... rue.................. n° ....
à savoir :

DÉSIGNATION

Les lieux loués consistent en ....
....
....

Ils comportent les équipements suivants : ....
....
....

En outre, le locataire bénéficiera, dans le cadre du règlement intérieur ou du règlement de copropriété dont extraits sont annexés aux présentes, des équipements et accessoires de l'immeuble qui font l'objet d'un usage commun,
savoir ....
....

Le preneur déclare avoir visité et constaté l'existence des éléments ci-dessus désignés.

DURÉE

Le présent contrat de location est conclu pour une durée de 3 ans (ou 6 ans) qui commencera à courir le .... pour se terminer le ....

LOYER

La présente location est consentie et acceptée moyennant un loyer principal mensuel de .... payable d'avance, au domicile du bailleur ou de son mandataire, et pour la première fois le ....

RÉVISION

Ce loyer sera révisé automatiquement au terme de chaque année du contrat, en fonction de la variation de l'indice trimestriel national du coût de la construction publié par l'Institut National de la Statistique et des Études Économiques ou de tout autre indice qui viendrait à lui être substitué. Les indices à retenir pour les révisions seront : l'indice de l'avant-dernier trimestre précédant la prise d'effet du bail et celui de l'avant-dernier trimestre précédant le début de la nouvelle période annuelle.

Il est précisé que le loyer valeur au (date de prise d'effet du bail) .... correspond à l'indice du .... trimestre 19....... qui a été de ....

DÉPÔT DE GARANTIE

M .... locataire, a présentement versé à titre de dépôt de garantie, à M .... bailleur, qui le reconnaît, la somme de .... représentant deux mois de loyer en principal, affectée expressément à garantir l'exécution des obligations qui lui incombent en vertu du présent contrat. Le dépôt de garantie ne pourra en aucun cas dispenser le locataire du paiement des derniers loyers lorsque la location prendra fin, ceux-ci, ainsi que les charges, devant toujours être acquittés régulièrement aux échéances convenues.

ACTIVITÉS D'APPRENTISSAGE

Avant de prendre possession d'un studio, vous devez signer le contrat de location ci-dessus.

1 • Complétez les différentes rubriques en imaginant les renseignements manquants.

2 • Expliquez l'importance, pour la suite du bail, des mentions suivantes : désignation des lieux, durée du contrat, montant du loyer, révision du prix.

3 • Quelle est l'utilité du dépôt de garantie ?

4 • Que signifie "acceptent conjointement et solidairement" ?

3 LE DEVIS

Les devis obligatoires à partir de 1 000 F

Pour toute intervention supérieure à 1 000 F, un devis détaillé doit être remis au client pour accord. Le devis signé par le client, doit être respecté. Il engage celui qui l'a établi.

Qu'est-ce qu'un devis ?

L'établissement d'un devis peut être demandé avant d'effectuer des réparations (appareil électroménager, voiture...) ou des travaux dans des locaux d'habitation (par exemple maçonnerie, électricité, plomberie, peinture...).

Un devis présente plusieurs avantages. Il permet tout d'abord de se renseigner sur les dépenses à envisager et de confronter le coût des réparations d'un appareil, par exemple, et le coût d'achat d'un matériel neuf.

Il permet ensuite de comparer les prix et les prestations proposés par plusieurs entreprises.

LE CONTENU D'UN DEVIS

Exigez un devis écrit comprenant :

– la description précise de la nature des travaux à réaliser, des matériaux fournis (quantité, qualité, prix), le coût détaillé de la main-d'œuvre ;
– la somme globale à payer, hors taxes et toutes taxes comprises ;
– le mode et les délais du règlement ;
– la possibilité ou non d'une révision des prix (clause d'indexation) et les modalités de celle-ci ;
– la date prévue pour le commencement des travaux sans oublier leur durée probable ;
– la date de rédaction ainsi que la durée de validité du devis ;
– le nom et l'adresse de l'entreprise et les vôtres.

LA VALEUR DU DEVIS

Un devis constitue une simple information sur les services et les prix proposés par une entreprise. Il ne vous engage absolument pas à confier les travaux à ladite entreprise. Par contre, dès qu'il est signé, il devient un contrat que les deux parties sont tenues de respecter. L'entrepreneur doit donc vous remettre un exemplaire de ce devis. Que se passe-t-il si l'entrepreneur ne le respecte pas ?

Le litige porte sur le prix. Ce dernier doit correspondre au prix indiqué sur le devis. Deux situations peuvent justifier un prix plus élevé que prévu :

– lorsque des travaux supplémentaires, non prévus à l'origine, se sont avérés indispensables. L'entrepreneur ne devra réaliser ces travaux qu'après avoir obtenu votre accord ;
– la hausse officielle des prix de la main-d'œuvre ou des matériaux : vous avez ainsi intérêt à prévoir dans le devis une clause d'indexation qui fixera exactement les modalités de cette hausse.

Le litige porte sur la durée des travaux. Si les délais et la date d'exécution des travaux ont été prévus sur le devis, vous pouvez exiger des dommages et intérêts lorsque les travaux ne sont pas terminés à la date prévue.

Que faire si l'entrepreneur refuse vos arguments ? Résoudre le problème à l'amiable en vous adressant à une associaiton de consommateurs ou à la Direction de la concurrence, de la consommation et de la répression des fraudes de votre département. Si vous n'obtenez pas satisfaction, vous pouvez saisir le tribunal d'instance si les sommes en jeu sont inférieures à 30 000 F et le tribunal de grande instance pour des sommes supérieures à 30 000 F.

(Notre Temps, Juin 1989)

ACTIVITÉS D'APPRENTISSAGE

Vous désirez changer le carrelage de votre cuisine. Quel artisan choisir ? Quel sera le coût ? Une seule précaution : le devis.

1 • Le devis est-il toujours obligatoire ? Dans quels cas est-il le plus utilisé ?

2 • Que demandez-vous avec précision dans le devis ?

3 • Le devis constitue-t-il un engagement ? Dans quelles conditions ?

4 • Quels types de litiges peuvent surgir ? Comment sont-ils résolus ?

L'essentiel

1 LE CONTRAT DE VENTE

• **Formation :** Le contrat de vente est formé dès qu'il y a accord du vendeur et de l'acheteur sur la chose et le prix, même si la chose n'est pas encore livrée ni le prix payé.

• **Obligations des parties :** L'acheteur s'oblige à payer le prix convenu dans les conditions prévues au contrat.
Le vendeur doit :
- délivrer la marchandise vendue ;
- garantir l'acheteur contre les vices cachés ;
- informer l'acheteur sur les précautions d'emploi et les dangers du produit.

• **Arrhes et acomptes :**
- L'acompte engage acheteur et vendeur de façon définitive ; en cas de rupture du contrat, il peut y avoir condamnation à payer des dommages et intérêts.
- Les arrhes permettent à l'acheteur de se rétracter (en perdant les arrhes) et au vendeur de ne pas assurer la livraison (en versant le double du montant des arrhes).

• **Livraison :** La loi du 18-1-92 prévoit que le professionnel doit indiquer la date à laquelle il s'engage à livrer le bien. En cas de dépassement de plus de 7 jours, le contrat peut être dénoncé par lettre recommandée.

2 LA GARANTIE

Garantie contractuelle obligatoire

Il ne doit pas y avoir un vice caché qui entraîne l'impossibilité d'utiliser le produit.

Garantie contractuelle gratuite

Non obligatoire, elle est accordée par le vendeur qui fixe les modalités.

Garantie légale payante

Garantie plus longue qui intervient après la garantie gratuite moyennant un supplément de prix.

3 LA VENTE A CRÉDIT

- l'organisme de crédit dispose d'un délai de 7 jours pour notifier le prêt ou le refus ;
- l'emprunteur dispose du même délai à partir de sa signature pour renoncer à l'emprunt.

En attendant, aucun fond ne peut être demandé et le contrat de vente est annulé si le prêt n'est pas accordé.

4 LA SÉCURITÉ DES PRODUITS

OBLIGATION GÉNÉRALE DE SÉCURITÉ

➜ S'applique à tous les produits et services proposés au consommateur.
➜ Interdit toute importation de produits dangereux.

COMMISSION DE LA SÉCURITÉ DES CONSOMMATEURS

A pour mission :

• d'émettre des avis sur les affaires dont elle est saisie et proposer toute mesure de nature à améliorer la prévention des risques en matière de sécurité des produits ou des services ;

• de rechercher et recenser les informations de toutes origines sur les dangers présentés par les produits et services ;

• de porter à la connaissance du public les informations qu'elle juge nécessaires. Elle publie un rapport annuel d'activité et diffuse des conseils ou des communiqués de mise en garde.

La Commission de la sécurité des consommateurs, créée en 1985 pour améliorer la prévention de risques liée à l'utilisation des produits et des services, passe au crible les objets pouvant être dangereux.

La CSC est composée de personnalités indépendantes : trois hauts magistrats (Conseil d'État, Cour de cassation, Cour des comptes), trois représentants des associations nationales de consommateurs. Plus six experts désignés chacun par les organismes techniques suivants : Laboratoire national d'essais, Conseil supérieur d'hygiène publique de France, Institut national de la santé et de la recherche médicale, Caisse nationale d'assurance maladie, Centre scientifique et technique du bâtiment et Conseil national de l'ordre des médecins. Les membres sont nommés par un arrêté du Ministre en charge de la consommation pour un mandat de trois ans. Le président, actuellement le Dr Jean Terquem, est nommé par un arrêté du conseil des ministres pour cinq ans renouvelables. En outre, un commissaire du gouvernement siège auprès de la commission. Depuis 1985, il s'agit du directeur général de la Concurrence, de la Consommation et de la Répression des fraudes. Plusieurs fonctionnaires et rapporteurs (pour les enquêtes) sont également mis à la disposition de la CSC.

NE PAS HÉSITER À SAISIR LA COMMISSION

Grâce à des expertises, des recensements et analyses des dangers, la Commission suit de près la sécurité des consommateurs, détectant les produits à risques et alertant à la fois les fabricants, les consommateurs et les pouvoirs publics. Les contrôles sont le plus souvent réalisés par les services de la DGCCRF. Si cela est nécessaire, la CSC consulte d'autres organismes scientifiques et techniques compétents. L'article 7 de la loi du 21 juillet 1983 permet de mettre en garde les professionnels et de leur enjoindre de mettre leurs produits en conformité avec les règles de sécurité. Les avis de la Commission concernent quatre grands secteurs : les jouets et le mobilier pour enfant, les produits chimiques, l'habitat et l'équipement ménager et les véhicules automobiles, matériel de camping et de caravaning.

Toute personne physique ou morale (particulier, association, médecin...), mais aussi toute administration compétente ou autorité judiciaire, peut saisir la Commission en cas de risque ou d'accident lié à l'utilisation d'un produit ou d'un service. Il suffit d'adresser une lettre au président en précisant clairement les circonstances du risque ou de l'accident, et leurs conséquences, le produit ou le service en cause, les coordonnées de la ou des victimes éventuelles...

UN RÔLE D'INFORMATION ESSENTIEL

En 1987, la Commission créa le service Minitel 36-14 Sécuritam. Il comprend les communiqués officiels et avis, les alertes internationales, les adresses utiles, les références réglementaires et jurisprudentielles, les résultats des enquêtes épidémiologiques permanentes ou ponctuelles. Depuis 1989, la CSC édite des fiches pratiques (gratuites) dont elle accroît régulièrement la diffusion. On peut les obtenir par simple courrier.

Aujourd'hui, la CSC est de plus en plus sollicitée par les particuliers, les collectivités, les associations locales... Elle vient de mettre à la disposition des demandeurs deux nouveaux outils de documentation.

Vendredi n° 141 du 17 avril 1992

23 LES ACTEURS DE LA CONSOMMATION

Depuis de nombreuses années, la politique à l'égard des consommateurs poursuit un seul objectif : leur permettre d'être des acteurs économiques responsables, suffisamment informés pour agir.

Les divers moyens d'information ont été présentés dans les chapitres précédents : savoir où acheter, savoir déchiffrer une étiquette, lire correctement un contrat, connaître les garanties légales, etc.

Mais il faut savoir aussi que les consommateurs s'organisent et se défendent. Les pouvoirs publics mettent à leur disposition des organes officiels d'information et de défense : la D.G.C.C.R.F. dont l'action a déjà été présentée, l'Institut National de la Consommation, les tribunaux qui veillent à l'application des lois.

La loi du 18 janvier 1992 consacre le principe d'un véritable Code la Consommation.

Art. 12. - Il sera créé un code de la consommation. Il rassemblera les textes législatifs et réglementaires fixant les règles relatives aux relations individuelles ou collectives entre consommateurs et professionnels, notamment celles relatives à la loyauté des transactions et à la sécurité des produits et des services.

Mais les problèmes des consommateurs se situent sur le terrain et il faut y apporter des solutions. Pour cela, ils font appel à des associations spécialisées dans l'information et la défense des consommateurs.

COMPÉTENCES

1 - Effectuer des démarches
- Prendre contact avec une association de consommateurs pour s'informer.
- S'adresser à un organisme officiel pour régler un litige.

2 - Appréhender une situation dans sa globalité
- Faire l'inventaire des droits des consommateurs.

1 LE CONSOMMATEUR S'INFORME

INC : UN ÉTABLISSEMENT PUBLIC A VOTRE SERVICE

L'Institut National de la Consommation n'est ni une administration ni une association de consommateurs mais un établissement public industriel et commercial dont le Conseil d'administration est majoritairement composé d'associations de consommateurs. Ses actions sont multiples :

- Il édite *50 Millions de Consommateurs*.
- Il produit et diffuse des émissions de télévision sur FR2 et FR3 : FR2 : lundi et mercredi 19 h 30, jeudi 20 h 30, samedi 18 h 15 - FR3 : mardi et jeudi 20 h 30.
- **Il propose un service d'informations télématique.**

Téléphone 36.15, Code INC : consultez-le en priorité avant de téléphoner ou d'écrire.

- Il publie "INC-Hebdo", un hebdomadaire technique destiné aux spécialistes de la consommation (abonnement un an, 44 numéros : 620 F).
- Il propose des dossiers de formation et des montages audiovisuels destinés aux associations de consommateurs, aux enseignants, aux travailleurs sociaux et aux entreprises.
- Son service de documentation est ouvert au public sur rendez-vous.

INSTITUT NATIONAL DE LA CONSOMMATION : 80, rue Lecourbe, 75732 PARIS CEDEX 15 - Tél. : (1) 45.66.20.20

••• Les organisations de consommateurs à votre service •••

Organisations nationales	Domaine d'action	Observations
ADEIC-FEN (Association pour l'éducation et l'information du consommateur)	Pas de défense, seulement de l'information et de l'éducation.	*La plus récente des organisations de consommateurs ; n'informe que les adhérents de son syndicat.*
AFOC (Association FO consommateurs)	Formation, information, protection des consommateurs à tous niveaux.	*Renseigne gratuitement les non-adhérents. RDV lundi, mercredi, jeudi, 9 h-12 h, 14 h-18 h.*
AFUTT (Association française des utilisateurs du téléphone)	Défense des utilisateurs par l'information et le conseil. Factures excessives. Litiges avec l'administration	*Ne renseigne que les adhérents. Les dossiers doivent être envoyés au siège.*
CNAFAL (Conseil national des associations familiales laïques)	Milite pour la laïcité. Habitat, éducation, santé, protection sociale, relations familiales, consommation, loisirs.	*Organisation qui prend son essor depuis 2 ans.*
CNL (Confédération nationale du logement)	Logement. Habitat. Consommation.	*Donne la liste des amicales.*
CSCV (Confédération syndicale du cadre de vie)	Action syndicale des usagers et des consommateurs. Santé, école, énergie.	*Informe par téléphone des lieux et heures de permanence.*
FNCC Fédération nationale des coopératives de consommateurs)	Études, enquêtes, gestion d'œuvres sociales. Information des consommateurs.	*Ne concerne que les sociétaires coop. Ne reçoit pas le public.*
INDECOSA-CGT	Défense des salariés. Prix, transports, logement.	*Ne renseigne que ses adhérents.*
LABO-COOP (Laboratoire coopératif)	Travaille pour les sociétés coopératives. Produits alimentaires.	*Ne travaille que pour le collectif et non pour le particulier. Ne reçoit pas le public. Écrire.*
UFC (Union fédérale des consommateurs)	Vocation large. Assurance, construction, consommation.	*Renseigne aussi les non-adhérents. S'adresser dans son arrondissement.*
UNAF (Union nationale des associations familiales)	Social.	*Ne renseigne pas le public. Donne liste d'associations.*

L'UFC DANS VOTRE VILLE La force de l'UFC, c'est son journal, *Que Choisir*, et ses 200 unions locales, animées par des bénévoles compétents. Ils tiennent régulièrement des permanences pour vous conseiller et vous informer. N'hésitez pas à les rencontrer. Pour connaître l'adresse de l'union locale la plus proche de chez vous, composez sur Minitel *36.15 Que Choisir* ou téléphonez au (1) 43 48 55 48.

ACTIVITÉS D'APPRENTISSAGE

Vous souhaitez vous informer sur les problèmes de la consommation et vous vous posez les questions suivantes :

1 • Quels sont les journaux spécialisés sur les problèmes de consommation ?

2 • A quelles organisations de consommateurs non syndicales mais à vocation générale est-il possible de s'adresser ?

3 • Qui peut fournir des informations techniques sur un produit ?

4 • A qui s'adresser en cas de litige avec un commerçant ?

2 LES POUVOIRS PUBLICS ET LES CONSOMMATEURS

La vie des Comités Départementaux de la Consommation

Mis en place au début de 1987 lors de l'instauration de la liberté des prix et des nouvelles règles de la concurrence, les CDC travaillent sur le terrain, sur tous les problèmes de consommation, ceux de notre vie quotidienne qui sont nombreux et parfois complexes. Les directions départementales de la Concurrence, de la Consommation et de la Répression des Fraudes assurent le secrétariat des comités et leur fournissent les éléments d'information nécessaires.

Le contrôle des produits et services courants

Le réseau des directions départementales, complété par la direction nationale d'enquêtes de la répression des fraudes et les laboratoires, permet une surveillance constante et générale du marché. Les contrôles s'exercent à tous les stades, production, importation, distribution et ont un aspect essentiellement préventif qui n'exclut cependant pas les poursuites judiciaires en cas de manquement volontaire aux réglementations de sécurité.

Biolight

Les autorités judiciaires saisies par la DGCCRF ont été amenées à se prononcer sur le produit "BIOLIGHT" présenté comme convenant à l'amaigrissement alors que sa composition ne lui permettait pas de prétendre à cette allégation.

Un arrêt de la Cour d'appel de Douai rendu le 12 septembre 1991 confirme le jugement du tribunal de Valenciennes et condamne le fabricant à 34 000 F d'amende pour tromperie sur la qualité et ordonne la publication du jugement.

Casques motos

Les casques motos doivent être conformes à une norme NF (72/305) et comporter une étiquette verte attestant leur homologation.

La DGCCRF a enquêté auprès des magasins spécialisés et des grandes surfaces, afin de vérifier la conformité. Des avertissements ont été adressés aux professionnels, qui y ont, en général, répondu favorablement.

Aérosols inflammables

La Commission de la sécurité des consommateurs avait rendu, le 5 juin 1991, un avis sur les dangers présentés par certains aérosols à gaz propulseur inflammable. La DGCCRF avait alors demandé aux fabricants d'améliorer la lisibilité des étiquettes et de compléter les conseils de prudence portés sur les emballages.

Pour assurer une meilleure protection du consommateur, ces mesures ont été renforcées et rendues obligatoires par l'arrêté du 20 décembre 1991, qui impose l'apposition d'une flamme accompagnée des mots "facilement inflammable" ou "extrêmement inflammable" ainsi que des précautions d'emploi sur les générateurs d'aérosols contenant des composants inflammables.

(Rapport d'activité de la D.G.C.C.R.F.)

ACTIVITÉS D'APPRENTISSAGE

La Direction Générale de la Consommation, de la Concurrence et de la Répression des Fraudes veille, à travers diverses institutions, à la protection des consommateurs. Vous rechercherez les moyens mis en œuvre dans les cas suivants :

1 • Un produit mis en vente sur le marché n'est pas conforme à la norme.

2 • Un produit doit être utilisé avec précaution ; il convient d'améliorer son étiquetage.

3 • Un producteur fait une publicité mensongère ; il faut le sanctionner.

3 LE CONSOMMATEUR SE DÉFEND

justice pour consommateurs

L'injonction de faire est une procédure simplifiée au service des consommateurs. Elle permet d'accéder facilement à la justice et concerne principalement les petits litiges.

Depuis le 1er janvier 1989, les consommateurs disposent de cette procédure rapide pour obtenir l'exécution d'une obligation, par exemple une garantie, une livraison ou bien encore des travaux... prévue dans le contrat. L'injonction de faire concerne les litiges de moins de 30 000 F.

LA PROCÉDURE

Comment le particulier peut-il se défendre ? Il doit adresser une requête (demande écrite) au tribunal compétent. Soit le tribunal d'instance du lieu où demeure le défendeur, soit du lieu d'exécution de l'obligation ou encore (ce qui est le plus simple) le tribunal du lieu de résidence du particulier. Des formulaires de procédure d'injonction de faire sont mis à la disposition des consommateurs par le greffe du tribunal d'instance. La requête doit contenir avec précision les nom et adresse, raison sociale, des deux parties concernées, l'indication de la nature de l'obligation, tous les documents justificatifs, par exemple une copie du contrat.

C'EST LE JUGE QUI TRANCHE

Si la requête du particulier lui paraît infondée, le juge peut la rejeter. Dans le cas contraire, il prononce une ordonnance d'injonction de faire. Elle fixe le délai d'exécution et ses conditions de réalisation. L'ordonnance fixe aussi la date et le lieu de l'audience à laquelle l'affaire sera examinée en cas de non-exécution. Les deux parties concernées sont averties de la notification de l'ordonnance par une lettre recommandée avec demande d'avis de réception. Une fois que le professionnel a exécuté son obligation, dans les délais impartis, le consommateur doit prévenir le tribunal. Si le consommateur n'obtient pas (ou partiellement) satisfaction, il peut, lors de l'audience (audience contradictoire classique), demander la résolution du contrat ou la conversion de l'obligation inexécutée en dommages-intérêts.

RAPIDE ET PEU COÛTEUSE

L'injonction de faire est une procédure rapide (le jugement peut être rendu en deux ou trois mois), gratuite ou peu coûteuse. Le seul coût possible est celui de la signification du jugement si une audience a eu lieu parce que l'adversaire n'a pas réagi à l'injonction de faire.

LA DÉCLARATION AU GREFFE

Il existe une autre procédure simplifiée pour un litige de moins de 13 000 F, par exemple un vêtement abimé par le teinturier, il s'agit de la déclaration au greffe. Le tribunal convoque la partie adverse (procédure contradictoire classique) et rend ensuite une décision. Le jugement est signifié par huissier, seul coût de l'opération.

(Vendredi, 15-5-92)

ACTIVITÉS D'APPRENTISSAGE

Imaginons que vous soyez confronté à deux types de litiges.

1 • Votre automobile, achetée neuve avec une garantie de 12 mois, présente un grave défaut de fonctionnement du moteur, après 15 mois d'utilisation. Le coût de la réparation s'élève à 18 000 F que le vendeur ne veut pas prendre en charge. Quelle action pouvez-vous engager ? Quelles sont les formalités à accomplir ?

2 • A l'occasion d'un repas au restaurant, le manteau de votre amie est gravement endommagé. Son coût est évalué à 7 000 F. Que pouvez-vous faire ? Quelles sont les formalités à accomplir ?

L'essentiel

1 L'INFORMATION DU CONSOMMATEUR

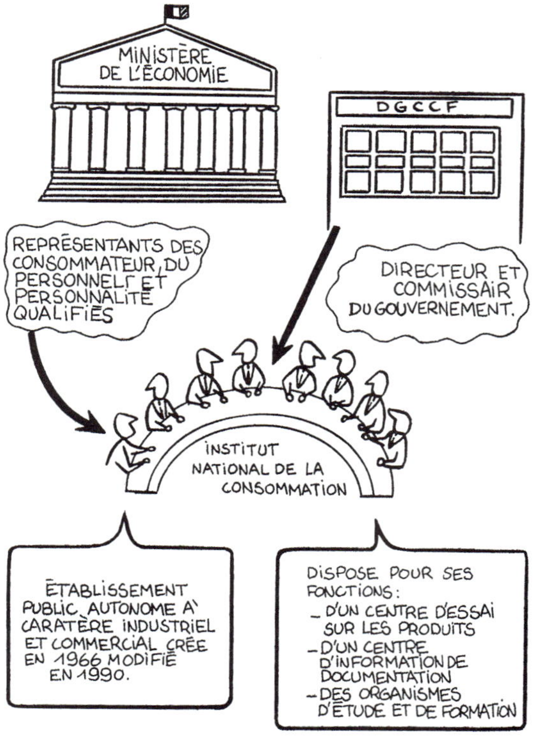

Les associations de consommateurs

ORGANISATIONS NATIONALES

- Les mouvements coopératifs s'adressent exclusivement aux adhérents de coopératives de consommation.
- Les groupements familiaux se préoccupaient à l'origine de la défense des droits de la famille mais s'intéressent aujourd'hui à tous les problèmes de consommation.
- Les organisations spécialisées se consacrent uniquement aux problèmes de consommation.
- Les organisations syndicales dépendent des syndicats nationaux de salariés.

UNIONS RÉGIONALES DES ORGANISATIONS DE CONSOMMATEURS → Regroupent, au niveau régional, les sections locales des organisations nationales qui décentralisent leurs activités.

RÔLE

Information des consommateurs : informations sur les produits et services, analyses comparatives, publications de revues et guides...

Défense des consommateurs : défense individuelle ou collective, assistance juridique, conseils...

2 LA DÉFENSE DU CONSOMMATEUR

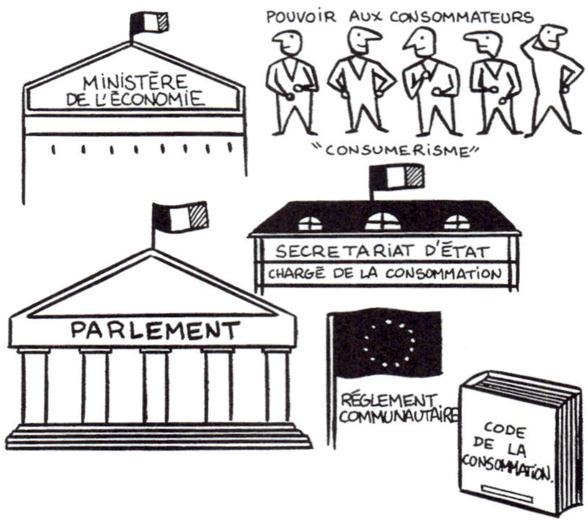

DROIT DES CONSOMMATEURS

- Le consommateur a le droit de savoir clairement ce qu'il achète (étiquetage des produits).
- Le consommateur a le droit de connaître les prix des produits et services qui lui sont offerts (affichage des prix).
- Le consommateur a le droit d'acheter ce qu'il veut en toute liberté (réglementation des ventes).
- Le consommateur a le droit d'être protégé contre certaines pratiques de vente (clauses abusives, règles de concurrence).

Le respect des droits des consommateurs

Le consommateur dispose de certains moyens pour faire respecter ses droits.

L'ACTION JUDICIAIRE	**L'action civile :** – action individuelle du consommateur devant une juridiction civile (juge d'instance, tribunal de grande instance) pour obtenir le versement de dommages-intérêts ; – action collective intentée par une association de consommateurs. **L'action pénale :** si l'auteur du préjudice a commis une infraction (par exemple, infraction à la législation des prix), le consommateur peut déposer une plainte auprès du Procureur de la République ; l'affaire sera alors portée devant une juridiction pénale, qui pourra prononcer des sanctions.
LA DIRECTION GÉNÉRALE DE LA CONCURRENCE DE LA CONSOMMATION ET DE LA RÉPRESSION DES FRAUDES (D.G.C.C.R.F.)	Service public de l'État ayant un représentant dans chaque département, en général à la Préfecture, dont les attributions sont nombreuses : – il veille à la qualité des produits ; – il fait respecter les règles d'hygiène et de sécurité des produits ; – il assure le contrôle des prix et de leur publicité ; – il veille au respect de la réglementation des ventes ; – il contrôle l'utilisation des appellations contrôlées.

Les droits des consommateurs de la C.E.E.

Les droits fondamentaux du consommateur

Le programme des Communautés européennes pour la protection et l'information des consommateurs énonce les cinq droits fondamentaux du consommateur :

1. Le droit à la protection de sa santé et de sa sécurité : les biens et les services mis à la disposition du consommateur ne doivent présenter aucun danger pour sa santé ou sa sécurité, lors d'un usage normal ou prévisible.

2. Le droit à la protection de ses intérêts économiques : le consommateur doit être protégé contre les abus de pouvoir du vendeur, lors de sa rédaction des contrats, de la diffusion de messages publicitaires et de la définition des conditions de crédit.

3. Le droit à la réparation des dommages : le consommateur doit recevoir une assistance en matière de plaintes et de conseil, en cas de dommages subis du fait de l'achat ou de l'utilisation de produits défectueux ou de service insuffisant, et recevoir une juste réparation du dommage subi.

4. Le droit à l'information et à l'éducation : l'acquéreur de biens ou de services doit disposer d'informations suffisantes notamment sur la nature, la composition, les quantités, le prix des produits vendus. Dès l'école, une éducation des consommateurs doit être entreprise, et une formation adéquate doit être dispensée.

5. Le droit à la représentation : dans la préparation des décisions le concernant, le consommateur doit être consulté et entendu, en particulier à travers les associations intéressées par la protection et l'information des consommateurs.

(Mutuelle des Cuisiniers de France)

Les organismes associant les consommateurs

ORGANISMES	COMPOSITION	RÔLE
LE CONSEIL NATIONAL DE LA CONSOMMATION	• représentants des organisations de consommateurs ; • représentants des milieux professionnels ; • est présidé par le Secrétaire d'État à la Consommation	• doit permettre la concertation entre les représentants des consommateurs et les représentants des professionnels, sur tous les problèmes de la consommation ; • organisme consultatif, il peut émettre des avis sur les questions relatives à la consommation ;
LES COMITÉS DÉPARTEMENTAUX DE LA CONSOMMATION	• représentants des organisations de consommateurs ; • représentants des activités économiques	• instance de concertation et d'information sur les problèmes de consommation ; • favorise des accords négociés entre organisations de consommateurs et professionnels ;
LE CONSEIL DE LA CONCURRENCE	• représentants de l'État ; • représentants des consommateurs ; • représentants des activités économiques	• assure le contrôle des pratiques anti-concurrentielles et la surveillance des concentrations ; • organisme consultatif, qui peut également prononcer des sanctions ;
LA COMMISSION DE LA SÉCURITÉ DES CONSOMMATEURS	• magistrats ; • représentants des consommateurs et des professionnels.	• doit veiller à la sécurité du consommateur ; • peut être saisie par toute personne.

Consommation

24 LES REVENUS ET LE BUDGET

La défense des intérêts du consommateur passe par une bonne gestion de son patrimoine. Il ne suffit pas de savoir acheter, encore faut-il sauvegarder le capital acquis.

La source essentielle des revenus des ménages est le salaire versé en compensation du travail. Il ne peut descendre au-dessous d'un minimum, le S.M.I.C. (salaire minimum interprofessionnel de croissance).

Les ménages perçoivent aussi le plus souvent des prestations sociales : allocations familiales, aides au logement, etc., en fonction des besoins de la famille. D'autres revenus peuvent s'y ajouter, en particulier des revenus du capital : loyers, intérêts, dividendes d'actions.

La bonne gestion des ressources et des dépenses s'opère dans le cadre d'un budget. C'est un état prévisionnel des recettes et des dépenses sur une période précise.

A revenu égal, on s'en sort toujours mieux avec un budget en ordre. Un budget efficace simplifie la vie et permet de gagner du temps.

COMPÉTENCES

1 - Effectuer des choix raisonnés

- Choix des consommations dans le cadre du budget prévu.
- Choix des formules d'épargne en fonction des sommes disponibles.

2 - Appréhender une situation dans sa globalité

- Analyse d'une fiche de paie et des diverses retenues sociales.

1 LE SALAIRE : REVENU DU TRAVAIL

BULLETIN DE PAIE (salarié non cadre) au 1er juillet 1992

BULLETIN DE PAIE N°

PÉRIODE DU 01/07/1992 AU 31/07/1992

(1) PARIS-CARTONNAGES SA
13 rue de Lyon
75012 PARIS

(3) N° SÉCURITÉ SOCIALE	SECTION	MATRICULE
2.58.03.113.223	2 - 2110 - 75	2243

FONCTION - EMPLOI : SECRETAIRE

CLASSIFICATION	COEF
(2) B	3

Madame Agnès LALANDE
27 rue Secrétan
75019 PARIS

CONVENTION COLLECTIVE PAPIERS-CARTONS (Distribution et commerce de gros)

ÉLÉMENTS DE PAIE	BASE	TAUX	MONTANT	CHARGES EMPLOYEUR TAUX	CHARGES EMPLOYEUR MONTANT
(5) SALAIRE DE BASE	(4) 169	54,00	9 126,00		
HEURES SUPPLEMENTAIRES	3	67,50	202,50		
SALAIRE BRUT			**9 328,50**		
C.S.G. (sur 95 % du salaire brut)		1,1 %	97,48		
(6) ASSURANCE MALADIE		6,80	634,33	12,60	1 162,79
ASSURANCE VEUVAGE		0,10	9,32		
(7) ASSURANCE VIEILLESSE		6,55	611,01	9,80	914,19
(8) ASSURANCE CHOMAGE		2,39	222,95	4,31	402,05
(9) RETRAITE COMPLEMENTAIRE		2	186,57	3	279,85
ALLOCATIONS FAMILIALES				5,40	503,73
ACCIDENTS DU TRAVAIL				2,00	186,57
(10) **TOTAL DES RETENUES**			**1 761,66**		**3 449,18**
(11) REMBOURSEMENT FRAIS TRANSPORTS			95,00		
REMISE FORFAITAIRE VIEILLESSE			42,00		

DOMICILIATION	BANQUE	GUICHET	N° DE COMPTE	NET A PAYER	DATE DE PAIEMENT
CREDIT LYONNAIS	20307	00207	00123328121 45	7 703,84 F	31.07.1992

	Salaire Brut	Net imposable	Séc Soc Déplafonnée	Séc Soc Plafonnée
MOIS ▶	9 328,50 F	7706,32 F		
CUMULÉ ▶				

DANS VOTRE INTÉRÊT ET POUR VOUS AIDER A FAIRE VALOIR VOS DROITS, CONSERVEZ CE BULLETIN DE SALAIRE SANS LIMITATION DE DURÉE (13)

1) Identification de l'entreprise.
2) Classification du salarié d'après la convention collective applicable à l'entreprise.
3) Numéro d'immatriculation du salarié à la sécurité sociale.
4) 39 heures par semaine correspondent à une moyenne mensuelle de 169 heures/mois.
5) Jusqu'à la 47e heure, les heures supplémentaires sont payées 25 % en plus du taux horaire.
6) Cotisations maladie sur la totalité du salaire.
7) Cotisation vieillesse sur la totalité du salaire.
8) Le taux de cotisation est augmenté à partir du 1er août 1992. Par ailleurs, il faut ajouter 0,50 % de la partie du salaire compris entre une et quatre fois le plafond de la sécurité sociale plus 0,024 % du salaire pour les cadres. Ajouter également 2,91 % pour la partie de salaire comprise entre une et quatre fois le plafond.
9) C'est le taux minimum obligatoire. Il faut ajouter 4,68 % pour la part du salaire comprise entre une et quatre fois le plafond de la sécurité sociale.
10) Taux variable suivant l'activité et l'importance de l'entreprise, fixé par la Caisse régionale d'assurance maladie.
11) Remboursement du coupon carte orange 2 zones Paris.
12) Les cotisations payées par l'employeur doivent obligatoirement figurer sur le bulletin de salaire.
13) Mention obligatoire.

ACTIVITÉS D'APPRENTISSAGE

La fiche de paie est un document obligatoire remis au salarié.

1 • Quels sont les renseignements importants qu'elle contient ?

2 • Énumérez les diverses cotisations sociales prélevées sur le salaire.

3 • Calculez le coût réel supporté par l'employeur à l'occasion de ce salaire.

2 LES PRESTATIONS FAMILIALES : REVENU DE REDISTRIBUTION

Le Revenu Minimum d'Insertion

Créé pour lutter contre la pauvreté et l'exclusion, le revenu minimum d'insertion (RMI) aide les plus démunis à retrouver place et dignité au sein de la société. Il concerne aujourd'hui 576 000 foyers.

L'État lui a consacré 16,4 milliards de F en 1991 : 12,1 milliards de F au titre de l'allocation et 4,3 milliards de F au titre de l'insertion (500 MF pour l'allocation logement, 500 MF pour les dépenses d'insertion dans les DOM, et 3,3 milliards pour les mesures d'insertion professionnelle).

Les départements participent à cet effort de solidarité nationale en finançant les crédits d'insertion (2 milliards de F en 1991) et l'assurance personnelle maladie (1,1 milliard de F en 1991), soit au total 3,1 milliards de F.

Montant des prestations familiales au 1.1.93

Allocations sans condition de ressources	***Montant mensuel***	***Allocations accordées avec condition de ressources***	***Montant mensuel***
Allocations familiales :		Allocation pour jeune enfant "longue"	925
• 2 enfants à charge	644	Complément familial	839
• 3 enfants à charge	1 470	Allocation de parent isolé :	
• 4 enfants à charge	2 296	• femme enceinte	3 021
• chaque enfant en plus	826	• parent isolé avec 1 enfant à charge	4 028
• majoration pour enfant de 10 à 15 ans	181	• supplément par enfant à charge	1 007
• majoration pour enfant plus de 15 ans	322	Allocation de rentrée scolaire	395
Allocation pour jeune enfant "courte"	925		
Allocation parentale d'éducation	2 871		
Allocation de soutien familial	604		

ACTIVITÉS D'APPRENTISSAGE

1 • Quel est l'objectif du revenu minimum d'insertion ?

2 • Qu'entend-on par insertion professsionnelle ?

3 • En dehors des prestations familiales, connaissez-vous d'autres prestations à caractère social ? Lesquelles ?

4 • Calculez le revenu mensuel total d'une famille, dans les cas suivants :
- ménage avec 2 enfants, dont les deux parents travaillent ; salaires : 12 500 F ;
- ménage avec 4 enfants, dont seul le père travaille ; salaire : 5500 F ;
- parent isolé avec 1 enfant ; salaire à temps partiel : 4 000 F.

3 L'ÉTABLISSEMENT DU BUDGET FAMILIAL

Schématisation d'un budget familial.

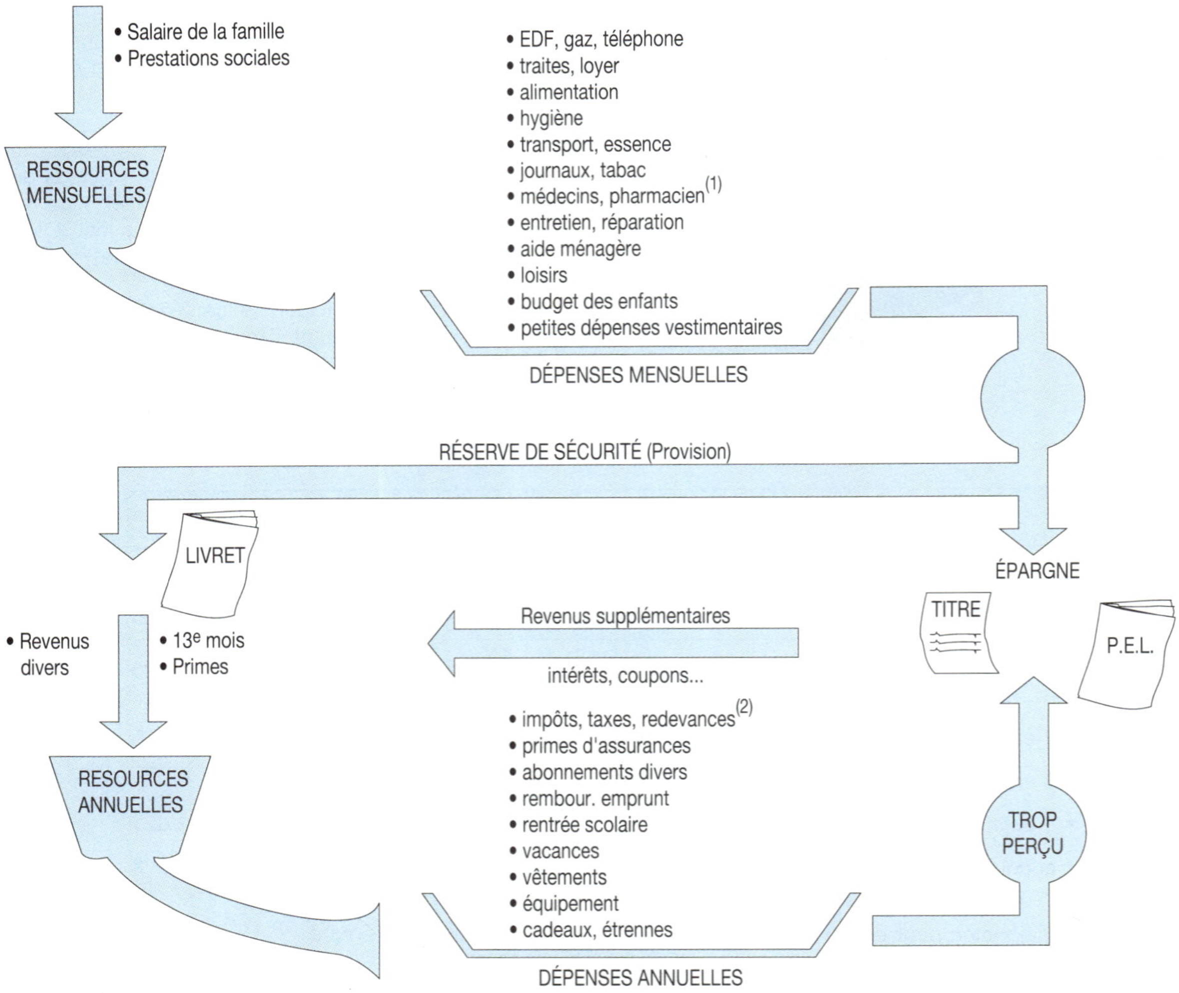

(1) Après remboursement de la Sécurité Sociale - (2) Taxes foncières d'habitation ; l'impôt sur le revenu peut être payé mensuellement.

"Les Français en l'an 2000"

L'INSEE vient de publier une intéressante étude prospective "Les Français en l'an 2000".

Ces perspectives plus lointaines ne sont pas très toniques : les Français seront vieux, dépenseront plus pour se soigner que pour se nourrir : "les dépenses de santé approcheront 20 % du buget des ménages, tandis que l'alimentation n'en représentera que 16,4 %".

Les dépenses de loisirs iront en augmentation, tandis que les dépenses de logement et habillement devraient plafonner.

ACTIVITÉS D'APPRENTISSAGE

1 • En partant de cet exemple, établissez votre propre budget mensuel, puis annuel.

2 • Quelles sont les dépenses les plus importantes ? Comment ces dépenses évoluent-elles avec l'âge ?

3 • Donnez quelques exemples de ressources annuelles.

L'essentiel

1 LES SOURCES DE REVENUS

1 - Les salaires

Le salaire est la rémunération du travail fourni par le salarié dans le cadre d'un contrat de travail.

LES ÉLÉMENTS DU SALAIRE	• Le salaire de base, horaire ou mensuel ; ne peut être inférieur au S.M.I.C. (salaire minimum interprofessionnel de croissance). • Les heures supplémentaires, au-delà de la durée légale du travail ; font l'objet d'une majoration de 25 % au-delà de 39 heures par semaine et de 50 % au-delà de 47 heures. • Les avantages en nature, propres à certaines professions : logement, nourriture, mise à disposition d'un véhicule, etc. • Les primes représentent un complément de salaire : prime d'ancienneté, de rendement, de risque, de vacances, etc. • Les indemnités correspondent à des remboursements de frais engagés par le salarié : prime de transport, de nettoyage, d'outillage, etc.
LES RETENUES SUR SALAIRES	• Les cotisations de Sécurité Sociale, pour couvrir les dépenses de l'assurance-maladie et de l'assurance-vieillesse. • L'assurance-chômage, versée aux A.S.S.E.D.I.C. • Les cotisations de retraites complémentaires, pour compléter le régime de l'assurance-vieillesse. • Les cotisations aux mutuelles, pour compléter le régime de l'assurance-maladie.

Les pensions de retraite constituent une prolongation du salaire en période de retraite (en principe, à partir de l'âge de 60 ans).

2 - Les revenus de l'entreprise

Boulangerie

Bénéfice des entreprises artisanales, commerciales et industrielles

Bénéfice des activités non commerciales (professions libérales)

Bénéfice des exploitations agricoles

3 - Les revenus du capital

Locations

Intérêts des revenus placés

EMPRUNT EDF
1992
Taux 9,50 %
Payable annuellement
Obligation de 5 000 F
garantie par l'État

Coupons : revenus des obligations

Dividendes : revenus des actions

2 LES REVENUS SOCIAUX

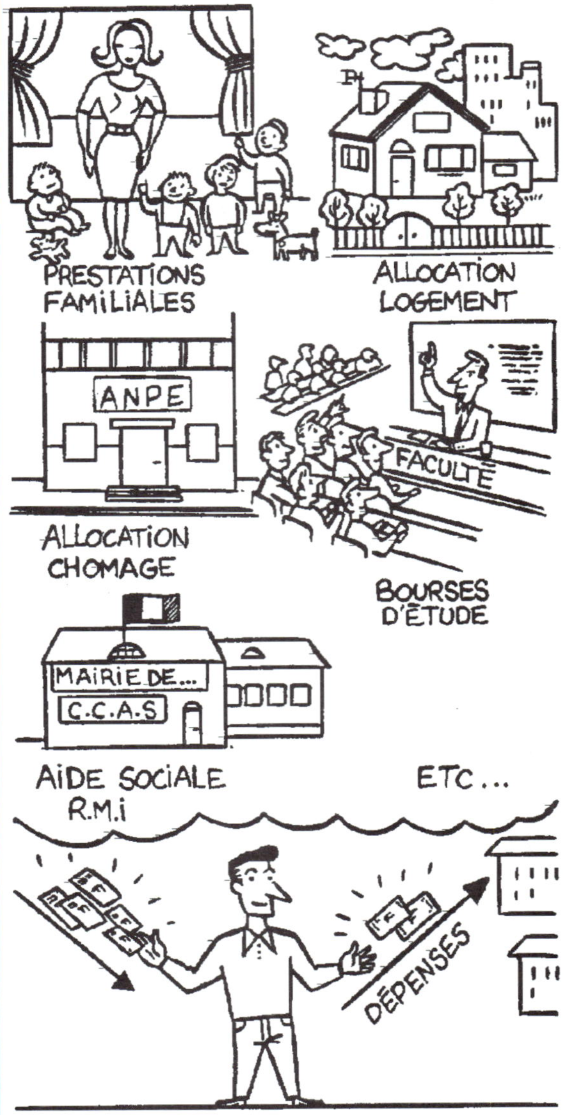

Le budget est un état prévisionnel des recettes et des dépenses pour une période précise (mois, trimestre, année).

La structure des dépenses de consommation par grandes fonctions se divise ainsi :

Grandes fonctions
1 - Alimentation ....
2 - Habillement ....
3 - Logement ....
4 - Équipement du logement
5 - Santé ....
6 - Transports ....
7 - Loisirs - Culture ....
8 - Divers ....

COMPLEMENTS

LE SALAIRE MINIMUM

- Le SMIC, ou “salaire minimum interprofessionnel de croissance”, a été instauré par la loi du 2 janvier 1970 pour remplacer le SMIG, ou salaire minimum garanti. C’est un salaire horaire dont le pouvoir d’achat est garanti par une indexation sur l’évolution des prix (article L. 141-3 du code du Travail). Il est également fixé chaque année par décret, le 1er juillet, en fonction du développement économique (article L. 141-4) pour faire bénéficier les bas salaires de la croissance générale. Quoiqu’il en soit, l’augmentation annuelle de son pouvoir d'achat ne peut être inférieure à la moitié de l'augmentation du pouvoir d’achat du taux de salaire horaire moyen (article L. 141-5).
- Le salaire minimal hiérarchique, négocié entre partenaires sociaux dans les branches, fixe le salaire de base, hors prime, pour chaque coefficient hiérarchique.
- Le salaire garanti, négocié également entre partenaires sociaux dans les branches – qu’il s’appelle minimum garanti, taux effectif garanti, rémunération annuelle garantie – peut être mensuel ou annuel. Il peut comprendre plus ou moins d’éléments qui viennent alors s’agglomérer au salaire de base. Les éléments ne sont souvent pas précisés. Quand ils le sont, ils comprennent généralement tout ce qui est soumis à cotisations, avec trois exceptions (mais pas toujours) :

– les majorations de salaires liées à la durée du travail, heures supplémentaires, travail de nuit, du dimanche... ;
– l’intéressement, les remboursements de frais ;
– la prime de vacances, de productivité, le 13e mois, sont parfois intégrés, parfois exclus.

Évolution comparée du taux de variation du salaire horaire et des prix

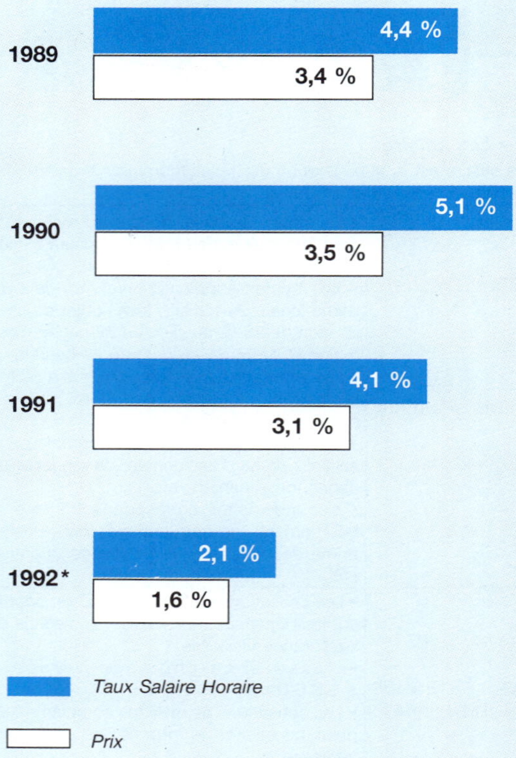

* Estimation INSEE 1er Semestre

La revalorisation du SMIC

Le taux horaire du SMIC a été porté à 34,06 F à compter du 1er juillet 1992. L’augmentation est de 2,3 % par rapport au taux fixé le 27 février 1992 et de 4,35 % par rapport au 1er juillet 1991.

Cette augmentation va au-delà de la simple application des règles légales de revalorisation et fait bénéficier le SMIC de la même progression de pouvoir d’achat que l’ensemble des salaires horaires ouvriers. Dans les DOM, le SMIC est augmenté de 3,3 %.

Évolution du taux horaire du salaire minimum interprofessionnel de croissance (en francs)

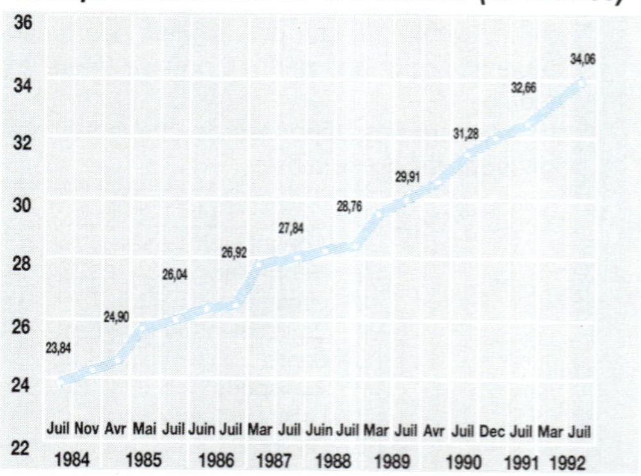

(Lettre de Matignon Juillet 1992)

La pyramide des salaires présente la répartition des rémunérations annuelles nettes perçues en 1991 par les salariés travaillant à temps complet dans les secteurs privé et semi-public, calculées à partir des statistiques 1990 de l’INSEE. Chaque décile regroupe 10 % des salariés. Ainsi, les 10 % de salariés masculins les moins bien payés reçoivent un salaire net inférieur à 66 100 F par an. En revanche, les 10 % les mieux payés perçoivent plus de 209 300. Globalement, 80 % des salariés masculins ont une rémunération comprise entre 66 100 et 209 300 F par an alors que 80 % des femmes dépassent 57 200 F sans toutefois excéder 143 100

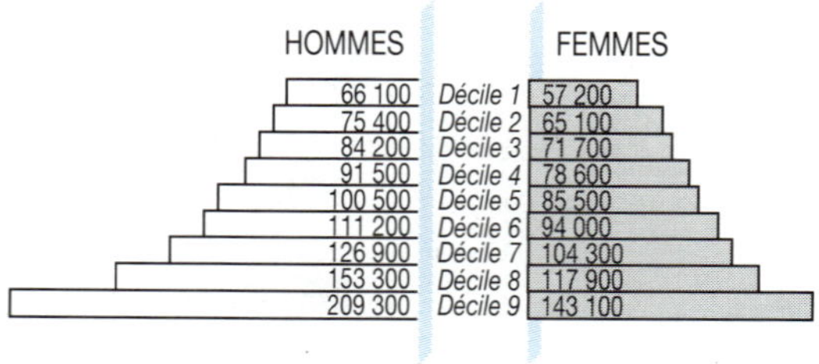

(BILAN ÉCONOMIQUE ET SOCIAL 1991)

Consommation

25 LES IMPÔTS

Les impôts sont perçus soit au profit de l'État, soit au profit des collectivités locales (communes, départements, régions). Ils peuvent frapper les revenus, le capital, les dépenses.
Ils sont prévus au budget voté par la collectivité concernée. Ce sont des recettes fiscales qui permettent à l'État et aux collectivités locales de financer les dépenses publiques.

Le budget de l'État est voté par le Parlement en novembre de chaque année. Pour 1993, sur une dépense de 100 F, l'État consacre :

- 25 F à l'éducation, la formation, la culture et la recherche ;
- 19 F au secteur social, santé, emploi, logement ;
- 18 F à la défense et aux armées ;
- 13 F à l'action économique ;
- 25 F aux services généraux du pays.

L'ensemble des recettes de l'État se répartit ainsi en 1993 :

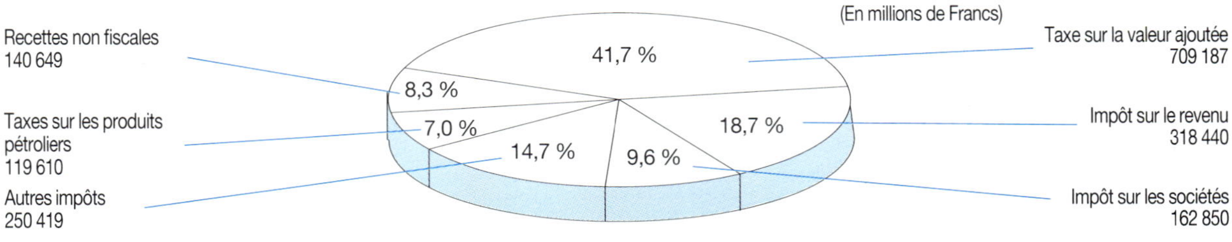

COMPÉTENCES

1 - Effectuer les démarches

- S'adresser au service des impôts pour obtenir des informations.
- Rédiger une déclaration de revenus.

2 - Appréhender une situation dans sa globalité

- Rassembler une documentation fiscale.
- Calculer ses propres impôts.

1 L'IMPÔT SUR LE REVENU

Déclaration des revenus

Sauf report de la date limite de dépôt qui serait annoncé par voie de presse, envoyez un exemplaire de votre déclaration au centre des impôts de votre domicile avant le 1er mars.

CALCUL DE L'IMPOT SUR LE REVENU

❶ Le quotient familial

Chaque contribuable est affecté d'un certain nombre de parts, en fonction de sa situation de famille.

Célibataire. Divorcé. Veuf n'ayant pas à sa charge d'enfant issu de son union avec le conjoint décédé.		Marié. Veuf ayant à sa charge un ou plusieurs enfants issus de son union avec le conjoint décédé.	
Pas d'enfant à charge	1	**Pas d'enfant à charge**	2
Un enfant à charge :		**Un enfant à charge :**	
– non titulaire d'une carte d'invalidité	2	– non titulaire d'une carte d'invalidité	2,5
– titulaire d'une carte d'invalidité	2,5	– titulaire d'une carte d'invalidité	3
Deux enfants à charge :		**Deux enfants à charge :**	
– non titulaires d'une carte d'invalidité	2,5	– non titulaire d'une carte d'invalidité	3
– dont un titulaire d'une carte d'invalidité	3	– dont un titulaire d'une carte d'invalidité	3,5
– tous deux titulaires d'une carte d'invalidité	3,5	– tous deux titulaires d'une carte d'invalidité	4
et ainsi de suite, en augmentant d'une part pour chaque enfant supplémentaire ou d'une part et demie s'il est titulaire d'une carte d'invalidité.			

$$\text{Quotient familial} = \frac{\text{Revenu imposable}}{\text{Nombre de parts}}$$

❷ Le barème progressif

Le barème progressif s'applique au montant du quotient familial, par tranches successives.

Pour l'imposition des revenus de 1992 (déclarés en 1993), le barème est ainsi fixé :

Quelques corrections peuvent être apportées à l'impôt brut pour obtenir l'impôt à payer.

TRANCHES DE REVENU	TAUX
Jusqu'à 18 690 F	exonération
De 18 690 F à 19 530 F	5,00 %
De 19 530 F à 23 150 F	9,60 %
De 23 150 F à 36 590 F	14,40 %
De 36 590 F à 47 030 F	19,20 %
De 47 030 F à 59 040 F	24,00 %
De 59 040 F à 71 450 F	28,80 %
De 71 450 F à 82 430 F	33,60 %
De 82 430 F à 137 340 F	38,40 %
De 137 340 F à 188 900 F	43,20 %
De 188 900 F à 223 450 F	49,00 %
De 223 450 F à 254 170 F	53,90 %
Au-dessus de 254 170 F	56,80 %

❸ Exemple de calcul

Un contribuable marié ayant deux enfants à charge a perçu en 1991 un revenu imposable de 96 000 F.

• Quotient familial : $\frac{96\ 000}{3} = 32\ 000$ F

• Application du barème :

Exonération jusqu'à 18 690 F	
5 % de 18 690 F à 19 530 F	42,00 F
9,60 % de 19 530 F à 23 150 F	347,52 F
14,40 % de 23 150 F à 32 000 F	1 274,40 F
Impôt pour une part	1 663,92 F

• Impôt brut :
nombre de parts : 3
impôt pour 1 part : 1 663,93 F
impôt total: 1 663,93 x 3 = 4 991,79 F

Quelques corrections peuvent intervenir pour le calcul de l'impôt à payer.

ACTIVITÉS D'APPRENTISSAGE

1 • Calculez l'impôt sur le revenu de ce contribuable en supposant qu'il n'a qu'un seul enfant à charge.

2 • Quel serait le montant de cet impôt, avec un enfant et deux enfants, si le revenu imposable doublait ?

3 • Quelles conclusions tirez-vous de ces calculs ?

2 LES IMPÔTS LOCAUX

• Taxe d'habitation

concerne tous les propriétaires et locataires vivant à Avermes

DÉPARTEMENT **ALLIER**
COMMUNE **AVERMES**

● MONTANT DES COTISATIONS

	TAXE D'HABITATION: COMMUNE	SYNDICATS ET DISTRICT (1)	COMMUNAUTÉ URBAINE OU DISTRICT (1)	DÉPARTEMENT	TAXES ADDITIONNELLES: RÉGIONALE	SPÉCIALE D'ÉQUIPEMENT	TOTAL DES COTISATIONS
BASES	13370 F	F	F	13370 F	13370 F	F	»
TAUX	12,75 %	%	%	5,54 %	0,90400 %	%	»
COTISATIONS	1705 F	F	F	741 F	121 F	F	2567

• FRAIS DE CONFECTION DES RÔLES (2). 103

Voté par le Conseil Municipal ce taux s'applique sur une base déterminée par l'administration fiscale.

Toute la taxe d'habitation n'est pas destinée à votre commune. Une partie est prélevée par le département, l'autre par la Région et les frais de confection vont à l'administration fiscale.

• Taxes Foncières

concernent simplement les personnes propriétaires d'un terrain bâti ou non, sur la commune d'Avermes

15207 DEPARTEMENT 03 **ALLIER**
COMMUNE 013A **AVERMES**

● PROPRIÉTÉS BÂTIES

BASE		TAXE FONCIERE: COMMUNE	SYNDICATS ET DISTRICT (1)	CTE URBAINE OU DISTRICT (1)	DÉPARTEMENT	TAXES ADDITIONNELLES: REGIONALE	SPECIALE D'EQUIPEMENT	ORDURES MÉNAGÈRES	TOTAL DES COTISATIONS
	TAUX ▸	8,40	%	%	6,34 %	1,10	%	4,23	
		5686 CLOS ST MICHEL							
8650		727			548	95		366	173[illegible]

Taux votés par le Conseil Municipal. Ils étaient l'an dernier de 8,94 % pour les propriétés bâties, 27,33 % pour les propriétés non bâties (moyenne nationale 35,55 %)

Les taxes foncières sont également perçues au profit du département, de la Région et du syndicat intercommunal de ramassage et traitement des ordures ménagères. Les taux de ces participations ne dépendent pas du Conseil Municipal.

● PROPRIÉTÉS NON BÂTIES

BASE		TAXE FONCIÈRE: COMMUNE	SYNDICATS ET DISTRICT (1)	CTÉ URBAINE OU DISTRICT (1)	DÉPARTEMENT	TAXES ADDITIONNELLES: REGIONALE	CHAMBRE D'AGRICULTURE	PREST SOCIALES AGRICOLES	TOTAL DES COTISATIONS
	TAUX ▸	27,33 %	%	%	13,89 %	4,43 %	6,24 %	4,05 %	
690		189			96	31	43	28	387

TAXE SPECIALE D'ÉQUIPEMENT .... BASE : TAUX % ▸
COTISATION POUR LA CAISSE D'ASSURANCE ACCIDENTS AGRICOLE (*) | DROIT FIXE .... ▸
| DROIT PROPORTIONNEL .... BASE TAUX % ▸

● FRAIS DE CONFECTION DES RÔLES ET DE DÉGRÈVEMENT .... ▸ 12[illegible]

● *RÉDUCTION AUX PERSONNES ÂGÉES ET DE CONDITION MODESTE* .... ▸

ACTIVITÉS D'APPRENTISSAGE

1 • Quels sont les bénéficiaires des impôts locaux ? Par qui sont-ils votés ?

2 • Comment sont calculés les impôts locaux ?

3 • Quelle est l'utilité des impôts locaux ? Donnez des exemples précis d'utilisation dans votre commune ? dans votre département ?

L'essentiel

1 L'IMPÔT SUR LE REVENU

Chaque année, avant le 1er mars, les chefs de famille doivent remplir une déclaration annuelle de leurs revenus perçus au cours de l'année précédente ; cette déclaration est adressée au centre des impôts de leur domicile.

❶ Les revenus imposables

Revenu net imposable = ensemble des revenus – charges déductibles

ENSEMBLE DES REVENUS				
Traitements, salaires, pensions et rentes.	Revenus des valeurs et des capitaux mobiliers.	Revenus fonciers (immeubles).	Revenus des professions non salariées.	Plus-values et gains divers.

Certaines charges peuvent être déduites du total des revenus :
– les pensions alimentaires versées à des parents ou enfants ;
– certaines sommes versées à des associations, etc.

❷ Le calcul de l'impôt

Le calcul de l'impôt sur le revenu tient compte :
– du revenu net imposable ;
– de la situation de famille (personnes à charges) ;
– du taux d'imposition progressif, par tranches successives ;
– de certaines réductions d'impôt (dons à des œuvres, cotisations syndicales, assurance-vie, etc.).

❸ Le paiement de l'impôt

Par acomptes provisionnels

AVANT le 15 Février – 1/3 de l'impôt précédent

AVANT le 15 Mai – 2e tiers

AVANT la FIN de L'ANNÉE – solde de l'impôt

J F M A M J J A S O – 10 prélèvements automatiques (10 % de l'impôt précédent)

Mensualisation de l'impôt à la demande du contribuable – Solde de l'impôt : **8 nov**, **8 déc**

2 LES IMPÔTS LOCAUX

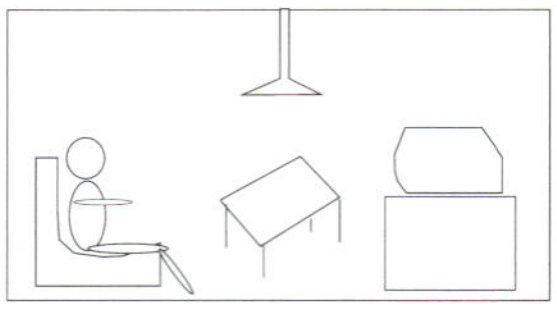

Taxe d'habitation

- est due par toute personne ayant une habitation meublée ;
- calculée sur la valeur locative des locaux ;

Foncier bâti

Foncier non bâti

- payée par le propriétaire de l'immeuble ou du terrain ;
- calculée sur la valeur locative ;

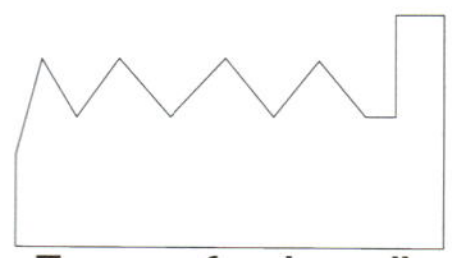

Taxe professionnelle

- payée par les entreprises ;
- calculée en fonction des immobilisations et d'autres paramètres.

3 LES AUTRES IMPÔTS

La **T.V.A.** frappe tous les produits et services, aux taux de 5,50 %, 18,6 % et 22 % selon les cas.

droit de timbre
(timbre fiscal à apposer sur certains documents)

droit d'enregistrement
sur certains actes qui doivent être obligatoirement enregistrés

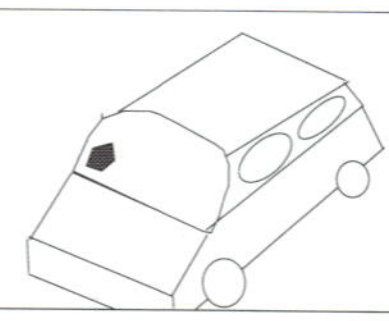

vignette auto
taxation annuelle des automobiles en fonction de leur puissance fiscale (nombre de chevaux)

26 LES ASSURANCES

L'assurance est une organisation qui permet à chacun ***d'être sûr*** (d'où le mot "assuré"), de pouvoir faire face aux conséquences financières d'un événement futur et incertain ***qui risque de se produire*** (d'où le mot "risque" donné à cet événement quel qu'il soit : incendie, accident, décès, vol, etc.).
Cette organisation fait appel à la solidarité des hommes ; chacun verse une cotisation à l'assureur, lequel répartit l'argent ainsi collecté entre les assurés qui ont été frappés par l'arrivée du risque assuré.

Les assurances sociales (maladie, vieillesse, décès, invalidité, accident du travail) sont prises en charge par la Sécurité Sociale. Quant à l'ASSEDIC, elle couvre l'assurance chômage.
Il existe par ailleurs de nombreux types d'assurances, dont les principales sont l'assurance multirisque habitation et l'assurance automobile.
On peut également citer les assurances scolaires, l'assurance-vie, l'assurance construction, etc.

COMPÉTENCES

1 - Effectuer des démarches

- Collecter les conditions d'assurance auprès de divers assureurs.
- Remplir une déclaration de sinistre.

2 - Appréhender une situation dans sa globalité

- Analyser les clauses d'un contrat d'assurance et en mesurer les avantages et les inconvénients.

1 L'ASSURANCE DE PERSONNES

Individuelle corporelle

L'Assurance Individuelle Corporelle couvre, dans tous les cas, les dommages corporels subis par l'assuré (frais de soins, lunettes, prothèses, invalidité...).

Assistance

L'Assistance permet la prise en charge immédiate et directe de l'assuré qui se trouve face à de graves difficultés : éloignement du domicile, besoin de rapatriement, blessure grave nécessitant une intervention spéciale, rapide et onéreuse...

Responsabilité civile et défense

L'Assurance Responsabilité Civile (R.C.) et Défense protège l'individu des conséquences financières des accidents corporels ou matériels dont il est responsable et prend en charge sa défense, si besoin est.

Protection juridique (recours)

L'Assurance Protection Juridique (Recours) entreprend, pour le compte de l'assuré, les démarches amiables ou judiciaires permettant une juste réparation des dommages qu'il a subis (du fait de quelqu'un d'autre, d'un tiers).

(d'après le magazine Contact de la Mutuelle Assurance Élèves

ACTIVITÉS D'APPRENTISSAGE

Dans les cas suivants, quel type d'assurance feriez-vous intervenir ?

1 • Vous êtes victime d'un accident mais l'auteur conteste sa responsabilité. Vous devez l'attaquer en justice.

2 • Vous êtes gravement blessé à l'occasion d'un séjour à l'étranger. Votre état nécessite un rapatriement par avion sanitaire hospitalisé.

3 • Vous faites une chute dans votre appartement et vous êtes hospitalisé. Votre état nécessite des soins non couverts par la Sécurité Sociale.

4 • Un enfant dont vous avez la charge provoque un incendie dans une maison voisine. Les

2 L'ASSURANCE DES DOMMAGES AUX BIENS

EXTRAITS DE LA POLICE D'ASSURANCE DES BIENS, DES PERSONNES ET DES RESPONSABILITÉS

Article 23

La Société garantit l'assuré contre les dommages de caractère accidentel atteignant les biens assurés.

Sont également garantis dans les conditions définies par l'annexe à l'arrêté du 10.08.1982 relatif à la garantie contre les risques de catastrophes naturelles, et applicable aux départements de la France métropolitaine, les dommages ayant eu pour cause déterminante l'intensité anormale d'un agent naturel.

A concurrence de 50 fois le montant de la franchise visée à l'article 25, la garantie est étendue, en cas d'absence de la garantie souscrite par le propriétaire, aux biens dont l'assuré a l'usage ou qui lui ont été confiés en dehors de toute activité professionnelle.

Article 24 - Montant de la garantie

La garantie est accordée :

1° – En ce qui concerne les immeubles à usage d'habitation et les meubles meublants qui ne sont pas atteints d'un cœfficent de vétusté supérieur à 1/3 à concurrence de la valeur de reconstruction pour les immeubles ou de remplacement pour les meubles, sous réserve de justification par l'assuré de la reconstruction ou du remplacement effectif.

A défaut, et sauf le cas d'impossibilité absolue de reconstruire ou de remplacer démontrée par l'assuré, la garantie ne sera accordée qu'à concurrence de la valeur vénale au jour du sinistre.

2° – En ce qui concerne les biens suivants :

a) appareils à effet optique, appareils de chauffage, accélérateurs, brûleurs et chaudières d'installation de chauffage central, appareils de climatisation et de régulation de température, appareils de production d'eau chaude, ordinateurs, appareils d'enregistrement et de reproduction de sons et d'images, appareils de radio et de télévision, équipement ménager et électroménager, literie et couvertures : à concurrence de la valeur résiduelle calculée par application à la valeur de remplacement d'un abattement forfaitaire de 10 % par année d'âge.

b) vêtements, linge, draps, skis, planches à voile : à concurrence de la valeur résiduelle calculée par application à la valeur de remplacement d'un abattement forfaitaire de 20 % par année d'âge.

Toutefois, en cas de dommages consécutifs à l'un des événements suivants : dégâts des eaux, explosion, incendie, l'abattement résultant de l'application des taux de vétusté à la valeur de remplacement des biens visés aux § a, b, ci-dessus, ne peut excéder au total plus de 5 fois le montant de la franchise prévue à l'article 25.

3° – En ce qui concerne :

a) les immeubles qui ne sont pas à usage d'habitation ;

b) les immeubles à usage d'habitation et les meubles meublants qui sont atteints d'un coefficient de vétusté supérieur à 1/3 ;

c) les biens autres que ceux visés au 2e ci-dessus, y compris les véhicules terrestres à moteur et les remorques pour lesquels l'option "dommages au véhicule" a été souscrite, à concurrence de la valeur vénale au jour du sinistre.

4° – En ce qui concerne les préjudices accessoires, dans les limites de l'énumération et des plafonds indiqués au verso de l'annexe aux conditions générales.

Article 25 – Franchise

Pour tout sinistre survenu aux biens assurés, l'assuré conserve à sa charge une part des dommages, ou franchise, dont le montant, fixé soit contractuellement soit par voie réglementaire, est indiqué chaque année sur l'avis d'échéance des cotisations et rappelé lors de l'édition d'une annexe aux conditions générales.

Toutefois, la franchise n'est pas applicable dans les cas ci-après :

– bris de pare-brise, des glaces latérales, de la lunette arrière et des phares d'un véhicule pour lequel l'option "dommages au véhicule" a été souscrite,

– dommages subis par les éléments particuliers de protection (portes blindées, serrures de sécurité, systèmes de surveillance ou d'alarme) des immeubles assurés à la suite d'un vol ou d'une tentative de vol.

Article 26 - Exclusions

Sont exclus de la garantie :

a) sauf cas de force majeure, les dommages résultant de la seule vétusté ou d'un défaut d'entretien ;

b) les espèces, billets de banque, titres et valeurs ; les animaux ; les plantations ; les véhicules aériens, les deltaplanes, les parachutes ascensionnels et de descente ainsi que leurs accessoires.

Article 27 - Limitations particulières

a) en cas de participation de l'assuré à une copropriété ou à une indivision, la garantie est limitée à sa quote-part dans les biens communs ou indivis.

Toutefois, la garantie est accordée intégralement :

– pour les immeubles en copropriété ou en indivision assurés en totalité à la Société,

– pour les parties d'immeubles en copropriété ou en indivision déclarées à la Société comme "unités d'habitation",

ainsi que pour les biens mobiliers qui y sont contenus.

b) l'indemnisation des biens mobiliers ne peut excéder le plafond de la tranche de valeur indiquée à l'annexe aux conditions générales.

Article 28 - Dispositions spéciales aux sinistres "Vol"

a) les dommages résultant du vol d'objets (autres que les véhicules) abandonnés par l'assuré dans un lieu public, dans un véhicule stationné sur la voie publique ou dans un bateau au mouillage ou à sec sont garantis sauf s'il est établi par la Société que l'assuré aurait pu soustraire lesdits objets à la convoitise des voleurs ;

b) l'assuré est, dans tous les cas, tenu d'informer immédiatement du vol les autorités locales de police, le versement de l'indemnité par la Société étant subordonné à la présentation d'un récépissé de la déclaration du vol aux autorités ;

c) l'assuré est tenu d'informer SANS DÉLAI la Société de la récupération des objets volés. Il s'engage à reprendre possession des objets qui sont retrouvés dans les 30 jours qui suivent la déclaration du sinistre et à restituer à la Société l'indemnité éventuellement perçue, déduction faite des frais de récupération et de remise en état.

Lorsque les objets sont retrouvés après expiration du délai de 30 jours, l'assuré peut, soit reprendre les objets et reverser l'indemnité dans les conditions indiquées ci-dessus, soit conserver l'indemnité et abandonner les objets à la Société qui en devient propriétaire.

(Extrait des clauses d'une compagnies d'assurance).

ACTIVITÉS D'APPRENTISSAGE

Après examen de cette police d'assurance, indiquez comment seront indèmnisés les sinistres suivants

1 • L'appartement est entièrement détruit par un incendie : valeur de reconstruction 450 000 F, remplacement des meubles 250 000 F, valeur des billets de banque brûlés 1 200 F.

2 • Un appareil de télévision, 10 ans d'âge, valeur de remplacement 6 000 F, ainsi qu'un réfrigérateur, 2 ans d'âge, valeur de remplacement 4 000 F, sont entièrement détruits par la foudre.

3 • Un appareil photo neuf, d'une valeur de 5 000 F, est dérobé dans une automobile en stationnement dans la rue, après un bris de glace.

LE CONSTAT AMIABLE

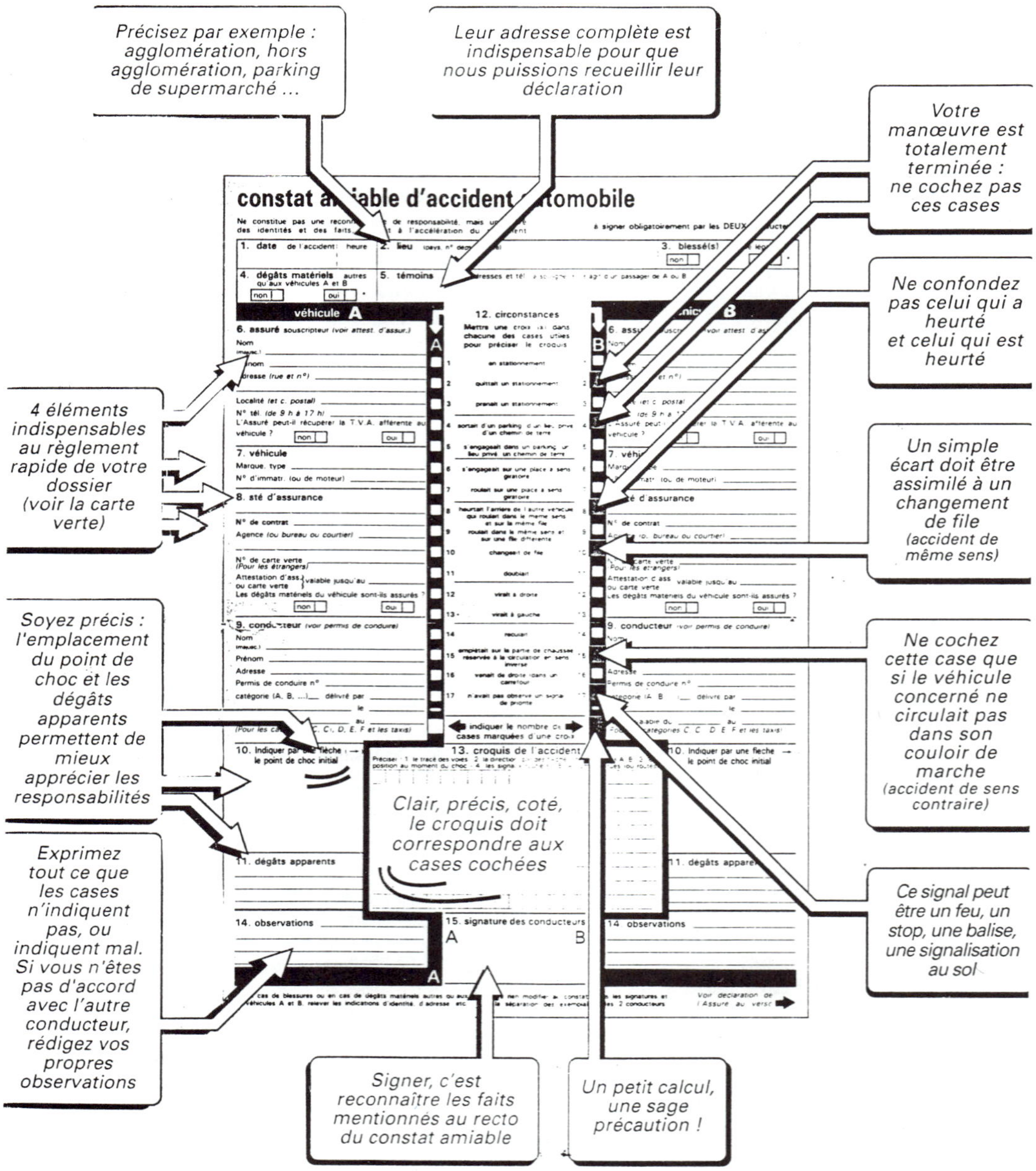

ACTIVITÉS D'APPRENTISSAGE

Le constat amiable est un document particulièrement important pour déterminer les responsabilités de chacun dans un accident de la route. Il convient donc de le remplir avec précision. Procurez-vous un constat amiable vierge auprès d'une compagnie d'assurance et complétez-le en tenant compte des indications fournies ci-dessus (vous imaginerez un accident matériel précis).

L'essentiel

1 LE CONTRAT D'ASSURANCE

Déclaration du sinistre dans les 5 jours (2 jours pour un vol)

Le contrat d'assurance est une convention par laquelle l'assureur s'engage à couvrir les risques financiers d'événements futurs et incertains subis par l'assuré, moyennant le versement des primes.

Le contrat porte le nom de police d'assurance ; les modifications constituent les avenants.

L'assuré doit répondre avec précision au questionnaire de l'assureur visant à évaluer le risque ; il doit payer les primes d'assurance d'avance ; il doit déclarer tout sinistre à l'assureur dans les 5 jours (2 jours pour un vol) par lettre recommandée.

L'assureur doit payer l'indemnité prévue en cas de sinistre ; il existe quelquefois une franchise au-dessous de laquelle il n'y a aucune indemnisation.

Chacun peut librement s'assurer contre les risques de son choix ; la plupart des ménages souscrivent une assurance multirisque, qui couvre : l'incendie, les dégâts des eaux, le vol, la responsabilité civile du chef de famille.

2 L'ASSURANCE AUTOMOBILE

RISQUES GARANTIS — Les risques couverts dépendent de la nature des garanties souscrites

- → Responsabilité civile ou assurance aux tiers
  Obligatoire et couvre tous les dommages causés aux tiers par le responsable de l'accident
- → Incendie
  Garantit le véhicule contre l'incendie, la foudre, la combustion spontanée, l'explosion
- → Vol de véhicule
  Couvre le vol et les dégats causés à l'occasion du vol
- → Dommages au véhicule
- → Défense et recours
  Tous frais de recours contre les tiers responsables d'accidents
- → Personnes transportées
  Rente et capital aux personnes accidentées

Nouvelles règles prévues par la loi du 31.12.89.
- Présentation d'un devis chiffré avant la signature du contrat.
- Déclaration de vol obligatoire dans les 2 jours, d'accident dans les 5 jours.
- Déclaration d'aggravation des risques obligatoire dans les 15 jours.
- Questionnaire d'information établi par l'assureur.
- Résiliation du contrat soumise à préavis de 2 mois.

3 L'ASSURANCE MULTIRISQUE HABITATION

Incendie
conflagration, embrasement, combustion

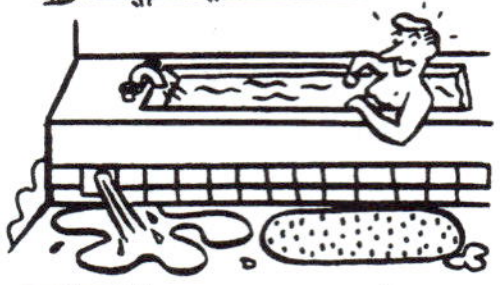

dégât des eaux
fuite d'une canalisation, rupture d'une conduite d'eau...

vol
disparition ou détérioration des biens assurés

bris de glace
glaces, vitres fixées à demeure

Responsabilité civile
enfants, domestiques...

Le Bonus - Malus

La réforme du bonus-malus, en vigueur depuis le 1er janvier 1992, doit profiter aux bons conducteurs et aux jeunes.

Le point sur le nouveau mécanisme qui affecte vos primes d'assurance automobile.

Une réforme qui récompense justement les plus prudents.

Le nouveau dispositif contient trois points essentiels* : la suppression du "gel du bonus" pour les assurés qui n'ont aucune responsabilité dans l'accident, la création d'une "franchise de malus" pour les bons conducteurs qui ont leur premier accident, enfin, le taux maximum de la surprime est abaissé pour les jeunes conducteurs.

Prime aux meilleurs

Suppression du gel du bonus : il est mis fin à la disposition contestée qui empêche l'acquisition d'un bonus l'année où survient un dommage à un véhicule en stationnement, un vol, un incendie ou un bris de glace alors même que l'assuré propriétaire du véhicule n'est pas responsable.

Depuis le 1er janvier, l'assuré concerné voit son bonus progresser normalement de 5 % pendant l'année du dommage. Rappelons que chaque année sans accident permet une diminution de 5% de la prime d'assurance automobile, mais que le cumul des bonus ne peut, pourtant, excéder 50 %.

Création d'une "franchise de malus" pour les meilleurs conducteurs : les conducteurs les plus prudents, qui ont atteint le maximum de bonus (50 %, depuis trois ans au moins, ne se voient plus appliquer de malus pour le premier accident dont ils sont responsables. Jusqu'au 31 décembre 1991, ces mêmes conducteurs se voyaient pénalisés d'un malus de 25 % dès le premier dommage dont ils étaient responsables. Le malus réapparaît bien entendu au second accident.

Si plusieurs accidents se produisent une même année d'assurance, chaque accident vient alourdir le malus, d'où une multiplication successive par 1,25 du coefficient de malus (1,56 pour deux accidents ; 1,95 pour trois...).

Abaissement du taux de la surprime pour jeunes conducteurs : le taux maximum de la surprime applicable aux jeunes conducteurs est ramené de 140 % à 100 % du tarif de base ; soit le double du tarif de base. En outre, les jeunes conducteurs qui ont obtenu leur permis de conduire dans le cadre de l'apprentissage accompagné de la conduite ont leur surprime limitée à 50 %.

Il s'agit, de toute façon de taux maximums que les assureurs ne sont pas obligés d'appliquer ; la concurrence doit jouer pleinement entre eux.

Les conducteurs qui commettront des infractions graves, conduite en état d'ivresse, délit de fuite après accident par exemple, seront pénalisés par des surprimes élevées pouvant aller jusqu'à 400 %, comme c'était le cas avant la réforme.

Marie-Claude Fayard

** Arrêté du 22 novembre 1991, J.O. du 29.*

Dossier familial n°207 février 1992

27 LE CRÉDIT - L'ÉPARGNE - L'ENDETTEMENT

CASDEN BP (Notre banque n° 52. Nov. 90)

L'épargne est un excédent des ressources du ménage sur ses dépenses ; plus la consommation augmente, plus l'épargne diminue.

Les sommes épargnées peuvent être conservées sous forme de billets de banque (thésaurisation).

Elles peuvent être déposées sur un compte ou sur un livret d'épargne, dans une banque ou une caisse d'épargne.

Elles peuvent être investies en actions (parts de capital d'une société), en obligations (prêts aux grandes entreprises) ou dans des biens durables : immeubles, tableaux, métaux précieux, etc.

Pour choisir les formules d'épargne, trois critères doivent être pris en compte.

- la sécurité : pourrai-je récupérer totalement mon placement le moment venu ?
- la rentabilité : quel est le revenu net de mon placement, impôt déduit ?
- la liquidité : en cas de besoin, puis-je récupérer à tout moment les sommes placées, sans risque de pénalité ?

Chacun d'entre nous peut aussi avoir accès au crédit pour des achats importants (appartement) ou courants (appareils ménagers). Attention au surendettement.

COMPÉTENCES

1 - Effectuer des démarches

- Se renseigner sur les différents types de placements.
- Constituer un dossier d'emprunt.

2 - Effectuer des choix raisonnés

- Choisir une formule d'épargne ou de crédit.

1 L'ÉPARGNE

L'épargne de précaution

Formule	Montant des dépôts (en francs)		taux actuel (en %)	Fiscalité des intérêts	Remarques
	Minimum	Maximum			
Livret A Livret Bleu	100	100 000	4,5	Exonération	Un livret par personne. Cumul livret A et Bleu interdit.
Codévi	100	15 000	4,5	Exonération	Un seul Codévi par personne majeure. Deux codévi par foyer fiscal (conjoints).
Livret bancaire Livret B	100	pas de plafond	4,5	Impôt sur le revenu ou prélèvement libératoire à 37 %	
Livret d'Épargne Populaire (LEP)	200	30 000	5,5	Exonération	Réservé aux personnes n'ayant pas acquitté plus de 1 560 F d'impôt en 1988. Deux LEP par foyer fiscal (conjoints).
Livret (ou compte) d'épargne logement	750	100 000	2,75	Exonération	Ouvre droit à un prêt immobilier à 4,25 %. En cas de prêt, prime d'État exonérée d'impôt égale à 5/11e des intérêts utilisés.

PEP, Mode d'emploi

Ouverture	Auprès de toute banque ou établissement de crédit, Banque de France, Poste, Trésor, compagnies et mutuelles d'assurances, institutions de retraite et de prévoyance. Il ne peut être ouvert qu'un seul PEP par contribuable ou par chacun des conjoints soumis à imposition commune.
Forme	Compte ouvert auprès du gestionnaire, dit PEP bancaire ; assurance vie (PEP assurance).
Transfert	En cours de plan, possible sur un autre PEP, sans pénalités fiscales ou perte de prime. Mais pénalités possibles par la banque ou par l'assureur.
Versements	Libres (montant et périodicité), sauf clauses contractuelles contraires. 600 000 F maximum par plan. Attention : le dépassement du plafond entraîne la clôture du PEP, sauf si vous pouvez prouver que le dépassement était involontaire. Il n'est tenu compte que des versements nets de frais, et hors prime éventuelle d'assurance décès (PEP assurance).
Durée	En principe dix ans, ou jusqu'au premier retrait. Mais la prime d'État et l'exonération fiscale sont acquises au bout de huit ans. Clôture automatique en cas de retrait (pénalisée) ou de décès (non pénalisée).
Rémunération	Variable selon les plans, sauf prime d'État.

(50 Millions de Consommateurs, novembre 1990)

ACTIVITÉS D'APPRENTISSAGE

1 • L'épargne de précaution ; que faut-il entendre par ces termes ?

2 • Peut-on dire que le PEP réponde aux trois critères de base : sécurité, disponibilité, rentabilité ? Justifiez votre réponse.

3 • Connaissez-vous d'autres formules d'épargne qui ne sont pas signalées ci-dessus ? Quels sont leurs avantages et leurs inconvénients ?

EXEMPLAIRE A CONSERVER

COFIDIS

Etablissement prêteur: COmpagnie FInancière pour la DIstribution:
S.A. au capital de 223.398.600 F, siège social: 1 rue du Molinel 59290 WASQUEHAL
R.C.S.: ROUBAIX-TOURCOING B 325 307 106
Droit de timbre payé sur états, autorisation du 26 octobre 1982.

Offre valable jusqu'au 31/03/1993

OFFRE PRÉALABLE D'OUVERTURE DE CRÉDIT

(accessoire à des contrats de vente ou de prestation de services utilisable par fractions et assortie d'une carte de crédit)
consentie par COFIDIS agissant tant pour son compte, qu'au nom et pour le compte d'un pool de banques et de sociétés financières.

La présente offre d'ouverture de crédit est faite à: Mr ☐ Mme ☐ Mlle ☐

Nom ______ Prénom ______

Adresse ______

Date de naissance __ __ 19__ Dept __ Ville de naissance ______

et à son conjoint signataire solidairement responsable.

COFIDIS se réserve toutefois le droit d'accorder ou de refuser le crédit dans un délai de sept jours à compter de votre acceptation (cf § 3a).

NATURE DE L'OFFRE: La présente offre de crédit correspond à l'ouverture d'un découvert en compte consentie dans le cadre d'un compte courant, ouvert au nom de l'emprunteur.

L'OFFRE DE CRÉDIT EST DESTINÉE À: Financer des achats effectués par l'emprunteur aux 3 SUISSES et chez les vendeurs ou prestataires de services agréés par COFIDIS et acceptant à ce titre le paiement par Carte 4 Étoiles. Cette carte permet de payer intégralement le montant des achats.

MODALITÉS DE FONCTIONNEMENT DE L'OUVERTURE DE CRÉDIT: Elle ouvre droit à un crédit qui ne peut être supérieur à une fraction des achats effectués à l'aide de la carte. Cette fraction est celle dont le financement à crédit est autorisé, le versement légal obligatoire fixé par le Conseil National du crédit devant être payé directement au prêteur dans le délai maximum de 40 jours fixé par cet organisme.

DURÉE DE L'OUVERTURE DE CRÉDIT: Un an renouvelable. L'emprunteur sera averti trois mois avant l'échéance annuelle de son crédit des modalités de reconduction de son contrat et notamment du fait qu'il peut s'opposer à ladite reconduction en notifiant sa décision à COFIDIS par lettre recommandée, au moins trente jours avant la date d'échéance. Dans ce cas l'emprunteur remboursera le solde débiteur aux conditions de la présente offre applicables au jour de la date anniversaire du contrat et maintenues jusqu'à parfait paiement.

ELLE EST FAITE AUX CONDITIONS SUIVANTES: Montant du découvert maximum autorisé: 30 000 F. Le montant du découvert de base autorisé à l'ouverture du compte est de 4 000 F. Il pourra être augmenté moyennant l'accord du prêteur, par fractions successives, dans la limite du découvert maximum autorisé.

I. COÛT DU CRÉDIT: Les intérêts sont calculés au taux effectif global en vigueur à la date de l'offre, qui varie en fonction du montant du solde débiteur, soit 22,80% l'an pour un solde débiteur inférieur ou égal à 10 000 F et 19,92% l'an pour un solde débiteur supérieur à 10 000 F. Le taux effectif global est égal par convention à 12 fois le taux actuariel mensuel. Le taux est révisable et suivra les variations en plus ou en moins du taux de base que le prêteur applique aux opérations de même nature et qui figure dans les barèmes qu'il diffuse auprès du public. Aucuns frais supplémentaires ne seront perçus en sus sauf autorisation par la réglementation.

NOTA: Le coût total du crédit dépend de son utilisation. Il varie suivant le montant et la durée du découvert effectif du compte de l'emprunteur. Les mensualités, inclusives des frais de crédit et de l'assurance éventuelle, varient en fonction du montant du solde débiteur, comme indiqué ci-dessous:

Montant du solde débiteur	de 250 F à 4 000 F	de 4 001 F à 8 000 F	de 8 001 F à 12 000 F	plus de 12 000 F
Remboursement mensuel minimum	250 F	400 F	600 F	5% du total dû

Assurance facultative: **0,50%** du total dû mensuel.

II. MODALITÉS DE REMBOURSEMENT DU CRÉDIT: Prélèvement sur compte bancaire ou postal obligatoire pour la mensualité minimale. Règlements complémentaires par chèque ou mandat.

NOTA: l'utilisation de lettres de change ou de billets à ordre est interdite (art. 17 de la loi 78-22 du 10 janvier 1978).

III. CETTE OFFRE PEUT DEVENIR VOTRE CONTRAT DE CRÉDIT DANS LES CONDITIONS SUIVANTES:

, Acceptation de l'offre: Si cette offre vous convient, vous devez faire connaître au prêteur que vous l'acceptez, en lui renvoyant un exemplaire de cette offre, après avoir apposé votre signature au bas de la formule d'acceptation dûment remplie.

BORDEREAU DE RETRACTATION

(A retourner à COFIDIS si vous décidez d'annuler votre demande d'ouverture de crédit "Carte 4 Étoiles")
A renvoyer, au plus tard dans les 7 jours suivant votre acceptation, par lettre recommandée avec accusé de réception à COFIDIS - 59675 Roubaix Cedex 2

N° de client 3 Suisses ______

Nom, prénom ______

Adresse ______

Je déclare renoncer à l'offre de crédit de ______ F

de COFIDIS, que j'avais acceptée le . . / . . / . . . .

Cette rétractation n'est valable que si elle est adressée avant l'expiration des délais rappelés au verso (cf. art. III paragraphe 2a, relatif à la rétractation de l'acceptation) lisiblement et parfaitement remplie.

Date . . / . . / . . . .

Signature de l'emprunteur ______

ACTIVITÉS D'APPRENTISSAGE

1 • Complétez le document ci-dessus en utilisant le bordereau de rétractation. Quelle est l'utilité de ce bordereau ?

2 • Pourquoi dit-on que cette offre est accessoire à un contrat de vente ?

3 • Sous quelle forme est accordé le crédit demandé ? Comment est-il remboursé ?

4 • Que représente le coût du crédit ?

3 LE SURENDETTEMENT DES MÉNAGES

Un ménage sur dix a plus de dix créanciers

Il est relativement âgé, souvent ouvrier ou employé mais, surtout, fonctionnaire. Il gagne moyennement sa vie, a deux enfants ou plus. C'est le surendetté... et les commissions de conciliation chargées de l'aider à s'en sortir ont bien du mal.

1. Les commissions départementales de règlement amiable.

La commission départementale a pour mission de favoriser le règlement amiable des situations de surendettement. Elle ne peut intervenir que dans les cas les plus graves, s'il y a "impossibilité manifeste" pour le débiteur de bonne foi de rembourser ses dettes, déjà exigibles ou à échoir. Dans un premier temps, la commission évalue la situation globale du débiteur, ce qu'il doit, ce qu'il possède et ce qu'il gagne. En plus des informations fournies par l'endetté, la commission interroge les administrations publiques, les établissements de crédit, les fichiers informatisés d'impayés... Elle peut demander une enquête sociale et entendre toute personne qu'elle juge utile. Si nécessaire, la commission demande au juge de suspendre les procédures de recouvrement déjà intentées contre le débiteur.

Dans un second temps, la commission propose à l'endetté et à ses créanciers un plan de règlement amiable, comportant des reports ou des rééchelonnements de paiements, des remises de dettes ou de pénalités... Les parties ne sont pas obligées d'accepter les propositions de la commission. Mais si elles le font, elles sont tenues de les respecter, notamment le débiteur, qui devra scrupuleusement tenir ses engagements. Il est interdit à l'endetté pendant l'exécution du plan, d'aggraver son endettement sans l'accord de ses créanciers (par exemple en souscrivant de nouveaux prêts ou en vendant des éléments de son patrimoine). Faute de quoi, il perd le bénéfice du règlement amiable.

2. Le redressement judiciaire civil

Le redressement judiciaire civil est décidé et organisé par le tribunal d'instance du domicile de la personne endettée.

En principe, selon la loi, le redressement judiciaire est demandé après échec d'une tentative de règlement amiable par la commission départementale. Mais ce n'est pas obligatoire. Il semble même préférable, pour l'endetté, de saisir d'abord le tribunal plutôt que la commission. En effet, seul le tribunal a le pouvoir de vérifier que les prêts ont été consentis "avec le sérieux qu'imposent les usages de la profession" ; et en tirer, sinon, les conséquences.

Si ensuite le juge confie à la commission une mission de conciliation comme il en a la possibilité, c'est un dossier allégé d'éventuelles créances douteuses qu'elle examinera. Quitte à faire intervenir cette instance, le détour par le tribunal n'est pas inutile.

Par ailleurs, de sa propre initiative ou à la demande du débiteur ou de la commission, le juge peut prononcer la suspension des procédures d'exécution (saisies...) déjà engagées par un créancier.
La suspension est accordée pour deux mois renouvelables une fois.
Elle interdit au débiteur, sauf autorisation du juge, de modifier sa situation.
Les mesures de redressement finalement décidées par le juge s'imposent aux parties, comme toute décision de justice.

(Loi du 31 décembre 1989)

ACTIVITÉS D'APPRENTISSAGE

1 • Un ménage sur dix a plus de dix créanciers. Quels peuvent donc être les créanciers de ces ménages ? Imaginez une liste précise.

2 • Donnez une définition du surendettement. Quelles sont les solutions à ce problème prévues par la loi ?

3 • Quelles sont les mesures à prendre pour éviter d'être en situation de surendettement ?

L'essentiel

1 L'ÉPARGNE

• *Épargne liquide*

BONS D'EPARGNE Titres au porteur émis par des banques ou par l'État, représentant un prêt de courte durée.

S.I.C.A.V. Sociétés à capital variable gérant un portefeuille de valeurs mobilières.

F.C.P. Fonds communs de placement propriétaires de valeurs mobilières.

• *Épargne logement*

FORMULE	MONTANT DES DÉPÔTS MINIMUM	MONTANT DES DÉPÔTS MAXIMUM	TAUX	DURÉE	PARTICULARITÉS
PLAN D'ÉPARGNE LOGEMENT (P.E.L.)	1 500 F à l'ouverture + 3 600 F par an	300 000 F	6 % avec la prime (plafonnée à 10 000 F)	5 ans	• Ouvre droit à prêt immobilier à 6,50 % • La durée peut-être, prolongée d'année en année.
COMPTE D'ÉPARGNE LOGEMENT (C.E.L.)	750 F	100 000 F	2,75 %	libre	• Ouvre droit à prêt immobilier à 4,25 %. • Fonctionne comme un livret de caisse d'épargne.

2 LES CRÉDITS

• *Les ventes à crédit*

• *Les crédits immobiliers*
Ils sont accordés pour l'accession à la propriété de logements neufs ou anciens.

• *Le crédit-bail*
L'acquéreur d'un bien en crédit-bail ou leasing s'adresse à un établissement de crédit spécialisé qui achète pour son compte au fabricant un bien qu'il met à sa disposition moyennant un loyer périodique pendant une durée fixée au contrat.
A l'expiration du contrat, l'acquéreur peut :
- renoncer à l'achat : il perd les sommes versées ;
- acheter le bien loué : la valeur de ce bien est fixée à l'avance dans le contrat ;
- poursuivre le contrat : une nouvelle période de location est alors négociée.

•*Le crédit revolving*
C'est un crédit personnel permanent accordé par les banques et les grands réseaux de distribution (La Redoute, Le Printemps, etc.).
Un montant plafonné du crédit est fixé au client qui peut l'utiliser à sa guise et sans échéance de remboursement ; son taux est élevé.

Le PEA nouveau est arrivé, il est à la devanture de toutes les banques ; mais vous concerne-t-il vraiment ? En fait, le nouveau plan d'épargne en actions s'adresse surtout aux "gros portefeuilles", supérieurs à 400 000 F, et à ceux qui ont l'habitude ou l'envie de se frotter à la Bourse.

Après le PEL et le PEP, un nouveau sigle a fait son entrée sur la scène financière le 14 septembre dernier : le PEA, alias Plan d'Épargne en actions. De quoi s'agit-il ? Essentiellement d'une enveloppe fiscale, d'un grand sac dans lequel on met des produits pour les récupérer quelques années plus tard (5 à 8 ans, voir tableau) avec des plus-values en totale franchise d'impôt. A la base, donc, un avantage accordé par l'État pour rendre plus séduisants les placements en actions. Pourquoi ? Parce qu'une action, c'est un titre de propriété sur une fraction du capital d'une société. Le PEA doit permettre de drainer plus d'épargne vers les entreprises. Il est toujours bon de bénéficier d'une exonération d'impôt. Mais la fiscalité ne doit jamais être le facteur déterminant d'un placement. Ce qui compte, c'est le produit sur lequel on investit. Les actions, c'est vrai, ça peut rapporter gros. Beaucoup plus que les autres types de placements. Selon l'étude d'Olivia Flahault, de la société de Bourse BZW Puget Mahé, un investissement réalisé en 1983 et retiré en 1991 a crû de 175 % soit 13,5 % par an. La bourse n'a cependant pas toujours été aussi généreuse : entre 1973 et 1981 (soit les huit ans de PEA), le rendement des actions est négatif avec une perte de 18 %.

Plus de temps, moins de risque

A ne jamais oublier ; si on peut gagner beaucoup en jouant en Bourse, on peut aussi y laisser des plumes. Ceux qui souhaitent tenter leur chance n'ont d'ailleurs pas forcément intérêt à souscrire un PEA. Les actions bénéficient déjà, jusqu'à un certain plafond, de dispositions permettant d'échapper à l'impôt. Pour les petits actionnaires, il ne semble pas utile de s'encombrer d'un PEA et de bloquer son épargne pendant plusieurs années.

Les autres pourront se laisser tenter par deux arguments des banquiers. Ils conseillent d'ouvrir un PEA pour "prendre date" : parce qu'un patrimoine peut grossir et alors, l'avantage fiscal du Plan peut devenir intéressant. Ensuite, parce que la régime fiscal des actions, plutôt favorable actuellement, peut très bien être durci du jour au lendemain par une décision gouvernementale. Olivia Flahault tire aussi de son étude deux conclusions plutôt favorables au PEA. Elle indique que "de 1950 à 1991, la rentabilité réelle du marché des actions a été de 7,1 % par an contre 1,1 % par an pour celui des obligations", ajoutant que "le risque associé à un placement en actions diminue fortement avec la durée de placement".

Quoi qu'il en soit, le PEA n'est à conseiller qu'aux personnes dotées d'un certain patrimoine, dont une partie déjà investie dans un PEL, un PEP ou autre... Il serait en effet fort dangereux, uniquement pour avoir un avantage fiscal, de risquer toutes ses économies sur des produits en actions.

LE PEA EN BREF	
Date de lancement	Le 14 septembre 1992.
Qui peut ouvrir un plan ?	Toute personne dont le domicile fiscal est situé en France.
Où s'adresser ?	Banques, sociétés de Bourse, compagnies d'assurances.
Versements	Limités à 600 000 F par personne (1 200 000 F pour un couple). Le souscripteur choisit librement la date et le montant de ses versements.
Durée de vie du plan	8 ans
Titres entrant dans le PEA	• Actions de sociétés françaises cotées. • Actions de sociétés françaises non cotées souscrites lors de la constitution ou de l'augmentation du capital. • Sicav Actions (investies à plus de 60 % en actions). • Fonds Communs de Placement Actions (investis à plus de 75 % en actions). • Bons de capitalisation en unités de compte (investis en Sicav ou FCP actions).
Avantage fiscal	Exonération des revenus, plus-values, avoirs fiscaux et crédits d'impôt à condition de conserver le PEA au moins 5 ans.
Inconvénient	Les sommes investies doivent rester à l'intérieur du PEA. Il est possible de vendre des titres mais l'argent récupéré doit servir à racheter des titres entrant dans le PEA.

(Que choisir ; Octobre 1992)

Vie professionnelle

28 LES MODES DE PAIEMENT

Comment réglez-vous vos dépenses ?

Cela dépend, bien entendu, de l'importance de la somme à payer.

En règle générale, on réserve **les espèces** pour les petites sommes ; les dépenses les plus importantes sont réglées par **chèque bancaire ou postal** ou par **carte bancaire.**

Les virements ou prélèvements automatiques permettent de payer les charges qui ont un caractère répétitif (loyers, assurances, énergies...).

De plus en plus, les consommateurs abandonnent la monnaie dite fiduciaire (espèces) au profit de la monnaie scripturale (virements, chèques, cartes de paiement).

En particulier, l'usage des cartes de paiement se développe rapidement ; leur nombre dépasse actuellement 20 millions en France. Elles sont également utilisées pour les retraits d'espèces dans les distributeurs automatiques de billets.

La carte à puce, dotée d'un microprocesseur, théoriquement infalsifiable et inviolable, contenant un grand nombre d'informations, devrait être généralisée à bref délai.

COMPÉTENCES

1 - Effectuer des choix raisonnés

- Utiliser pour chaque dépense le mode de paiement le plus approprié.

2 - S'impliquer dans une démarche de prévention

- Mesurer les risques d'utilisation du chèque bancaire.
- Prendre des dispositions contre la perte ou le vol de la carte bancaire.

1 PAYER PAR CHÈQUE BANCAIRE

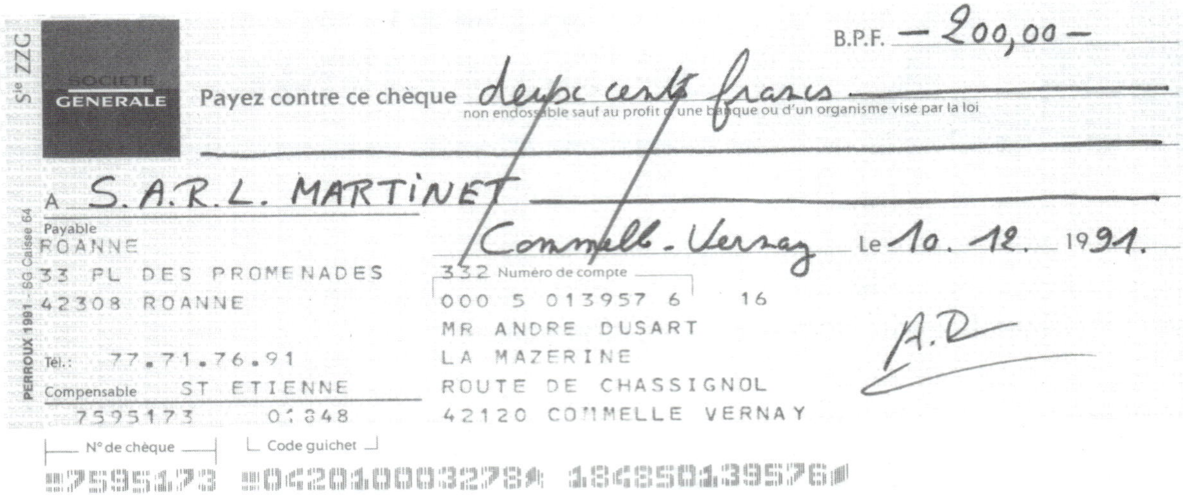
Sté ZZC
SOCIÉTÉ GÉNÉRALE
B.P.F. – 200,00 –
Payez contre ce chèque deux cents francs
non endossable sauf au profit d'une banque ou d'un organisme visé par la loi
A S.A.R.L. MARTINET
Payable ROANNE
33 PL DES PROMENADES
42308 ROANNE
Tél. : 77.71.76.91
Compensable ST ETIENNE
7595173 01848
N° de chèque
Code guichet
Commelle-Vernay Le 10. 12. 1991.
332 Numéro de compte
000 5 013957 6 16
MR ANDRE DUSART
LA MAZERINE
ROUTE DE CHASSIGNOL
42120 COMMELLE VERNAY
A.D
PERROUX 1991 - SG Caisse 64
⑈7595173 ⑆04201000032784 18485013957⑈

ÉMETTRE UN CHÈQUE SANS PROVISION

Lorsque votre banquier rejette un chèque pour défaut de provision sur votre compte, il vous adresse une lettre d'injonction en recommandé avec accusé de réception. Cette lettre vous indique que :

- vous n'avez plus le droit d'émettre de chèques sur tous vos comptes ouverts dans toutes les banques ;
- vous devez restituer tous les chéquiers en votre possession à votre (vos) banquier(s) ;
- vous êtes interdit bancaire et votre (vos) compte(s) est (sont) inscrit(s) sur le Fichier de la Banque de France que tout bénéficiaire de chèques peut consulter.

Vous avez la possibilité de régulariser votre situation en :

- réglant le chèque impayé ;
- acquittant une pénalité libératoire si vous :
  - avez déjà émis un ou plusieurs chèques sans provision dans les 12 mois précédents ;
  - n'avez pas régularisé votre situation dans le délai de un mois suivant le rejet du chèque.

Cette pénalité s'élève à 120 F par chèque et par tranche de 1 000 F, payable en timbres fiscaux apposés sur la lettre d'injonction que vous retournerez à votre banquier. Après 3 régularisations dans les 12 mois, la pénalité est doublée.

Attention : cette période libératoire n'est pas due s'il s'agit d'un premier rejet depuis plus de 12 mois.

En l'absence de régularisation, vous demeurez "interdit bancaire" pendant 10 ans.

RECEVOIR UN CHÈQUE SANS PROVISION

Vous avez remis un chèque à l'encaissement et il vous est retourné impayé au motif "sans provision" ; réagissez rapidement en :

- contactant le tireur lui-même ou sa banque pour connaître la bonne fin de son paiement en cas de nouvelle présentation ;
- demandant à la banque du tireur un certificat de non paiement. Ce dernier vous sera obligatoirement adressé par la banque du tireur si lors d'une deuxième présentation du chèque au-delà du délai de 30 jours de régularisation, le chèque est impayé.

Le certificat de non paiement est nécessaire pour faire appel à un huissier de justice.

ACTIVITÉS D'APPRENTISSAGE

1 • Quelles sont les mentions importantes du chèque auxquelles vous devez apporter une grande attention avant de le signer ?

2 • A quelles sanctions s'expose l'émetteur d'un chèque sans provision ? Comment peut-il y échapper ?

3 • Que doit faire le possesseur d'un chèque retourné impayé par la banque pour défaut de provision ?

2 PAYER PAR CARTE

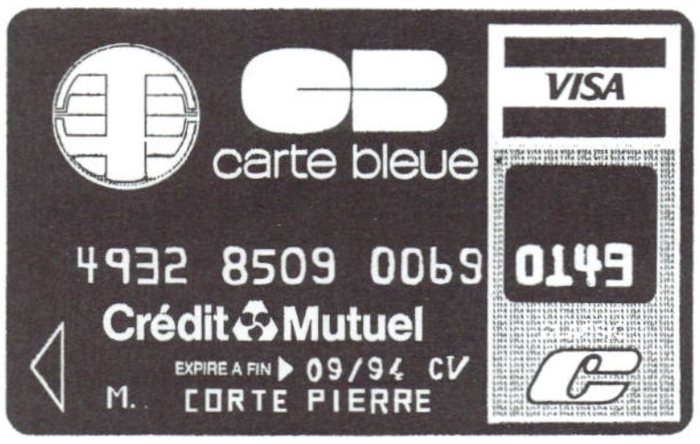

Avec votre Carte Bleue, vous pouvez à tout instant vous procurer de l'argent liquide.

En France et dans les départements d'Outre-Mer (DOM), le réseau Carte Bleue met à votre disposition :

– 11 000 distributeurs automatiques de billets (DAB) ; vous pouvez y retirer, chaque semaine, jusqu'à 1 800 F en une ou plusieurs fois.

De plus, à la suite des accords interbancaires intervenus en 1985, votre Carte Bleue vous donne accès à tous les distributeurs automatiques de billets (même "non" Carte Bleue) installés en France, quel que soit l'établissement financier propriétaire du distributeur.

carte bleue VISA

LE RÉSEAU VISA

35 000 DISTRIBUTEURS AUTOMATIQUES DE BILLETS

Avec votre Carte Bleue, vous pouvez :

– régler facilement vos dépenses chez de très nombreux commerçants ;

– retirer de l'argent liquide dans les Agences et Etablissements Bancaires qualifiés. Ou, 24 heures sur 24, dans les distributeurs automatiques de billets.

Chez le commerçant au moment de payer, présentez votre Carte Bleue.

Vous êtes entré(e) dans un magasin "Carte Bleue" (à l'extérieur, un autocollant de vitrine le signale à votre attention). Vous faites vos achats. Vous vous rendez à la caisse.

Il vous suffit de présenter votre Carte Bleue.

A l'aide d'une machine mécanique ou d'un terminal de paiement électronique, le caissier établit une facturette à 3 volets ou à 2 volets pour enregistrer votre achat. Il vous la présente.

Vous vérifiez, vous signez. C'est tout.

Le caissier détachera alors le volet "client" de la facturette. Il vous le remettra.

Vous n'avez aucune majoration de prix en utilisant votre Carte Bleue, quel que soit le montant de votre achat.

248 000 Guichets VISA

Les 248 000 guichets de banque sont identifiables à l'autocollant VISA : vous présentez votre Carte Bleue internationale VISA en justifiant de votre identité.

Vous signez le reçu libellé dans la monnaie du pays et un double vous est remis avec les devises.

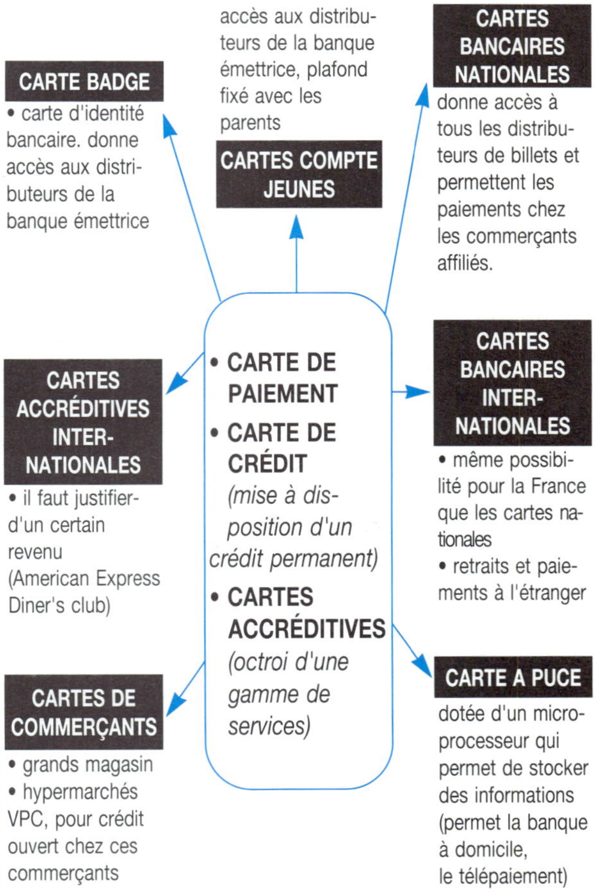

ACTIVITÉS D'APPRENTISSAGE

1 • Quels sont les divers services rendus par la Carte Bleue ?

2 • Quelle différence faites-vous entre une carte de paiement, une carte de crédit et une carte accréditive ?

3 • Énumérez quelques grands réseaux de cartes accréditives.

4 • Donnez des exemples de cartes de commerçants.

3 PAYER PAR CHÈQUE POSTAL

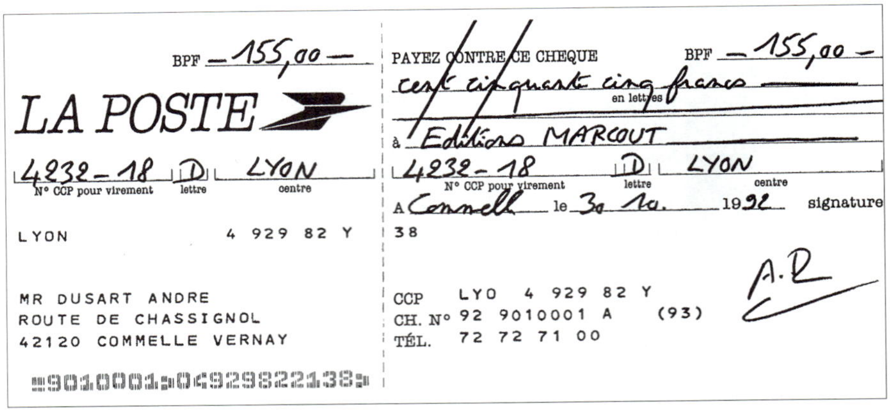
BPF — 155,00 —

LA POSTE

4232 - 18 | D | LYON
N° CCP pour virement | lettre | centre

LYON 4 929 82 Y

MR DUSART ANDRE
ROUTE DE CHASSIGNOL
42120 COMMELLE VERNAY

PAYEZ CONTRE CE CHEQUE BPF — 155,00 —
cent cinquante cinq francs —
en lettres
à Editions MARCOUT
4232 - 18 | D | LYON
N° CCP pour virement | lettre | centre
A Commelle le 30 10. 1992 signature
38

CCP LYO 4 929 82 Y
CH. N° 92 9010001 A (93)
TÉL. 72 72 71 00

Comment ouvrir un CCP

C'est facile

Vous pouvez ouvrir un compte chèques postal dans l'un des 17 000 bureaux que la Poste met à votre disposition. Il vous est même possible de le faire à domicile par l'intermédiaire du facteur. Il vous suffit d'avoir 18 ans (ou même 16 ans avec une autorisation parentale), de présenter une pièce d'identité et une justification de domicile. Vous pouvez demander un "compte joint" au nom de plusieurs personnes. Par exemple, si vous êtes marié, ce compte sera ouvert au nom des deux époux.

C'est gratuit

L'ouverture de votre CCP est gratuite. Vous pouvez effectuer un premier versement même minime. Vous avez tout de suite votre numéro de compte. Quelques jours après, vous pourrez venir à votre bureau de poste retirer votre premier carnet de chèques.

Comment utiliser votre CCP ?

Pour alimenter votre CCP, vous pouvez :

- faire verser directement les sommes qui vous sont dues : salaires, retraites, pensions, allocations, remboursements,
- déposer de l'argent liquide,
- envoyer gratuitement à votre centre les chèques postaux ou bancaires, les lettres chèques, les mandats que vous recevez,
- en cas d'urgence, approvisionner votre compte en quelques heures au bureau de poste ou au centre de chèques.

Pour régler vos dépenses, vous pouvez :

- payer par chèque ou par virement ou encore plus simplement avec la Carte Bleue*,
- faire prélever automatiquement vos dépenses régulières : électricité, gaz, téléphone, impôts, remboursements de prêts...

Pour disposer d'argent liquide, vous pouvez :

- retirer jusqu'à 3 000 F maximum tous les quatre jours (6 000 F dans le cas d'un compte joint) **à votre bureau de poste** où est déposée votre signature,
- retirer 1 800 F par semaine **aux distributeurs automatiques de billets**
• avec la carte 24/24, aux distributeurs de la Poste et "POINT ARGENT" (gares, aéroports, centres commerciaux, places publiques...),
• avec la Carte Bleue* aux distributeurs de la Poste, "POINT ARGENT" et Carte Bleue des banques,
- retirer 3 000 F tous les 7 jours **dans tous les bureaux de poste,** avec votre chéquier et votre carte 24/24 ou votre Carte Bleue,
- retirer 3 000 F tous les 7 jours **dans les banques du rêseau Carte Bleue** avec votre chéquier et votre Carte Bleue,
- retirer de l'argent en monnaie locale **à l'étranger,** grâce aux postchèques, aux bureaux de poste de plus de 30 pays.
• Grâce à l'informatique, la Poste met de nouvelles facilités à votre disposition.

Des terminaux d'ordinateurs mis en place dans certains bureaux de poste vous permettent en particulier :
- de connaître immédiatement la situation de votre compte,
- de retirer la totalité des sommes déposées sur votre compte au bureau qui détient votre signature,
- d'obtenir 3 000 F par jour dans tous les autres bureaux reliés à votre centre de chèques postaux.

* Service assuré après 6 mois de fonctionnement normal de votre CCP

ACTIVITÉS D'APPRENTISSAGE

1 • Le chèque postal joue le même rôle que le chèque bancaire. Il présente pourtant des différences ; lesquelles ?

2 • Compte bancaire et CCP fonctionnent de façon identique. Pour quelles raisons choisir l'un plutôt que l'autre et vice-versa ?

L'essentiel

1 LES RÉGLEMENTS PAR LA BANQUE

1. Les règlements par la banque

Toute personne majeure et capable peut se faire ouvrir un compte de dépôts auprès d'une ou de plusieurs banques. On l'appelle couramment le compte-chèques.
Des formules de chèques sont remises gratuitement à tout titulaire d'un compte-chèques.

1. Fonctionnement du compte

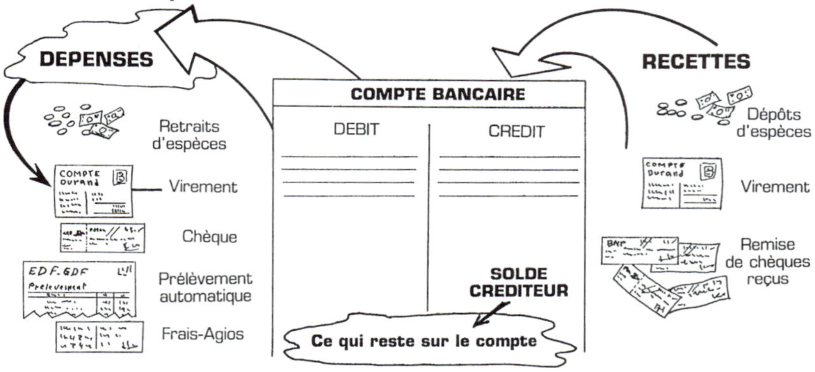

2. Les paiements par chèques

Un chèque barré ne peut être endossé qu'à l'ordre d'une banque ou d'un établissement financier (CCP, Caisse d'épargne, etc.) qui l'inscrit au compte du bénéficiaire.
Passé le délai de 1 an et 8 jours à compter de l'émission, la banque peut refuser le paiement du chèque.
Certains chèques sont garantis :
- **le chèque visé :** la banque atteste l'existence de la provision à la date du visa ;
- **le chèque certifié :** la banque bloque la provision pendant 8 jours à dater de la certification du chèque ;
- **le chèque de banque :** il est émis directement par la banque du tireur, ce qui constitue une garantie certaine de paiement.

2 LES RÉGLEMENTS PAR LA POSTE ET LES C.C.P.

L'ouverture d'un compte de chèques postaux (CCP) est identique à celle d'un compte en banque mais les bureaux de poste remplacent les agences bancaires et constituent un maillon intermédiaire entre les centres de chèques postaux (il y en a 19 en France métropolitaine) et les usagers.
Le CCP fonctionne comme un compte bancaire.

Les règlements par mandats

LE MANDAT-CARTE ORDINAIRE	• Est destiné aux personnes qui n'ont aucun compte bancaire ou postal. • Est payé directement par le facteur à domicile.
LE MANDAT-CARTE DE VERSEMENT	• Est porté directement au CCP du bénéficiaire. • Pour les impôts, c'est un mandat-contributions.
LE MANDAT-LETTRE	• Est souscrit auprès d'un bureau de poste et envoyé par courrier au bénéficiaire. • Est encaissé par le destinataire au bureau de poste ou inscrit à son CCP.
LE TITRE UNIVERSEL DE PAIEMENT (TUP)	• C'est un mandat-carte de versement informatisé. • Il est payé en espèces dans un bureau de poste ou prélevé sur un CCP.

Les cartes de la banque

La qualité première de la carte bancaire est sans conteste son côté pratique. Avec une carte, vous avez accès à votre banque 24 heures/24 et 365 jours/365. Grâce à cette carte vous n'avez plus à faire la queue aux guichets, subir leurs horaires, sans oublier, bien sûr, les week-ends et jours fériés...

Au moment de régler vos achats vous ne rencontrez plus le problème du chèque mal rempli, de la carte d'identité oubliée dans "l'autre" sac ou des liasses de billets qui font de vous l'appât idéal des pick-pockets. Votre carte de paiement est garante de votre tranquillité grâce à sa bande magnétique ou sa puce qui valide votre code secret. Le commerçant a l'obligation, au-dessus d'un certain montant d'achat, de téléphoner à un centre d'autorisation, de vous faire taper votre code secret afin de vérifier que la carte n'a pas été volée.

Votre carte se révèle être aussi un atout lorsque vous commandez vos achats par correspondance, puisqu'il vous suffit de passer un coup de fil ou de pianoter sur votre minitel en déclinant le numéro de votre carte et sa date de validité.

Quelle carte choisir ?

Vous devez définir vos besoins avant de faire votre choix. Les cartes bancaires n'offrent pas toutes les mêmes prestations.

Carte de Libre Service Bancaire (L.S.B)

Le Libre Service Bancaire n'est accessible qu'auprès des guichets de votre groupe bancaire, car il est directement relié à votre compte.

Une fonction de consultation : pour consulter l'état de votre compte (le solde du compte ou les dernières opérations que vous avez réalisées). Cette fonction est très utile pour vérifier qu'une traite a été débitée, que votre salaire a bien été viré sur votre compte. Une fonction d'opération : pour effectuer des virements entre vos comptes.

Une fonction de retrait : pour retirer des sommes en liquide 24 h sur 24 et 365 jours sur 365 dont le montant maximum est limité en fonction de votre contrat.

Une fonction de dépôt : pour déposer, sans l'intermédiaire d'un caissier, des chèques ou du liquide. Ce type de carte existe en mode interbancaire, c'est-à-dire que vous pouvez, alors, retirer de l'argent à partir du guichet de n'importe quelle banque nationale. Mais ne vous y trompez pas, les fonctions de consultation et de dépôt ne sont possibles qu'à partir des guichets de votre groupe bancaire. Attention, les cartes LSB et de retrait interbancaire ne vous permettent pas de régler vos achats.

Carte de paiement nationale

C'est une carte de retrait et de paiement. Retrait auprès de tous les guichets compatibles avec votre réseau (Carte Bancaire, environ 15 000 guichets en France), les retraits sont généralement limités à 1 800 francs par semaine. Paiement : c'est-à-dire qu'elle vous permet de payer vos achats chez plus de 500 000 commerçants en France. En général, ces cartes offrent aussi le Libre Service Bancaire sur votre propre banque.

Carte de paiement internationale

Elle reprend les caractéristiques de la carte nationale auxquelles s'ajoutent de nouvelles fonctions. Ses capacités de retrait peuvent être augmentées (jusqu'à 3 000 francs par semaine) et s'opèrent auprès de plus de 130 000 guichets dans 160 pays. Vos achats pourront se réaliser auprès de 9 000 000 de commerçants dans le monde, adhérents au réseau Eurocard Mastercard ou Visa, en devises et à un taux souvent plus avantageux que le taux de change en billets.

(Dossier Familial, avril 1992)

Les dix commandements du titulaire de carte

1) Signez votre carte de paiement au dos dès réception.
2) Gardez toujours votre carte sur vous.
3) Ne laissez jamais votre carte dans votre voiture ou votre chambre d'hôtel.
4) En déplacement, lorsque vous ne l'utilisez pas, placez votre carte dans le coffre-fort de l'hôtel.
5) Ne prêtez jamais votre carte et ne communiquez à personne votre code confidentiel.
6) Connaissez votre code secret par cœur (ce qui est relativement facile puisqu'il est composé de 4 chiffres).
7) Ne gardez jamais votre code secret et votre carte ensemble (car le voleur peut l'utiliser en toute impunité et sous votre entière responsabilité).
8) Conservez en lieu sûr, le numéro de téléphone du central d'opposition ainsi que le numéro de votre carte afin de pouvoir agir vite en cas de vol ou de perte.
9) En cas de vol ou de perte prévenir immédiatement le central des cartes, et rendez vous à votre agence ou écrivez pour confirmer l'opposition.
10) Appliquez la majeure partie de ces recommandations à vos chéquiers et aux sommes en liquide.

Vie
Professionnelle

29 LE STATUT DE L'ÉLÈVE EN ENTREPRISE ET DE L'APPRENTI

La formation en alternance est devenue la clef de voûte de l'insertion professionnelle des jeunes.
Vous êtes tous concernés par ces mesures, que vous soyez déjà en apprentissage, en période de formation ou à la recherche d'un emploi.
Renseignez-vous : l'Éducation Nationale a décidé de renforcer l'information dans les lycées et collèges et de coordonner l'action des différents intervenants dans l'orientation des jeunes : les conseillers d'orientation et les enseignants, mais aussi les parents et les élèves.
L'information sur les métiers devrait être plus précise et faire mieux connaître des formations qui débouchent sur des emplois.
L'alternance doit permettre d'associer avec plus d'efficacité les industriels à la recherche de personnel qualifié et les enseignants afin de favoriser une meilleure insertion professionnelle des jeunes.

COMPÉTENCES

1 - Effectuer des démarches
- Constituer un dossier de demande de stage ou de formation.
- Rechercher un maître d'apprentissage.

1 - Appréhender une situation dans sa globalité
- Faire l'inventaire des différentes filières de formation professionnelle.
- Connaître les règles de l'alternance.

1 L'APPRENTISSAGE

LE CONTRAT D'APPRENTISSAGE (extraits)

DUREE DU CONTRAT

La date du début de l'apprentissage est fixée au : 1er juillet 1992
Le contrat d'apprentissage a une durée de : 24 mois et prendra fin le : 30 juin 1994.

CONDITIONS DE FORMATION DE L'APPRENTI

Formation pour le métier de : Vendeuse en parfumerie conduisant au diplôme de l'enseignement technologique suivant : **C.A.P.**

La formation sera dispensée :

1. Pour partie sur le lieu de travail (à l'adresse suivante) :
Boutique-Parfums 25, avenue de la Gare, 42300 ROANNE
2. Pour partie au C.F.A. ou pendant la période transitoire dans l'établissement d'enseignement suivant :
Dénomination : *Centre Interprofessionnel de Formation d'Apprentis (C.I.F.A.)*
Adresse : *route de Paris, 42300 ROANNE*

RÉMUNÉRATION DE L'APPRENTI

Le salaire horaire est fixé comme suit pour chacun des semestres :

Premier semestre :	25 % du S.M.I.C.	soit	8,515 F
Deuxième semestre :	25 % du S.M.I.C.	soit	8,515 F
Troisième semestre :	37 % du S.M.I.C.	soit	12,602 F
Quatrième semestre :	49 % du S.M.I.C.	soit	16,689 F
Cinquième semestre :			F
Sixième semestre :			F

A la date de la signature du contrat, le taux horaire du S.M.I.C. est de : 34,06 F

Les avantages en nature venant en déduction du salaire brut sont évalués à la date de la signature du contrat aux montants ci-après :

Nourriture :
Logement :
Total :

ENGAGEMENT DE L'EMPLOYEUR

L'employeur susvisé s'engage :

1° A assurer ou à faire assurer à l'apprenti une formation méthodique et complète conduisant au diplôme de l'enseignement technologique prévu au présent contrat et à l'inscrire à l'examen afférent à ce diplôme. Cette formation sera dispensée pour partie dans l'entreprise et pour partie dans le C.F.A. (ou pendant la période transitoire dans l'établissement d'enseignement) désigné à la rubrique relative aux conditions de formation de l'apprenti.

2° A faire suivre à l'apprenti tous les enseignements et activités pédagogiques organisés par le centre où il est inscrit.

3° A assurer ou à faire assurer dans l'entreprise la formation pratique de l'apprenti en lui confiant notamment des tâches ou des postes de travail permettant l'exécution des opérations ou travaux faisant l'objet d'une progression annuelle, arrêtée d'un commun accord entre le centre et les représentants des entreprises envoyant leurs apprentis au dit centre de formation.

4° A effectuer, dès l'entrée de l'apprenti dans son entreprise, les déclarations obligatoires pour que celui-ci bénéficie des lois sociales en vigueur.

5° A prévenir les parents ou leurs représentants ainsi que le directeur du C.F.A. en cas de maladie ou d'absence de l'apprenti mineur ou de tout autre fait de nature à motiver leur intervention.

ENGAGEMENT DE L'APPRENTI

L'apprenti s'engage à travailler pour son employeur pendant la durée du contrat et à suivre avec assiduité l'enseignement du C.F.A.

* Il est précisé que dans le cas où, par suite d'une augmentation du taux horaire du S.M.I.C. postérieure à la date de signature du contrat, les taux de salaire horaire mentionnés dans le contrat se trouveraient inférieurs aux minima fixés par l'article D 117-1 du Code du travail il y aurait lieu à révision de ces taux.

ACTIVITÉS D'APPRENTISSAGE

1 • A votre avis, pourquoi la rémunération de l'apprenti augmente-t-elle chaque semestre ?

2 • Quel est le rôle du C.F.A. dans la formation de l'apprenti ?

3 • Quel est le diplôme le plus couramment préparé par l'apprentissage ?

2 LES PÉRIODES DE FORMATION EN ENTREPRISE

PROTOCOLE D'ALTERNANCE
(Ordonnance du 26 mars 1982)

ARTICLE I

Entre l'entreprise : Etablissements JOLY
d'une part, Place de la gare - Moulins
et le lycée professionnel d'Yzeure
d'autre part.

Il est convenu que Mlle Laporte claude
né(e) le : 15 octobre 1975
demeurant : Route de Paris
AVERMES

effectuera un temps de formation
qui commencera le : 1er Mai 1992
et se terminera le : 30 juin 1992

ARTICLE II

La présence du stagiaire sera effective selon les horaires de l'entreprise. L'entreprise remettra au stagiaire dès son arrivée les horaires de travail.

ARTICLE III

Le lycée s'engage à remettre à l'entreprise le programme de formation et à suivre l'évolution de l'élève pendant cette période. A cet effet, des entretiens sont organisés par les professeurs, un représentant de l'entreprise et le stagiaire, afin d'évaluer le déroulement et les résultats du stage.

ARTICLE IV

L'entreprise s'engage, pour sa part, à tout mettre en œuvre pour aider le jeune à découvrir tous les aspects de la profession et du monde du travail.

A cet effet, une description succincte des tâches envisagées pour le jeune est établie, une progression des tâches sera proposée par l'entreprise.
Un représentant de l'entreprise, dénommé tuteur suivra l'élève.
A l'issue de sa période en entreprise, le jeune rédigera un rapport constituant un dossier à présenter à l'examen. Le tuteur s'engage à lui apporter son aide pour la réalisation de ce rapport.

ARTICLE V

En cas d'accident survenant au stagiaire, soit au cours du travail, soit au cours du trajet, le chef d'entreprise s'engage à prévenir dans les plus brefs délais le Lycée auquel incombe la déclaration d'accident de travail.

ARTICLE VI

Au cas où le stagiaire mineur serait appelé à effectuer des travaux de nature dangereuse pendant sa période en entreprise, le Lycée s'engage à lui avoir fait passer une visite médicale au préalable et à avoir demandé une dérogation à l'Inspecteur du Travail compétent. Dans ce cas l'entreprise en informera le Lycée.

ARTICLE VII

Outre les contractants, cette présente convention est également signée par l'élève qui s'engage à :

- avoir un comportement correct,
- respecter le matériel mis à sa disposition,
- avertir immédiatement l'entreprise et le Lycée en cas d'absence.

ARTICLE VIII

Toute absence de l'élève pendant sa période de stage en entreprise doit être signalée dans les 24 heures par l'entreprise au Lycée.

ACTIVITÉS D'APPRENTISSAGE

1 • En quoi cette convention se distingue-t-elle du contrat d'apprentissage ?

2 • Quel est l'objectif de cette période de formation ?

3 • Quel est le rôle du tuteur dans cette formation ?

4 • Énumérez les engagements de l'employeur, du stagiaire et de l'établissement scolaire.

3 LES CONTRATS "JEUNES"

Mesures en faveur des jeunes

LES ACTIONS DE FORMATION

Le contrat d'apprentissage

Qu'est-ce que c'est ? Amplement popularisé depuis quelques mois, le contrat d'apprentissage permet d'acquérir une qualification professionnelle sanctionnée par un diplôme. Sous la responsabilité d'un employeur agréé, dénommé maître d'apprentissage, l'apprenti passe au moins 400 heures par an en centre d'apprentissage pour acquérir un CAP ou un BEP et au moins 1 500 heures s'il cherche à obtenir un Bac pro ou un BTS. Le contrat d'apprentissage s'étale sur 1 à 3 ans selon le diplôme préparé.

Qui peut en bénéficier ? Les jeunes de 16 à 26 ans sans qualification.

Quelle est la rémunération ? L'apprenti reçoit un salaire variable en fonction de son âge et de son ancienneté dans le contrat.

Le contrat d'adaptation

Qu'est-ce que c'est ? L'entreprise recrute un jeune. Elle le forme ensuite pendant au moins 200 heures et au plus douze mois. Le recrutement s'effectue soit sous la forme d'un contrat à durée déterminée de 6 à 12 mois. Le recrutement s'effectue soit sous la forme d'un contrat à durée déterminée de 6 à 12 mois, soit grâce à un contrat à durée indéterminée.

Qui peut en bénéficier ? Les jeunes de 16 à 26 ans possédant au moins un CAP ou un BEP.

Quelle est la rémunération ? Le salaire, payé par l'entreprise, est au moins supérieur au SMIC et au moins égal à 80 % du salaire minimum prévu par la convention collective dont dépend l'entreprise.

Le contrat de qualification

Qu'est-ce que c'est ? Il permet à un jeune d'acquérir une qualification professionnelle sanctionnée par un diplôme. Recruté avec un contrat à durée déterminée de 6 mois à deux ans, ce jeune passe au moins un quart de son temps de travail en organisme de formation.

Qui peut en bénéficier ? Le contrat de qualification s'adresse aux jeunes de 16 à 26 ans sans diplôme.

Quelle est la rémunération ? Elle dépend de son âge et de son ancienneté dans le contrat. Elle peut être inférieure au SMIC.

Les actions de préqualification

Qu'est-ce que c'est ? Les actions de préqualification permettent à des jeunes sans diplôme d'en acquérir un. Première étape, un mi-temps formation permet de réapprendre à lire, écrire et compter. Deuxième temps, l'action. Elle permet aux bénéficiaires de découvrir plusieurs secteurs professionnels. Reste ensuite à se former réellement pour exercer le métier choisi.

Qui peut en bénéficier ? Les jeunes de 16 à 25 ans sortis de l'école sans diplôme de l'enseignement technique.

Quelle est la rémunération ? 630 F par mois de 16 à 18 ans, puis 2 002 F par mois de 18 à 25 ans.

LES MESURES FACILITANT L'ACCÈS À L'EMPLOI

Le contrat d'orientation

Qu'est-ce que c'est ? Le jeune travaille dans une entreprise et consacre 32 heures par mois à des modules de formation ou à des bilans de compétence. Le contrat d'orientation favorise l'orientation professionnelle des jeunes. Le bénéficiaire est recruté avec un contrat de travail à durée déterminée de 3 à 6 mois non renouvelable.

Qui peut en bénéficier ? Il s'adresse à des jeunes de 16 à 22 ans – exceptionnellement jusqu'à 26 ans – qui ne possèdent aucun diplôme.

Quelle est la rémunération ? Elle varie en fonction de l'âge du bénéficiaire.

Le contrat local d'orientation

Qu'est-ce que c'est ? Il est bâti sur le même principe que le contrat d'orientation. Seule différence, le contrat local d'orientation ne peut être utilisé que par les associations, les collectivités territoriales (villes, départements, régions) et les établissements publics.

Qui peut en bénéficier ? Les jeunes de 16 à 18 ans non qualifiés.

Quelle est la rémunération ? Le salaire varie en fonction de l'âge.

(Dossier Familial, Mai 1992)

ACTIVITÉS D'APPRENTISSAGE

Pour chacun des cas suivants, vous indiquerez le contrat le mieux adapté :

1 • Laurent a 20 ans ; il a quitté le lycée avec un baccalauréat littéraire.

2 • Pierre a 25 ans ; il n'a aucun diplôme.

3 • Jocelyne a 18 ans ; elle a quitté le lycée professionnel en cours de formation.

4 • Albert a 16 ans ; il vient d'obtenir le Brevet et veut devenir cuisinier.

L'essentiel

1 L'APPRENTISSAGE

L'apprentissage a considérablement évolué au cours de ces dernières années :

- revalorisation des rémunérations des apprentis ;
- modulation de la durée en fonction des acquis antérieurs des apprentis ;
- simplification des formalités d'agrément ;
- introduction de l'apprentissage dans le secteur public.

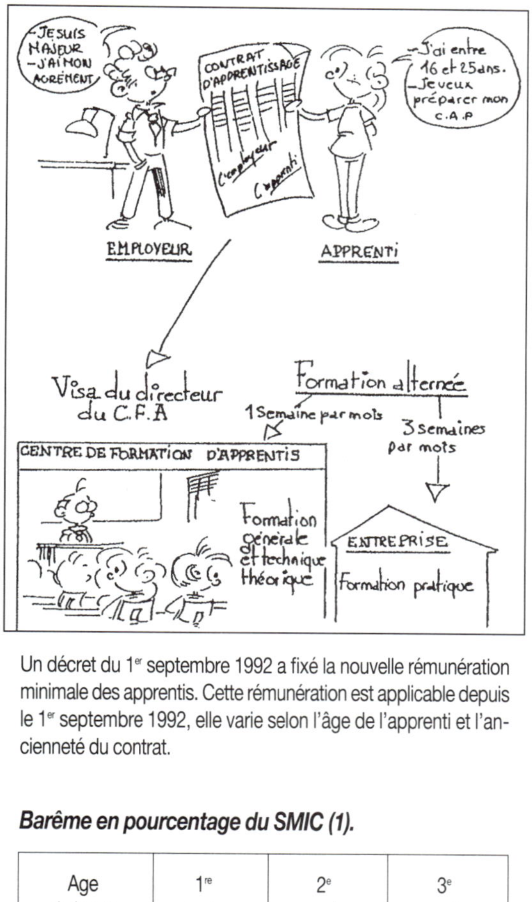

Un décret du 1er septembre 1992 a fixé la nouvelle rémunération minimale des apprentis. Cette rémunération est applicable depuis le 1er septembre 1992, elle varie selon l'âge de l'apprenti et l'ancienneté du contrat.

Barême en pourcentage du SMIC (1).

Age du jeune	1re année	2e année	3e année
moins de 18 ans	25 %	37 %	53 %
de 18 à 20 ans	41 %	49 %	65 %
plus de 20 ans	53 %	61 %	78 %

1) du SMIC ou salaire minimum conventionnel correspondant à l'emploi occupé, s'il est plus favorable.

2 LES AUTRES FORMATIONS

CONTRAT D'ADAPTATION → 16 à 26 ans, avec CAP ou BEP, SMIC minimum.

- Contrat à durée déterminée de 6 à 12 mois.
- Formation de 200 heures minimum.

CONTRAT DE QUALIFICATION → 16 à 26 ans, sans diplôme, rémunération variable.

- Contrat à durée déterminée de 6 mois à 2 ans.
- 1/4 du temps en formation.
- Formation sanctionnée par un diplôme.

ACTIONS DE PRÉQUALIFICATION → 16 à 25 ans, sans diplôme technique, rémunération variable.

- Formation alternées, en trois étapes :
  - remise à niveau ;
  - découverte des secteurs professionnels ;
  - choix d'un futur métier.
- Débouche sur un contrat de formation.

CONTRAT D'ORIENTATION → 16 à 22 ans, n'ayant pas achevé leurs études et sans diplôme technique, rémunération variable.

- Contrat de travail à durée déterminée de 3 à 6 mois.
- Travail en entreprise, avec 32 h par mois en modules de formation.

Le contrat local d'orientation est utilisé uniquement par les associations, les collectivités locales et les établissements publics.

EXO JEUNES

- C'est un dispositif d'embauche des jeunes de 18 à 25 ans, sans diplôme, sans contrat de travail à durée indéterminée.
- Les entreprises sont exonérées en totalité des charges sociales patronales pendant 12 mois, 50 % les 6 mois suivants.

LES FILIÈRES DE FORMATION TECHNOLOGIQUE ET PROFESSIONNELLE

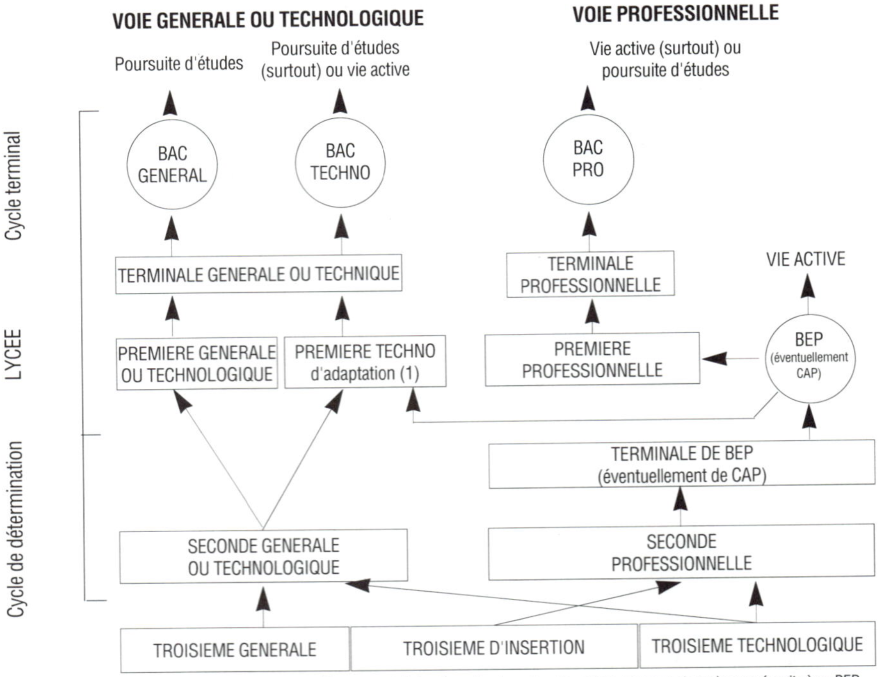

(1) Première technologique pour élèves venant du Lycée professionnel après un bon parcours et une bonne réussite à un BEP

LES DIFFÉRENTES SITUATIONS D'ALTERNANCE

STATUT / OBJECTIFS OU FONCTION DOMINANTE	STATUT SCOLAIRE OU UNIVERSITAIRE	STAGIAIRE DE LA FORMATION PROFESSIONNELLE	CONTRAT DE TRAVAIL (AVEC FORMATION)
Aide à l'orientation Découverte des entreprises et des métiers.	Visites en entreprise (ou stages de quelques jours) des élèves des collèges		
Aide à la définition d'un projet professionnel (aide à l'orientation).	Périodes ou stages en entreprise des : – 4e et 3e technologiques, – SES, – CAP	– PAQUE (Préparation active à la qualification et à l'emploi) – Modules d'orientation du CFI (crédit formation individualisé)	– contrats emploi solidarité – Contrats d'orientation – Contrats locaux d'orientation
Formation qualifiante Préparation d'un diplôme ou d'un titre	– Séquences éducatives en entreprise des lycées professionnels – Bac. professionnels – Stages d'application (BTS, DUT, écoles d'ingénieurs)	– Action de formations-alternées du CFI	– Contrats d'apprentissage – Contrats de qualification
Complément de formation professionnelle ou adaptation à l'emploi	– FCIL (Formation complémentaire d'initiation locale) – Formations complémentaires (post-diplômes de qualification de type BEP, baccalauréat, ou BTS)		– Contrats d'adaptation

30 Vie professionnelle

LE MARCHÉ DU TRAVAIL ET LA RECHERCHE D'UN EMPLOI

Votre formation professionnelle s'achève et vous allez rechercher un emploi.

La filière la plus courante est l'A.N.P.E. (Agence Nationale pour l'Emploi) ; il faut demander votre inscription comme demandeur d'emploi dans une agence locale pour l'emploi ou, à défaut, à votre Mairie.

Cette formalité est très importante car elle vous assure un certain nombre de droits, notamment au niveau de l'aide aux travailleurs sans emploi.

L'A.N.P.E. assure le service public de l'emploi mais n'en a pas le monopole ; d'autres organismes interviennent dans la recherche d'emplois :

- les bureaux de placement des établissements scolaires et associations d'anciens élèves ;
- les organisations professionnelles, telles les chambres de commerce et les chambres de métiers ;
- les bureaux privés de recrutement et les entreprises de travail temporaire.

L'A.N.P.E. propose en outre de nombreux stages qui peuvent compléter une formation ou permettre un premier contact avec l'entreprise.

Après l'embauche dans l'entreprise, vous pouvez également bénéficier d'actions de formation au titre de la formation continue. Elle permet une adaptation aux changements techniques et favorise la promotion professionnelle.

COMPÉTENCES

1 - Effectuer des démarches

- Constituer un dossier de demande d'emploi.
- Préparer une lettre de candidature avec curriculum vitae.

2 - Appréhender une situation dans sa globalité

- Mettre en œuvre tous les moyens d'entrer en contact avec une entreprise.

1 LA RECHERCHE D'UN EMPLOI

Le premier contact avec l'employeur s'établit en général par une lettre de candidature qui doit être particulièrement soignée pour retenir l'attention :

- lettre manuscrite de préférence (stylo à bille déconseillé) ;
- lettre bien construite, claire et précise, sans fautes d'orthographe ou de ponctuation ;
- mettant en valeur les qualités du candidat : études, diplômes, emplois antérieurs ;

Le curriculum vitae est la fiche d'identité du candidat ; il doit être concis (2 pages maximum) de préférence dactylographié.

CURRICULUM VITAE

Nom .... Prénom...
Date et lieu de naissance...
Profession...
Catégorie professionnelle...
Diplômes professionnels ....
Adresse...
N° tél. ....
Situation de famille : .... Date de mariage :.................................
Nombre d'enfants à charge................................
Situation militaire ....
Degré d'instruction..
Expérience professionnelle

du..................... au..........................

- Apprentissage : centre de formation professionnelle
  de........................ sanctionné par le C.A.P. de ....
  ....(précisez la profession) le ....
  et le B.E.P. de ....(précisez également la profession) le........................

du..................... au..........................

- Employé(e) aux Ets X... ...à ...... en qualité
  de................. ème échelon.
  Motif du départ : licenciement, démission (donner les raisons).

du..................... au..........................

- Employé(e) par la Sté..... X....à en qualité
  en qualité de .... ème échelon.
  Motif du départ ....
  Depuis le..........................employé par la Sté ....
  à ....en qualité de ....

ou

Inscrit comme demandeur d'emploi à l'A.N.P.E.
de...

ACTIVITÉS D'APPRENTISSAGE

1 • Après avoir sélectionné quelques annonces d'offres d'emploi qui vous conviendraient, vous préparerez une lettre de candidature et votre curriculum vitae.

2 • Recherchez l'adresse de votre agence locale pour l'emploi et faites l'inventaire des journaux qui publient des offres d'emploi dans votre région.

2 L'INSERTION DANS LA VIE PROFESSIONNELLE

L'accueil, l'information et l'orientation

Ces actions d'accueil, d'information et d'orientation sont conduites par :

– les permanences d'accueil mises en place à l'initiative du préfet de région et au financement desquelles participe l'État. Elles guident les jeunes vers les formations existantes et les organismes qui leur conviennent ;

– les missions locales créées à l'intiative des collectivités locales dans les zones où les problèmes d'insertion sont aigus : elles aident les jeunes en situation d'échec et servent de relais entre eux et les organismes de formation.

Il existe aussi des missions pour l'insertion professionnelle et sociale des jeunes, sous forme d'associations regroupant : l'État, les collectivités locales, les établissements publics, des organisations professionnelles et syndicales et éventuellement des associations.

Ces missions auprès des jeunes sont créées en vue de résoudre leurs problèmes d'insertion.

Elles ont un rôle de concertation avec les différents organismes intéressés (par exemple les organismes de formation).
Ces missions préparent des conventions entre l'État et les collectivités locales en vue de l'attribution d'une aide financière temporaire aux jeunes ayant les plus grandes difficultés.

Le C.F.I. : un dispositif pour les jeunes en formation alternée ou autre

Le Crédit formation individualisé (CFI) est un dispositif de gestion de l'ensemble des mesures de formation existantes. Il est destiné aux jeunes de 16 à 25 ans sans qualification, issus depuis plus d'un an de leur formation initiale.

Quelque 100.000 jeunes en France, sont actuellement bénéficiaires de ce contrat.
Lorsqu'il signe avec l'État un engagement contractuel de crédit formation, le jeune en recherche de qualification dispose d'un droit au bilan de ses connaissances. A partir de ce diagnostic, il a accès aux formations alternées 16/25 ans mises en place par le CFI ou à d'autres actions de formation spécifique.

Le rôle des employeurs

Toutes les mesures existantes : les contrats d'adaptation, les contrats de qualification et les contrats d'apprentissage ont un double objectif : permettre au jeune d'atteindre le niveau V (CAP, BEP) et de s'intégrer dans le monde du travail. Cette intégration est évidemment d'autant plus facilitée quand la formation recourt à l'alternance. Et c'est à ce niveau que les employeurs ont leur rôle à jouer.
Le jeune en CFI peut donc suivre une, plusieurs ou la totalité de ces formations au sein d'un parcours personnalisé dont la cohérence est vérifiée par un correspondant désigné par les structures d'accueil. Les correspondants accompagnent chaque jeune jusqu'à ce qu'il trouve un emploi qualifié référencé au sein d'une convention collective ou qu'il atteigne un diplôme de niveau 5 reconnu par l'État. L'ensemble du dispositif CFI est placé sous la houlette de Groupes opérationnels de zone (GOZ), dépendant des sous-préfectures et préfectures de Département.

(Chambre de Commerce et d'Industrie de Moulins-Vichy)

ACTIVITÉS D'APPRENTISSAGE

1 • Établissez un inventaire des organismes qui, au plan local, peuvent vous aider dans votre insertion professionnelle.

2 • Quel est l'objectif du C.F.I. ? Quels sont les intervenants auprès du jeune ?

3 • Pourquoi le C.F.I. est-il qualifié généralement comme une "deuxième chance" ?

3 LA FORMATION DANS L'ENTREPRISE

Le congé individuel de formation (Loi du 24.02.84)

Tous les salariés ont un droit général reconnu à la formation professionnelle, c'est-à-dire : le droit pour tous les travailleurs de bénéficier d'un congé individuel de formation rémunéré, afin de suivre une formation de leur choix dispensée par un établissement public ou privé. Tous les salariés ont droit à ce congé, quel que soit l'effectif de l'établissement – même si un travailleur est l'unique salarié de l'entreprise.

D'autre part, les salariés peuvent accéder à des stages de formation à l'intérieur de l'entreprise, organisés par celle-ci dans le cadre de sa politique générale de formation.

Les actions de formation continue

Les actions de formation entrant dans le champ d'application de la formation professionnelle continue sont les suivantes :

Actions de préformation et de préparation à la vie professionnelle

Elles ont pour objet de permettre, à toute personne sans qualification professionnelle et sans contrat de travail d'atteindre le niveau nécessaire pour suivre un stage de formation professionnelle ou pour entrer directement dans la vie professionnelle.

Actions d'adaptation

Elles ont pour objet de faciliter l'accès des travailleurs titulaires d'un contrat de travail à un premier emploi ou un nouvel emploi.

Actions de promotion

Elles ont pour objet de permettre à des travailleurs d'acquérir une qualification plus élevée.

Actions de prévention

Elles ont pour objet de réduire les risques d'inadaptation de qualification à l'évolution des techniques et des structures des entreprises, en préparant les travailleurs dont l'emploi est menacé à une mutation d'activité, soit dans le cadre, soit en dehors de leur entreprise.

Actions en conversion

Elles ont pour objet de permettre à des travailleurs salariés dont le contrat de travail est rompu d'accéder à des emplois exigeant une qualification différente ou à des travailleurs non salariés d'accéder à de nouvelles activités professionnelles.

Actions d'acquisition, d'entretien ou de perfectionnement des connaissances

Elles ont pour objet d'offrir aux travailleurs, dans le cadre de l'éducation permanente, les moyens d'accéder à la culture, et de maintenir ou de refaire leur qualification ou leur niveau culturel ainsi que d'assumer des responsabilités accrues dans la vie associative.

Actions permettant de réaliser un bilan de compétences

Ces actions ont été ajoutées par la loi du 31 décembre 1991 : "elles ont pour objet de permettre à des travailleurs d'analyser leurs compétences professionnelles et personnelles ainsi que leurs aptitudes et leurs motivations afin de définir un projet professionnel et, le cas échéant, un projet de formation".

ACTIVITÉS D'APPRENTISSAGE

1 • Quel est l'objectif principal de la formation continue ?

2 • Dans les différents cas ci-dessous, indiquez le type d'action qui conviendrait le mieux :

- Joseph est ouvrier qualifié et souhaiterait devenir contremaître.
- Evelyne est dactylographe et voudrait entrer dans un pool informatique.
- Catherine souhaiterait, pour des raisons personnelles, apprendre l'anglais.
- Patrick n'a aucune qualification et souhaiterait entrer dans une entreprise métallurgique.

3 • Quel est l'intérêt de procéder à un bilan de compétences ?

4 • Vous souhaitez suivre un stage de formation en dehors de ceux qui vous sont proposés par l'entreprise. Avez-vous droit à un congé particulier ?

L'essentiel

1 L'ACCÈS A L'EMPLOI

Demandeurs d'emploi	Employeurs
Pour y parvenir, les moyens suivants sont mis en œuvre :	*Pour y parvenir, les moyens suivants sont mis en œuvre :*

ANPE

Demandeurs d'emploi

Pour y parvenir, les moyens suivants sont mis en œuvre :

Un accueil et des informations
- L'Agent d'accueil.
- Le libre service des offres d'emploi.
- Le libre service information.
- L'entretien d'information professionnelle.
- L'information collective.

Une aide à la recherche d'emploi
- L'entretien de recherche d'emploi.
- Les outils d'insertion professionnelle.
- La session : techniques de recherche d'emploi.
- Les entretiens de suivi au 4e et 13e mois.
- L'évaluation du niveau des compétences professionnelles.
- L'examen médical.

Une aide à l'orientation
- L'entretien d'orientation.
- La session d'orientation approfondie.

L'aide financière accordée lors des déplacements

Employeurs

Pour y parvenir, les moyens suivants sont mis en œuvre :

La prospection des entreprises

La collecte des offres d'emploi

L'affichage et la diffusion des offres d'emploi

Le rapprochement des offres et des demandes d'emploi.

Mise en relation

2 LA FORMATION CONTINUE

La formation professionnelle permanente constitue une obligation nationale. Elle comprend une formation initiale et des fonctions ultérieures destinées aux adultes et aux jeunes déjà engagés dans la vie active.

Le congé individuel de formation

Le congé de formation doit permettre à ***tout travailleur*** de suivre, au cours de sa vie professionnelle et à son initiative, à titre individuel, des ***actions de formation***, indépendamment de sa participation aux stages compris dans le ***plan de formation*** de son entreprise. Le droit au congé, sa durée et la procédure à suivre répondent à des règles précises exposées ci-dessous.

L'employeur peut s'opposer à la demande de stage si l'absence du salarié risque d'avoir des conséquences préjudiciables à la bonne marche de l'entreprise et si le nombre de salariés déjà en formation atteint 2 % de l'effectif total.

Quand l'autorisation d'absence est accordée, le salarié peut demander le financement de son congé à un ***organisme collecteur*** agréé qui reçoit 0,10 % des salaires pour financer les congés individuels de formation.

En cas de refus de cet organisme, le salarié bénéficie quand même de son congé, mais sans être payé.

La première rencontre avec l'employeur éventuel constitue une étape importante ; c'est l'entretien d'embauche, qui dictera la décision.

Entretien d'embauche

Sachez être en forme

Un ou deux jours vous séparent du jour de l'entretien. Moralement vous êtes prêt. Vous avez relu votre C.V., ainsi que le texte de l'annonce à laquelle vous avez répondu, vous avez recherché des informations sur l'établissement qui vous reçoit. Bien. Maintenant, il faut penser à préparer cet entretien sur le plan pratique.

Vos documents

– Faites des photocopies de vos diplômes, des lettres de recommandation, de vos certificats de travail, enfin de tous les documents ou justificatifs que l'on peut vous demander. Classez-les soigneusement dans une chemise, par ordre chronologique, par exemple.

– Munissez-vous d'un bloc de papier et d'un stylo (prévoyez une cartouche d'encre pleine), d'un feutre ou d'un stylo à bille. Il est important de pouvoir prendre des notes afin de bien mémoriser tout ce qui est dit : si vous êtes convoqué à plusieurs entretiens, vous pourriez confondre les informations données par les différents employeurs.

– Préparez un pense-bête. Vous avez certainement des questions à poser sur le poste à pouvoir. Notez-les à l'avance sur une feuille. Ainsi, si vous êtes étreint par l'émotion, vous ne risquerez pas de les oublier.

– Emportez votre agenda. L'entretien se déroule bien : votre interlocuteur vous propose un second rendez-vous. Il serait impardonnable de ne pouvoir lui proposer (ou accepter) une date ou une heure précise. Si vous consultez votre emploi du temps, on pensera volontiers que vous êtes un candidat organisé. N'acceptez pas ce rendez-vous sans hésitation pour le lendemain matin : accordez-vous le temps de la réflexion ; mais ne jouez pas à l'homme d'affaires débordé en repoussant la rencontre à huit jours !

Votre personne

Vous devrez absolument donner de vous la meilleure image possible. Soyez donc en forme et au mieux de votre apparence physique.

La veille de l'entretien

– Évitez les sorties tardives, les discussions animées, et tout ce qui peut perturber votre sommeil. Mais les somnifères ne sont pas recommandés, car le réveil est parfois difficile. Préférez un sédatif léger et naturel : un bain chaud, une tisane, une lecture plaisante.

– Préparez votre serviette : rangez y votre C.V. et tous les documents qui pourront vous être utiles.

– Préparez également vos vêtements. Faites votre choix tranquillement. Un mot d'ordre : la sobriété. Les tenues originales, pour élégantes qu'elles puissent être, risquent de déplaire. Messieurs, optez pour la cravate ou à la rigueur pour le foulard. Mesdames, veuillez à arborer un maquillage et des bijoux discrets. Est-il besoin de préciser qu'une netteté absolue s'impose ? Soyez attentif à votre coiffure (c'est peut-être le moment de faire "rafraîchir" votre coupe), à vos mains... et à l'état de vos chaussures !

Le jour de l'entretien

– Si votre rendez-vous est le matin, ne partez pas sans avoir pris un solide petit déjeuner. Vous vous sentez l'estomac noué ? Levez-vous un peu plus tôt que nécessaire, prenez une tasse de café, ou de thé, puis une heure après, mieux réveillé, vous serez mieux disposé pour prendre une colation. Vous ne pouvez pas vous permettre d'avoir un "coup de barre" dans la matinée.

– Votre entretien a lieu l'après-midi : pas de repas trop lourd. Pas d'alcool, de cafés et de médicaments calmants ou excitants.

Votre seul tonique doit être votre détermination.

F. Le Bras – Le journal de l'hôtellerie 1992

Vie professionnelle

31 LES DROITS ET LES OBLIGATIONS DANS L'ENTREPRISE

Vous venez d'être embrauché dans une entreprise. Avez-vous signé un contrat de travail ? Si oui, est-ce un contrat de travail à durée déterminée ou à durée indéterminée ?

Avez-vous lu le règlement intérieur ? Connaissez-vous les délégués du personnel ? Avez-vous pris contact avec les délégués syndicaux ? Y a-t-il un comité d'entreprise ?

Quels sont vos droits et obligations dans l'entreprise ? A côté de la réglementation du Code du travail, il peut exister des règles plus avantageuses prévues par une convention collective.

La convention collective est un accord souvent signé au niveau national, par les organisations professionnelles d'employeurs et de salariés, qui prévoit des dispositions concernant les salaires, les conditions de travail, les congés, la formation, etc.

Enfin, en cas de désaccord important avec votre employeur, il est toujours possible d'intenter une action devant le conseil de prud'hommes.

COMPÉTENCES

1 - **Effectuer des démarches**

- Se renseigner auprès d'un délégué du personnel ou d'un délégué syndical.
- Introduire une action auprès du conseil de prud'hommes.

2 - **Appréhender une situation dans sa globalité**

- Mettre en relation un événement de la vie professionnelle avec la réglementation du Code du travail.

1 LE CONTRAT DE TRAVAIL

La lettre d'embauche

BUROMATOS - SARL au capital de 20 000 F - 25, avenue du Chemin-Vert, 69001 Lyon
Monsieur Rémy GRANGER - 33, rue Gallois, 69001 Lyon

Monsieur,

Suite à nos différents entretiens, nous vous confirmons votre embauche dans notre société à compter du **lundi 8 décembre 1990**, en qualité de **comptable 1er échelon**. Conformément à la **convention collective nationale des employés de la métallurgie**, votre coefficient hiérarchique est fixé à **185**.

Le présent contrat est à temps complet, à raison de la durée légale du travail, soit 169 heures par mois. Votre lieu de travail sera le **25 avenue du Chemin -Vert, à Lyon (1er)**. Votre horaire de travail sera l'horaire en vigueur dans l'entreprise. Vous nous réserverez l'exclusivité de votre activité professionnelle. Votre rémunération mensuelle brute est fixée à **9 500 F (neuf mille cinq cents francs)**.

Vous déclarez expressément n'être lié actuellement à aucune autre entreprise et avoir quitté votre précédent emploi libre de tout engagement et en conformité avec la législation relative à l'emploi.

Le présent engagement est conclu pour une durée indéterminée. Cependant, conformément à **l'article 16 de la convention collective nationale des employés de la métallurgie**, votre période d'essai est fixée à **1 mois** au cours duquel vous pourrez comme nous-même, à tout moment, mettre fin au présent contrat sans préavis ni indemnité.

Vous voudrez bien, pour accord, nous retourner le double de la présente revêtu de votre signature précédée de la mention manuscrite "Lu et approuvé".

Nous vous souhaitons la bienvenue dans notre société, et vous prions de croire, **Monsieur**, à l'assurance de nos sentiments distingués.

Le contrat à durée déterminée (Loi du 12 juillet 1990)

Le contrat à durée déterminée est celui qui comporte un terme, c'est-à-dire une date à laquelle il prend fin, fixé avec précision dès sa conclusion ou résultant de la réalisation de l'objet pour lequel il a été conclu (exemple : la réalisation d'un film, l'exploitation d'une coupe de bois, des travaux saisonniers).
La loi n° 90-613 du 12 juillet 1990 vise à limiter les possibilités de recours à ce type de contrats et à mieux protéger les salariés.
Il existe deux grandes catégories de contrats à durée déterminée.

CONTRATS QUI COMPORTENT UN TERME

Le contrat comporte un terme lorsque la fin de ce contrat est prévue, certaine et fixée avec précision dès sa conclusion.

- La loi n° 90-613 du 12 juillet 1990 (article L. 122-1-1 du Code du travail) fixe la liste des cas de recours possibles au contrat de travail à durée déterminée.

Ce sont :

- le remplacement d'un salarié en cas de départ définitif précédant la suppression du poste de travail,
- l'accroissement temporaire de l'activité de l'entreprise.

- Un contrat à durée déterminée peut également être proposé à certaines catégories de personnnes sans emploi. Il s'agit essentiellement des contrats de qualification, d'adaptation, de retour à l'emploi et d'emploi-solidarité.

Dans tous les cas, le contrat doit mentionner de façon précise la date à laquelle il doit prendre fin.
L'employeur ne peut engager un travailleur sous contrat à durée déterminée :

- lorsqu'il a procédé à un licenciement économique dans les 6 mois précédents,
- pour remplacer un travailleur absent par suite d'un conflit collectif de travail, notamment une grève,
- pour effectuer des travaux particulièrement dangereux, définis par arrêté ministériel, et notamment ceux qui font l'objet d'une surveillance spéciale par les médecins du travail.

CONTRATS NE COMPORTANT PAS DE TERME

Un contrat à durée déterminée peut ne pas comporter de terme précis dans les cas suivants :

- remplacement d'un salarié absent ou dont le contrat de travail est suspendu dans l'attente de l'arrivée d'un salarié sous contrat à durée indéterminée,
- les emplois à caractères saisonniers,
- les emplois dans certains secteurs d'activité définis par décret ou convention collective, du fait de l'usage courant d'engager des travailleurs à durée déterminée ou du caractère par nature temporaire de ces emplois.

DURÉE DU CONTRAT

La loi n'a pas fixé de durée au contrat. Il appartient au salarié et à l'employeur de la définir. Il n'y a pas de durée minimale : ce peut être un mois, une semaine, voire un jour.
Le contrat proposé à un chômeur de longue durée ne peut être inférieur à six mois.
Durée maximale : la loi à prévu une durée maximale de 18 mois (1 an 1/2), renouvellement compris.

ACTIVITÉS D'APPRENTISSAGE

1 • La lettre d'embauche tient lieu de contrat de travail à durée indéterminée ; quelles différences y a-t-il avec le contrat à durée déterminée ?

2 • Pourquoi la loi limite-t-elle les cas de recours au contrat de travail à durée déterminée ?

3 • Pourquoi est-il fait référence dans le contrat de travail à une convention collective.

2 LES DROITS DU SALARIÉ

Salarié : comment connaître ses droits ?

• Quelles règles s'appliquent dans une entreprise ?

– Les lois et le Code du travail en particulier.
– Les conventions collectives.
– Le règlement intérieur de l'entreprise : c'est un règlement élaboré par l'employeur et qui complète les dispositions de la convention collective. Il ne peut pas contenir de dispositions contraires aux lois et conventions. Les salariés sont obligés de s'y conformer. Il ne peut pas restreindre le droit de grève.

• Que faire en cas de conflit avec son employeur ?

– Demander l'intervention des délégués du personnel ou des délégués syndicaux.
– Aller voir l'inspecteur du travail qui peut renseigner un salarié sur ses droits et essayer de le mettre d'accord avec l'employeur.

Pour connaître l'inspecteur du travail dont on dépend, s'adresser à la Direction Départementale du Travail et de l'Emploi.
– Si le conflit ne peut se régler à l'amiable, envisager un recours devant le conseil des prud'hommes.

Le Code du travail se divise en IX livres

Livre I :	Conventions relatives au travail.
Livre II :	Réglementation du travail.
Livre III :	Placement et emploi.
Livre IV :	Les groupements professionnels, la représentation, la participation et l'intéressement des salariés.
Livre V :	Conflits du travail.
Livre VI :	Contrôle de l'application de la législation et de la réglementation du travail.
Livre VII :	Dispositions particulières à certaines professions.
Livre VIII :	Dispositions spéciales aux départements d'Outre-mer.
Livre IX :	De la formation professionnelle continue dans le cadre del'éducation permanente.

Les conventions collectives

• A qui s'appliquent-elles ?

Tous les salariés d'une entreprise liée à une convention collective bénéficient de ses avantages.

• Quels sont les avantages ?

Il s'agit d'accords écrits conclus entre des organisatons syndicales et des employeurs traitant des droits applicables aux salariés d'une branche professionnelle au niveau national, régional ou local.
Les conventions collectives contiennent des dispositions plus avantageuses que les droits communs sur les conditions de travail et d'emploi ainsi que sur les garanties sociales (congés supplémentaires, primes diverses).

• Où s'adresser ?

Lorsqu'une ou plusieurs conventions collectives s'appliquent à une entreprise, l'employeur doit prévenir son personnel en affichant un avis à ce sujet sur les lieux de travail. Un exemplaire de la convention est mis à la disposition des employés qui peuvent le consulter sur leur temps de travail.
Le comité d'entreprise, les délégués du personnel et les délégués syndicaux en possèdent également un exemplaire.
Toute personne intéressée peut consulter le texte des conventions collectives dans les Directions Départementales du Travail et de l'Emploi.
Certaines conventions sont publiées au Journal officiel. Elles peuvent être commandées par correspondance au Journal officiel, 26, rue Desaix, 75727 Paris Cedex 15.

ACTIVITÉS D'APPRENTISSAGE

1 • Quels sont les trois types de règles qui peuvent s'appliquer dans une entreprise ? Comment peut-on les connaître ?

2 • Dans les cas ci-dessous, quel est le livre du Code du travail qui traite le problème :
- l'employeur vous refuse un congé de formation ;
- vous voulez connaître les règles d'application d'une convention collective ;
- vous vous demandez si vous pouvez faire grève ;
- vous voulez savoir si vous pouvez devenir délégué syndical.

3 LES REPRÉSENTANTS DU PERSONNEL DANS L'ENTREPRISE

Les prérogatives des syndicats représentatifs

Dans l'entreprise, les syndicats représentatifs ont le monopole de la présentation au premier tour des candidats aux élections des comités d'entreprise et des délégués du personnel ; ils désignent un représentant au comité d'entreprise, ils concluent avec l'employeur les accords instituant l'intéressement du personnel, ils peuvent conclure des accords collectifs d'établissement et plus généralement des conventions collectives de travail. Ils ont le monopole du déclenchement de la grève dans les services publics. Ils peuvent constituer des sections syndicales d'entreprise et désigner des délégués syndicaux.

Dans la profession, ils participent seuls à la négociation des conventions collectives et peuvent en demander l'extension.

Dans le cadre national, ils désignent des administrateurs dans certains établissements nationalisés (Houillères nationales ; E.D.F. ; G.D.F.) et les administrateurs des caisses de Sécurité sociale. De plus, ils siègent comme tels à la Commission supérieure des conventions collectives (art. L. 136-I) et au Conseil économique et social (art. 7, ord. 29 déc. 1958) ; ou encore à des organismes consultatifs spécialisés comme le Conseil supérieur de la fonction publique. Ils négocient des accords nationaux interprofessionnels (chômage - durée du travail).

(Code du travail)

Les représentants élus du personnel

Caractéristiques	Délégués du personnel	Comité d'entreprise
Rôle	– Présentation des revendications du personnel à l'employeur.	– Information et consultation en matière économique et sociale ; – Gestion des activités sociales et culturelles.
Structure	– Exclusivement les représentants élus du personnel.	– Composition tripartite : • le chef d'entreprise ; • des salariés élus ; • un représentant de chaque syndicat représentatif dans l'entreprise.
Mise en place	– Obligatoire à partir de 11 salariés	– Obligatoire à partir de 50 salariés.
Élections	– Tous les ans	– Tous les deux ans.
Électeurs et candidats	– Sont électeurs, tous les salariés, français et étrangers, d'au moins 16 ans et ayant 3 mois de présence dans l'entreprise. – Sont éligibles, tous les salariés français et étrangers, âgés de 18 ans accomplis et qui travaillent dans l'entreprise depuis au moins 1 an.	
Collèges électoraux	– Collège des ouvriers et employés ; – Collège des ingénieurs, chefs de service, techniciens et agents de maîtrise.	Les mêmes collèges électoraux ; – En plus, collège des cadres lorsqu'ils sont au moins 25 dans l'entreprise.

ACTIVITÉS D'APPRENTISSAGE

1 • Si vous avez un problème dans l'entreprise, les représentants du personnel sont à votre disposition. Combien sont-ils si votre entreprise compte 15 salariés, 150 salariés, 1 500 salariés ?

2 • Quelle différence faites-vous entre les délégués du personnel et les comités d'entreprise d'une part, les représentants syndicaux d'autre part ?

3 • Que pensez-vous des prérogatives reconnues aux syndicats ?

L'essentiel

1 LE CONTRAT DE TRAVAIL

Le contrat de travail est soumis aux conditions générales de validité de tous les contrats : consentement, capacité, objet, cause.
Il peut être **verbal** ou **écrit** ; en pratique, il revêt souvent la forme d'une lettre d'engagement.
Sa durée peut être **déterminée** ou **indéterminée** : dans ce cas, aucune échéance n'est fixée et le salarié ne peut être licencié que sous certaines conditions (voir chapitre suivant).
En général, il est prévu une **période d'essai** pendant laquelle salarié et employeur peuvent mettre fin au contrat sans aucune formalité.
Lorsque le contrat est à durée déterminée, il prend fin automatiquement à la date prévue.
Les clauses d'un contrat de travail doivent toujours respecter la loi et la convention collective applicable.

Règlement intérieur

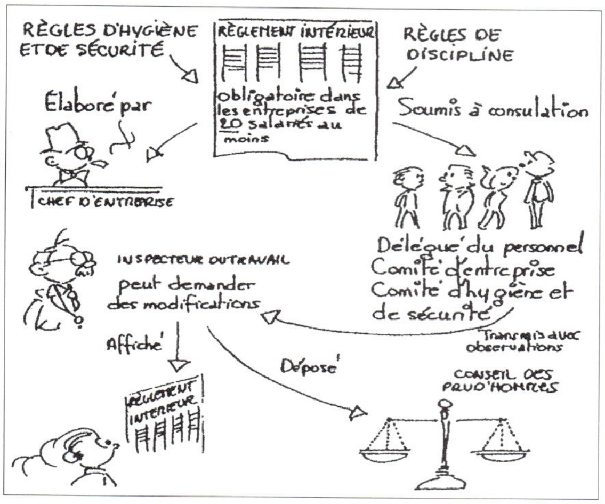

Accords collectifs

La convention ou **accord collectif de travail** est un acte écrit conclu entre un ou plusieurs employeurs et les organisations syndicales de salariés **reconnues représentatives** sur le plan national, portant sur les conditions de travail, les rémunérations, la formation, les congés, etc.
Les conventions et accords collectifs peuvent prévoir des dispositions plus favorables que la loi pour les salariés, mais ne peuvent déroger aux dispositions d'ordre public.
Dans les entreprises où sont constituées des **sections syndicales** d'organisations représentatives, l'employeur est tenu d'engager chaque année une **négociation sur les salaires** effectifs, la durée effective du temps de travail et l'organisation du travail. En cas de désaccord, il est établi un procès verbal dans lequel sont consignées les propositions de chacun.
Les organisations liées par une convention de branche ou par des accords professionnels doivent se réunir :
– au moins une fois par an, pour négocier les salaires ;
– tous les cinq ans, pour les classifications.

2 LE LICENCIEMENT

Les documents délivrés par l'employeur

A l'expiration du contrat de travail, l'employeur doit délivrer au salarié un **certificat de travail**.

Il doit lui verser en outre ce qu'il lui doit :

– une indemnité de congés payés correspondant au nombre de jours de congés payés auxquels il a droit ;

– une indemnité de licenciement, si le salarié travaille dans l'entreprise depuis au moins deux ans : 1/10e de mois de salaire par année de présence ;

– une indemnité de préavis, en cas d'inobservation du délai-congé ;

– une indemnité de rupture abusive, qui correspond à des dommages et intérêts si le licenciement ne repose pas sur un motif réel et sérieux ;

– les indemnités conventionnelles éventuellement prévues par le contrat de travail et la convention collective.

Le salarié signe alors un **"reçu pour solde de tout compte"** qu'il peut dénoncer dans les deux mois de sa signature par lettre recommandée.

Le conseil des prud'hommes

• Dans quel cas s'adresser au conseil des prud'hommes ?

Pour tout conflit entre un salarié du secteur privé et son employeur à propos du contrat de travail (ou d'apprentissage). Le motif le plus fréquent est le licenciement : il existe maintenant au sein de chaque section, une chambre ayant une compétence particulière en matière de licenciement et qui peut statuer en urgence.

• Que faut-il faire ?

Il suffit de s'adresser au secrétariat du conseil des prud'hommes du lieu de travail (du domicile pour les V.R.P. et les travailleurs à domicile) :
- en se rendant sur place (on vous fait remplir un imprimé) ;
- par lettre recommandée avec accusé de réception.

Il faut indiquer :
- ses nom et prénoms, profession et adresse ;
- ceux de l'adversaire ;
- les motifs de la demande.

• Que se passe-t-il ensuite ?

1re étape : la conciliation

Une séance de conciliation a obligatoirement lieu.
Le plaignant est prévenu par lettre ou verbalement de la date de cette séance.
L'autre partie est convoquée par lettre recommandée avec accusé de réception. Il est obligatoire pour les deux de se rendre en personne à cette séance.

On peut se faire assister par :
- un salarié ou un employeur de la même branche d'activité ;
- un délégué syndical ;
- son conjoint ;
- un avocat.

Si l'affaire est importante ou délicate, il est préférable de se faire assister par un avocat ou un délégué syndical.
En cas d'empêchement légitime (maladie, par exemple), on peut se faire représenter par la personne qui vous assiste. Il faut alors rédiger un pouvoir sur papier libre (inutile pour un avocat).
Pendant la séance, les deux parties sont invitées à s'expliquer par oral ; on peut aussi préparer des notes écrites.
En cas d'accord, un procès-verbal est dressé, qui constate l'accord.
En cas de désaccord, l'affaire peut être renvoyée directement devant le bureau de jugement (voir ci-dessous le paragraphe "jugement") ou confiée à un ou deux conseillers rapporteurs.

En cas d'absence sans motif :
- du plaignant : l'affaire est annulée ;
- de l'adversaire : certaines décisions peuvent être prises à titre provisoire : versement d'une provision sur salaire ; décision de délivrance d'un certificat de travail.

2e étape : le conseiller rapporteur

Il peut :
- convoquer l'employeur et le salarié ;
- demander la communication de tout document ;
- écouter toute personne dont le témoignage pourrait être utile.

S'il parvient à mettre d'accord les deux parties, il dresse un procès-verbal ;
Sinon, il y a jugement.

3e étape : le jugement

Les deux parties sont convoquées par lettre à une audience publique.
On peut s'y faire assister ou représenter dans les mêmes conditions que pour l'audience de conciliation (voir ci-dessus).
Si les deux parties ne se mettent pas d'accord, un jugement est rendu à la majorité des voix.
Il est notifié par lettre recommandée avec accusé de réception.
Si l'on n'est pas d'accord avec le jugement :
• Si le jugement concerne des sommes inférieures à un plafond ou s'il s'agit uniquement de la remise par l'employeur de certificat de travail, bulletin de paie ou autre document obligatoire, on peut faire appel uniquement si la citation à comparaître n'a pas été délivrée personnellement, en s'adressant au bureau de jugement dans un délai de 1 mois. Dans les autres cas, pas d'appel possible mais on peut faire un pourvoi en cassation (voir ci-dessous).
• Si le jugement concerne des sommes supérieures à ce même plafond ou des problèmes autres que la remise des documents obligatoires, on peut faire appel dans un délai de 1 mois à partir de la notification du jugement (15 jours si le jugement a été rendu en référé).
Il faut adresser au secrétariat une lettre recommandée avec accusé de réception indiquant :
- ses nom, prénoms, profession et domicile ;
- la désignation du jugement dont on fait appel ;
- le nom et l'adresse de son représentant éventuellement.

Si l'on se fait aider par un avocat, c'est lui qui effectue les démarches.
Attention ! Si l'appel est jugé abusif, on paye une amende de 100 F à 10 000 F (plus éventuellement des dommages et intérêts à l'adversaire).
Pourvoi en cassation : il est possible après l'appel ou dans les cas où l'appel n'est pas possible mais uniquement si le tribunal s'est révélé incompétent ou si la loi n'a pas été respectée.
Faire une déclaration au secrétariat-greffe dont dépend le dernier jugement rendu.
Délai : 2 mois après le jugement.
Attention : si le pourvoi est rejeté, on paie une amende.

Vie professionnelle 32

LA PRÉVENTION DES ACCIDENTS DU TRAVAIL

Les accidents du travail sont en augmentation constante d'année en année, notamment dans le bâtiment et les travaux publics. Les plus touchés sont les ouvriers, les intérimaires et les salariés des petites entreprises.
C'est ainsi qu'en 1990, on a dénombré 760 992 accidents avec arrêt de travail et 1213 accidents mortels.

La sécurité n'est pas seulement une question de moyens et de réglementation. Chacun dans l'entreprise peut y contribuer. Il faut être vigilant, respecter les consignes de sécurité, savoir prendre les mesures de protection et de prévention.
La prévention consiste d'abord à définir les risques liés à l'action envisagée et à en imaginer les conséquences directes et indirectes. Prévenir, c'est d'abord réfléchir.

COMPÉTENCES

1 - Appréhender une situation dans sa globalité
- Mettre en évidence les notions essentielles sur les accidents du travail.
- Définir les différentes catégories d'accidents du travail.

2 - Effectuer des choix raisonnés
- Justifier la fréquence des accidents du travail dans différents secteurs professionnels.

3 - S'impliquer dans une démarche de prévention
- Recenser les principaux risques professionnels.
- Proposer les moyens de prévention adaptés aux différentes activités professionnelles.

1 DÉFINITION DE L'ACCIDENT DU TRAVAIL

Le Code de la Sécurité Sociale distingue deux types d'accidents du travail.

1 – L'accident du travail proprement dit

Art. L. 411.1 : "Est considéré comme accident du travail, quelle qu'en soit la cause, l'accident survenu par le fait ou à l'occasion du travail à toute personne salariée ou travaillant à quelque titre ou en quelque lieu que ce soit, pour un ou plusieurs employeurs."

L'accident est caractérisé par l'action violente et soudaine d'une cause extérieure provoquant, au cours du travail, une lésion de l'organisme humain ou la mort.

2 – L'accident de trajet

Art. L 411.2 : "Est assimilé à l'accident du travail, l'accident survenu à un travailleur pendant le trajet d'aller et de retour entre :

— sa résidence principale, une résidence secondaire présentant un caractère de stabilité ou tout autre lieu où le travailleur se rend de façon habituelle pour des motifs d'ordre familial, et le lieu de travail ;

— le lieu du travail et le restaurant, la cantine ou d'une manière plus générale, le lieu où le travailleur prend habituellement ses repas."

L'accident doit survenir sur un itinéraire normal et dans un temps normal, compte tenu de l'horaire de travail et de la durée du trajet.

Constitue un accident de trajet l'accident survenu à un salarié qui :	**Ne constitue pas un accident de trajet l'accident survenu à un salarié qui :**
— a un léger retard par rapport à l'horaire normal, dû à un encombrement (Cass. soc. 30 novembre 1977) ; — quitte son domicile en avance par souci d'arriver à l'heure (Cass. soc. 28 juin 1989).	— quitte son domicile à 11 h 30 pour reprendre son travail à 14 heures alors qu'il faut environ une heure pour effectuer le trajet et est victime d'un accident de la circulation à 11 h 45 (Cass. soc. 18 décembre 1972) ; — commence son trajet de retour 50 minutes après la cession du travail en raison d'une conversation prolongée avec un camarade de travail (Cass. soc. 17 mai 1972) ; — Quitte l'entreprise avec un collègue et s'attarde chez lui pour discuter de questions syndicales (Cass. soc. 23 mai 1975).

ACTIVITÉS D'APPRENTISSAGE

1 • A quelles conditions peut-il y avoir accident du travail ? accident de trajet ?

2 • Lorsqu'un accident ne peut être déclaré accident du travail l'indemnisation de la victime est différente. Pourquoi ? Quelles sont ces différences ?

LA PRÉVENTION AU QUOTIDIEN

La mise en bouteille d'une eau de source ne semble pas, à priori, être une activité à haut risque. Et pourtant, pour effectuer cette opération en apparence simple, la source Perrier, à Vergèze, près de Nîmes, doit faire face à un nombre non négligeable de causes potentielles d'accidents.
Avant que l'eau ne quitte l'entreprise en boîtes ou en bouteilles encapsulées, une série d'interventions et d'opérations se sont succédé. En amont, la verrerie implantée sur le site a fabriqué les bouteilles. Celles-ci ont ensuite été lavées, rincées, remplies, bouchées et étiquetées automatiquement au rythme de cinq millions par jour.

Les risques liés au verre (coupures aux pieds, aux mains, éclats dans les yeux) côtoient ceux liés aux manutentions diverses, aux déplacements d'engins, de charges, au fonctionnement des machines, aux nuisances provoquées par le bruit... Sans oublier les douleurs lombaires et autres problèmes vertébraux, conséquences de mauvaises postures acquises sur les postes de travail assis, très nombreux chez Perrier. Enfin, comme dans toute entreprise industrielle, le site comporte notamment des risques électriques (il est traversé par des courants dont l'intensité varie de 220 à 63 000 volts), chimiques (encres de marquage, produits de nettoyage, désinfectants, peintures diverses, nettoyants pour machines), etc. Pour organiser la prévention : le service sécurité (qui comprend trois personnes, dont un ingénieur) et le service médical (avec deux médecins du travail).

Lorsque la protection collective est impossible, on passe à la protection individuelle : les salariés doivent en principe porter bouchons d'oreilles, lunettes spéciales, chaussures et gants de protection, le tout fourni gratuitement, bien sûr, en self-service par l'entreprise.

L'amélioration de la prévention passe aussi par une analyse et une réflexion des causes de tout accident survenu dans l'entreprise. Les représentants du service sécurité, ceux du service médical, et deux membres du CHSCT, les responsables hiérarchiques de la personne blessée et tout témoin de la scène se réunissent sur les lieux, se penchent sur les événements et en tirent les conclusions nécessaires.

(Dossier Familial n° 206 janvier 1992)

(Doc. I.N.R.S. "Les risques liés à l'activité physique")

ACTIVITÉS D'APPRENTISSAGE

1 • Recensez les divers risques d'accidents du travail chez Perrier.

2 • Comment est organisée la prévention individuelle et collective ?

3 • Quels sont les différents intervenants dans l'analyse des causes des accidents du travail ?

4 • Essayez d'imaginer quels moyens de prévention des risques liés à l'activité physique peuvent être mis en œuvre sur les postes ci-dessus de Françoise, Annette et Joseph.

5 • Procurez-vous une feuille de déclaration d'accident du travail que vous remplirez en partant d'un cas concret.

L'essentiel

1 LE COÛT DES ACCIDENTS DU TRAVAIL

Le premier élément de ce coût et le plus important ne peut être mesuré ; c'est **le coût moral.**

Quant au coût financier, il peut se décomposer en :

— **coût direct** ou dépenses engagées par la Sécurité Sociale pour réparer les dommages subis par l'accidenté et mises à la charge des entreprises par le biais de la cotisation d'accident du travail ;

— **coût indirect** ou dépenses et charges consécutives à l'accident, supportées par l'entreprise et non couvertes par une assurance (immobilisation du matériel, remplacement du salarié accidenté...).

S'il est facile d'évaluer le coût direct, il est très difficile d'apprécier le coût indirect.

2 LES RISQUES PROFESSIONNELS

Le travail se réalise dans des conditions techniques, matérielles et humaines qu'il faut prendre en compte :

— **le risque mécanique,** lié à l'utilisation des machines ;

— **le risque chimique,** découlant des produits utilisées ;

— **l'incendie,** dont les causes sont nombreuses ;

— **le bruit,** qui a des causes multiples et variées ;

— **l'éclairage** et les **ambiances thermiques.**

On s'interroge sur les risques liés à l'organisation du travail, au rythme du travail et à l'absence de pause.

3 LE COMITÉ D'HYGIENE, DE SÉCURITÉ ET DES CONDITIONS DE TRAVAIL (C.H.S.C.T.)

Il est obligatoire dans tout établissement comptant au moins 50 salariés, quelle que soit son activité.
Il a pour mission de contribuer à la protection de la santé et de la sécurité des salariés de l'établissement et de ceux qui sont mis à sa disposition par une entreprise extérieure. Il doit également veiller à l'application des prescriptions législatives et réglementaires prises en ces matières.

Dans le cadre de cette mission générale, il procède notamment à :

— l'analyse des risques professionnels auxquels peuvent être exposés les salariés ;

— l'analyse des conditions de travail ;

— la consultation avant toute décision d'aménagement important.

4 LA PRÉVENTION DES ACCIDENTS DU TRAVAIL

— **La sécurité est l'affaire de tous ;** c'est un problème de discipline librement consentie ;

— **la sécurité est l'affaire de chacun ;** la discipline n'est efficace que dans la mesure où chacun la respecte ;

— **la sécurité est l'affaire de chaque jour ;** une manière de vivre journalière, c'est un état d'esprit.

Il faut savoir respecter les consignes de sécurité, faire appel aux protections individuelles (chaussures, gants, casques...), veiller à sa bonne condition physique.

cerfa
N° 60 3682

DECLARATION D'ACCIDENT DU TRAVAIL

SECURITE SOCIALE

(Article L 472 du Code de la Sécurité Sociale)

L'EMPLOYEUR ENVOIE A LA CAISSE DE RESIDENCE HABITUELLE DE L'ASSURE, LES 3 PREMIERS VOLETS DE LA LIASSE PAR LETTRE RECOMMANDEE AVEC ACCUSE DE RECEPTION AU PLUS TARD 48 HEURES APRES AVOIR PRIS CONNAISSANCE DE L'ACCIDENT, ET CONSERVE LE 4e VOLET.

ATTENTION : L'accident a-t-il entraîné un arrêt de travail ? ☐ OUI ☐ NON
→ si oui, remplissez IMMEDIATEMENT l'attestation de salaire S.6202 par duplication avec le présent formulaire
→ si non, remplissez uniquement cette déclaration

EMPLOYEUR

Nom, prénom ou raison sociale
Adresse
☐ (1)
Code postal — n° Téléphone

CTN

ETABLISSEMENT D'ATTACHE PERMANENT DE LA VICTIME

(le chantier n'est jamais considéré comme établissement d'attache permanent)

Adresse
☐ (1)
Code postal — n° Téléphone
N° de SIRET de l'établissement
Code de Sécurité sociale (à 5 chiffres) d'activité professionnelle figurant sur la notification du taux applicable à l'activité dans laquelle est comptabilisé le salaire de la victime

Groupes d'activités

RESERVE CPAM

CPAM

VICTIME

N° d'immatriculation
A défaut Sexe — Date de naissance
Nom, prénom
(suivi, s'il y a lieu, du nom d'époux)
Adresse
Code postal
Nationalité: ☐ Française ☐ C.E.E. ☐ Autre
Date d'embauche — Profession
Qualif. profession. — Ancienneté dans le poste
L'accident a-t-il fait d'autres victimes ? ☐ oui ☐ non

ACCIDENT

Date — Heure (H mn)
Horaire de travail de la victime le jour de l'accident de (H mn) à (H mn) et de (H mn) à (H mn)
Lieu de l'accident (1)
Circonstances détaillées de l'accident (1)
(indiquez, le cas échéant l'appareil, la machine ou le moyen de locomotion utilisé)
Siège des lésions (1)
Nature des lésions (1)
Victime transportée à
Accident ☐ constaté / ☐ connu — le — Heure — ☐ par l'employeur ☐ par ses préposés ☐ décrit par la victime
☐ inscrit au regist. d'infirmerie le — sous le N°
Conséquences : ☐ SANS ARRET DE TRAVAIL ☐ AVEC ARRET DE TRAVAIL (1) ☐ DECES

TEMOINS

Nom, prénom et adresse
Un rapport de police a-t-il été établi ? ☐ OUI ☐ NON — par qui ?

TIERS

L'accident a-t-il été causé par un tiers ; ☐ OUI ☐ NON
Si OUI, nom et adresse du tiers
Sté d'assurance du tiers

Nom, prénom du signataire — *Fait à* — *le*
Qualité — *Signature*

(1) Se reporter à la notice d'utilisation

Réf. 8.84 CPAM 00.06200.0

1

Feuille délivrée le ....

VICTIME

Numéro d'immatriculation

Nom ....
(En caractères d'imprimerie)

Nom de jeune fille ....
(S'il y a lieu)

Prénoms ....

Les cotisations A. T. ont été versées à la C. P. de ....

Adresse

Rue ....

.... N° ....

Arrondissement ou commune

Département ....

EMPLOYEUR

Numéro d'immatriculation

L'entreprise a-t-elle été autorisée à gérer le risque accidents du travail ?

....

Nom, raison sociale, adresse de l'entreprise

ACCIDENT OU MALADIE PROFESSIONNELLE

Accident du .... Heure (0 à 24) ....

Maladie professionnelle constatée le ....

Déclaré le ....
A la C.P. de ....
Déclarée le ....
A la C.P. de ....

Lésions
- Nature ....
- Siège ....

INTERRUPTION DU TRAVAIL

(A remplir par l'employeur lors de la reprise du travail)

Je soussigné .... atteste que le travail interrompu le .... 19 ......
a été repris le .... 19 ......
A .... le .... 19 ......

Signature et cachet de l'employeur :

DEMANDE DE RENOUVELLEMENT

(*A remplir par la victime* si la feuille est entièrement utilisée avant la fin des soins ou du traitement).

Veuillez m'adresser une nouvelle feuille d'accident ou de maladie professionnelle

Nom, prénom ....

Adresse ....

Signature :

Volet à conserver pendant le traitement par la victime et à adresser au Centre de Sécurité sociale à la fin du traitement ou dès que la feuille est entièrement utilisée

C.P.A.M. Législation sur les accidents du travail (Code de S. S., art. L.441-5 et 6 - R 441 7 et 8)

LEXIQUE

CONCERNE UNIQUEMENT LE VOCABULAIRE RELATIF A LA SANTE

ACIDES AMINES	Eléments constitutifs des protéines.
ALCOOLEMIE	Teneur en alcool du sang exprimée en g/l.
ALLERGIE	Hypersensibilité d'un individu à une substance donnée (appelée allergène), se manifestant par des troubles divers.
AMNIOS	Pendant la grossesse, membrane de la cavité utérine contenant le liquide amniotique dans lequel baigne le foetus.
AMYLASE	Enzyme présente dans la salive et le suc pancréatique et servant à la transformation de l'amidon au cours de la digestion.
ANATOMIE	Science qui décrit les organes d'un être vivant.
ANTIBIOTIQUE	Substance qui s'oppose à la vie de certains microbes.
ANTICORPS	Substance élaborée par l'organisme pour s'opposer à une substance étrangère correspondante (antigène).
ANTIGENE	Substance étrangère à l'organisme susceptible, lorsqu'elle y est introduite, de provoquer une réaction de défense.
ANTISEPSIE	Destruction de microbes par des produits dits "antiseptiques".
APPAREIL	Ensemble d'organes qui se regroupent pour assurer une fonction.
ASEPSIE	Méthodes permettant de protéger l'organisme de l'infection.
ATHEROSCLEROSE	Vieillissement des artères qui se caractérise par une perte d'élasticité et un dépôt de cholestérol réduisant leur calibre.
AUTOMEDICATION	Choix et prise de médicaments sans avis médical.
BACTERIE	Microbe appartenant au règne végétal.
BIOLOGIE	Science qui étudie les phénomènes propres aux êtres vivants.
CALCUL	Petite agglomération de substances minérales dans un canal ou un organe creux.
CALORIE	Quantité de chaleur nécessaire pour élever de 1° C la température de 1 kg d'eau ; 1 calorie = 4,18 joules.
CARENCE	Absence ou insuffisance importante d'une substance indispensable.
CATALYSEUR	Qui produit une réaction chimique par sa seule présence.
CAUSTIQUE	Qui brûle, altère, détruit.
CELLULE	Elément de base du corps humain.
CHIMIOTHERAPIE	Traitement des maladies par des substances chimiques ; elle est associée à d'autres thérapeutiques dans le traitement des cancers.
CHROMOSOME	Organite contenu dans le noyau de toutes nos cellules, qui porte les gènes ; support de toute l'information nécessaire à la vie et à la reproduction.
CIRRHOSE	Affection chronique du foie.
COMPATIBILITE	Etat de deux tissus organiques dont le mélange ou la greffe de l'un sur l'autre n'entraîne pas de phénomène de rejet.
CONGENITAL	Qui existe dès la naissance.
CUTANE	Qui appartient à la peau.

CYTOPLASME	Matière de la cellule vivante.
DERMATOSE	Affection de la peau.
DESQUAMATION	Elimination des cellules de la couche cornée de la peau.
DIABETE	Maladie avec taux trop élevé de sucre dans le sang.
EMBOLIE	Obstruction d'un vaisseau par un caillot de sang.
EMBRYON	Nom donné à l'être humain jusqu'au 3ème mois de grossesse
ENDEMIE	Fait, pour une maladie infectieuse, contagieuse, de se manifester de façon persistante dans une région déterminée
ENDOCRINE	Glande dont la sécrétion se déverse directement dans le sang.
ENZYME	Substance organique favorisant une réaction, par exemple la simplification des aliments.
EXCRETION	Expulsion des déchets hors de l'organisme.
FOETUS	Nom donné à l'être humain à partir du 4ème mois de la grossesse.
GENE	Elément du chromosome qui porte un message héréditaire précis.
GLANDE	Organe dont la fonction est de produire une sécrétion ; il existe deux sortes de glandes : les glandes exocrines qui déversent leurs produits à l'extérieur (glandes salivaires et sudoripares), les glandes endocrines à sécrétion interne, qui déversent leur contenu dans le sang (glandes surrénales).
GLUCIDES	Sucres et féculents.
GLYCEMIE	Taux de sucre dans le sang.
GREFFE	Transposition d'un fragment de tissu vivant d'un sujet sur un autre ou en un point différent d'un même individu.
HEMATIE	Globule rouge du sang.
HEPATITE	Inflammation du tissu du foie.
HEREDITAIRE	Qui se transmet des parents aux enfants.
HOMEOPATHIE	Méthode de traitement des maladies qui utilise des substances en quantités infinitésimales.
HORMONE	Messager chimique fabriqué par une glande endocrine, véhiculé par le sang jusqu'à des organes ou des tissus "cibles" dont ils régulent le fonctionnement.
HYDROCUTION	Syncope provoquée par une immersion dans l'eau froide.
HYPERTENSION	Elévation au-dessus de la normale de la tension artérielle
IMMUNITE	Etat de résistance vis-à-vis d'une maladie.
INFARCTUS	Lésion d'une partie du myocarde.
INTOXICATION	Introduction d'un poison dans l'organisme.
LEUCOCYTE	Globule blanc du sang.
LIPIDES	Corps gras.
MITOSE	Division d'une cellule pour donner deux cellules filles identiques à la première.
MUQUEUSE	Membrane qui tapisse certaines cavités du corps ; elle est humidifiée par le mucus.
MICROBE	Terme général sous lequel on regroupe tous les micro-organismes (virus, bactéries, champignons, etc.).
MYOCARDE	Muscle de la paroi du cœur.

MYCOSE	Affection due à des champignons microscopiques.
NEURONE	Cellule nerveuse.
NIDATION	Fixation de l'embryon dans la paroi utérine.
NUTRITION	Ensemble des fonctions de transformation et d'utilisation des aliments pour la croissance d'un être vivant.
OBESITE	Excès de poids dû à une surcharge graisseuse.
OLIGO-ELEMENT	Elément normalement présent dans l'organisme en quantité infinitésimale.
ORGANE	Elément d'un appareil formé par l'assemblage de tissus différents.
OVULE	Cellule sexuelle femelle arrivée à maturation.
PATHOGENE	Capable d'engendrer une maladie.
PHAGOCYTOSE	Propriété des globules blancs d'englober, digérer des microbes ou autres substances.
PHLEBITE	Obstruction d'une veine par un caillot de sang.
PHYSIOLOGIE	Science qui étudie les fonctions normales des organes, par opposition à la pathologie, qui est l'étude des maladies.
PLACENTA	Tissu riche en vaisseaux sanguins qui permet les échanges entre la mère et le foetus.
PROCREATION	Action d'engendrer, de donner la vie.
PROPHYLAXIE	Ensemble de mesures ayant pour but d'éviter la propagation des maladies.
PUBERTE	Période de la vie à laquelle débute l'activité des glandes génitales et apparaissent les caractères sexuels secondaires.
SALPINGITE	Inflammation de l'utérus et des trompes.
SECRETION	Produit élaboré par une cellule spécialisée de l'organisme ; il existe des sécrétions exocrines et endocrines.
SENSORIEL	Qui concerne les organes des sens et leurs fonctions.
SEPTICEMIE	Infection étendue due au transport des germes infectieux par le sang.
SEROTHERAPIE	Traitement par un sérum (partie du plasma sanguin) qui apporte des anticorps provenant d'un animal ou être humain immunisé contre une certaine maladie.
SUC DIGESTIF	Sécrétion des glandes digestives formée en partie d'enzymes.
THERAPEUTIQUE	Qui concerne l'ensemble des pratiques destinées à traiter et guérir des maladies.
TISSU	Regroupement de cellules identiques.
TOXINE	Substance qui est un poison.
TOXICOMANIE	Maladie dans laquelle un sujet ne peut plus se passer d'absorber une substance toxique.
TRANSPLANTATION	Greffe d'un organe entier prélevé sur un être humain.
UREMIE	Augmentation du taux d'urée dans le sang.
VACCIN	Substance préparée à partir de produits microbiens et qui, introduite dans l'organisme, détermine la formation d'anticorps qui donneront une immunité.
VIRULENT	Se dit d'un gène pathogène qui possède tout son pouvoir infectieux.

ABREVIATIONS

A.F.P.A.	Association pour la formation professionnelle des adultes
A.N.P.E.	Association nationale pour l'emploi
A.O.C.	Appellation d'origine contrôlée
A.P.L.	Aide personnalisée au logement
A.S.S.E.D.I.C.	Association pour l'emploi dans l'industrie et le commerce
B.V.P.	Bureau de vérification de la publicité
C.A.P.	Certificat d'aptitude professionnelle
C.B.	Carte bleue ou carte bancaire
C.C.P.	Compte courant postal ou centre de chèques postaux
C.D.D.	Contrat à durée déterminée
C.D.I.A.	Centre de documentation et d'information sur l'assurance
C.E.E.	Communauté économique européenne
C.E.L.	Compte d'épargne logement
C.E.S.	Contrat emploi solidarité
C.F.A.	Centre de formation d'apprentis
C.H.S.C.T.	Comité d'hygiène, de sécurité et des conditions de travail
C.I.O.	Centre d'information et d'orientation
C.N.L.	Confédération nationale du logement
C.O.D.E.V.I.	Compte pour le développement de l'industrie
C.S.C.V.	Confédération syndicale du cadre de vie
C.S.G.	Contribution sociale généralisée
D.G.C.C.R.F.	Direction générale de la concurrence, de la consommation et de la répression des fraudes
D.L.C.	Date limite de consommation
D.L.U.O.	Date limite d'utilisation optimale
D.L.V.	Date limite de vente
E.D.F.	Electricité de France
E.T.T.	Entreprise de travail temporaire
F.C.P.	Fond commun de placement
G.R.E.T.A.	Groupement d'établissements
G.D.F.	Gaz de France
I.N.C.	Institut national de la consommation
I.N.S.E.E.	Institut national de la statistique et des études économiques
I.R.P.P.	Impôt sur le revenu des personnes physiques
I.S.	Impôt sur les sociétés
N.F.	Normes françaises
O.R.G.E.C.O.	Organisation générale des consommateurs
P.A. I.O.	Permanence d'accueil, d'information et d'orientation
P.A.P.	Prêt d'accession à la propriété
P.E.A.	Plan d'épargne en actions
P.E.L.	Plan d'épargne logement
P.E.P.	Plan d'épargne populaire
P.I.C.	Prêt immobilier conventionné
P.O.S.	Plan d'occupation des sols
S.I.C.A.V.	Société d'investissement à capital variable
S.M.I.C.	Salaire minimum interprofessionnel de croissance
S.N.C.F.	Société nationale des chemins de fer français
T.V.A.	Taxe sur la valeur ajoutée
U.F.C.	Union française des consommateurs
U.N.A.F.	Union nationale des associations familiales
U.R.S.S.A.F.	Union de recouvrement de la sécurité sociale et des allocations familiales
V.P.C.	Vente par correspondance

LES ÉDITIONS FOUCHER – 31, rue de Fleurus, 75006 Paris – n° 11437 AVRIL 1993 – MB/FA

Imprimerie SOGEDIC - 36100 ISSOUDUN
N° d'ordre : 58 - Dépôt légal 2e trimestre 1993